经全国职业教育教材审定委员会审定
"十四五"职业教育国家规划教材

体育与健康（第二版）

主　编◎殷　飞　骆晓娟
主　审◎陈海波
副主编◎王　斌　孙志伟　许智勇
　　　　吴凤彬　宋广侠　颜乾勇
编　委◎王　振　徐　健　高民绪
　　　　李文明

 南京大学出版社

图书在版编目(CIP)数据

体育与健康 / 殷飞,骆晓娟主编. —— 2版. —— 南京：南京大学出版社,2024.11.(2025.8重印) —— ISBN 978-7-305-28537-0

Ⅰ.G807.4;G647.9

中国国家版本馆 CIP 数据核字第 2024M7U946 号

出版发行	南京大学出版社
社　　址	南京市汉口路 22 号　　邮　编　210093
书　　名	**体育与健康**
	TIYU YU JIANKANG
主　　编	殷　飞　骆晓娟
责任编辑	张婧妤　　　　　　　编辑热线　(025)83305645
照　　排	南京私书坊文化传播有限公司
印　　刷	南京鸿图印务有限公司
开　　本	787mm×1092mm　1/16 开　印张　19　字数　439 千字
版　　次	2024 年 11 月第 2 版
印　　次	2025 年 8 月第 4 次印刷
ISBN	978-7-305-28537-0
定　　价	52.00 元

网　　址	http://www.njupco.com
官方微博	http://weibo.com/njupco
官方微信号	njupress
销售咨询热线	(025)84461646

* 版权所有,侵权必究
* 凡购买南大版图书,如有印装质量问题,请与所购图书销售部门联系调换

前　言

教育是国之大计、党之大计。培养什么人、怎样培养人、为谁培养人是教育的根本问题。2022年10月16日，习近平总书记在党的二十大报告中强调："用社会主义核心价值观铸魂育人，完善思想政治工作体系，推进大中小学思想政治教育一体化建设。坚持依法治国和以德治国相结合，把社会主义核心价值观融入法治建设、融入社会发展、融入日常生活。"2020年5月28日，教育部印发的《高等学校课程思政建设指导纲要》指出："体育类课程要树立健康第一的教育理念，注重爱国主义教育和传统文化教育，培养学生顽强拼搏、奋斗有我的信念，激发学生提升全民族身体素质的责任感。""要切实把教育教学作为最基础最根本的工作，深入挖掘各类课程和教学方式中蕴含的思想政治教育资源，让学生通过学习，掌握事物发展规律，通晓天下道理，丰富学识，增长见识，塑造品格，努力成为德智体美劳全面发展的社会主义建设者和接班人。"

体育具有强体铸魂、塑造人格、锤炼意识的价值和作用，体育课程具有先天的思政优势，体育规则意识、拼搏精神、集体主义、行为示范、具身道德等，都比空洞说教、德育灌输等形式更能感化学生。高校体育工作不仅要注重体育知识和技能的培养，更要注重思想政治素质的教育，坚持价值性和知识性相统一。

本书本着"厚基础、重能力、求创新；理论够用、实训强化、案例同步、能力形成"的总体思路，体现了以读者为本的特点，充分考虑了各类体育项目与健康的融合，在内容上以"任务驱动、能力导向、实用为主、经济够用"为编写原则，剔除了高、精、尖和抽象的理论，尽可能简洁。本书针对各专业项目的培养目标、业务规格（包括知识结构和能力结构），建立了理论教学体系和实践教学体系，专业针对性强，注重基本的实践能力与操作技能。同时，编者参阅了许多同领域的科研成果与文献资料，还选聘了各行业的专家参与，编写了本书。

本书把"健康第一"的指导思想作为基本出发点，同时重视教材内容的体育文化含量；

以人为本,遵循身心发展规律和兴趣爱好,把体育与健康的研究成果整合成一个有机的整体,内容具有新颖性和实用性。我们相信读者会喜欢这本书,也希望读者提出宝贵的意见。

编 者

目 录

第一篇 健康知识篇

项目一 高职学校体育教育 (002)
  任务一 了解高职体育教育的目的和任务 (002)
  任务二 了解高职体育教育的基本途径 (005)
  任务三 了解高职体育与高校思政教育 (007)

项目二 合理营养与专项补给 (011)
  任务一 了解合理营养的基本知识 (011)
  任务二 了解专项补给的基本知识 (017)

项目三 科学运动与应急救护 (021)
  任务一 了解安全锻炼与运动卫生知识 (021)
  任务二 熟悉运动损伤的预防与处置 (025)
  任务三 掌握应急救护与处理的方法 (029)

项目四 体质健康测试 (053)
  任务一 了解《国家学生体质健康标准（2014年修订）》(053)
  任务二 掌握《国家学生体质健康标准（2014年修订）》的测试方法 (061)
  任务三 了解提高体质健康的方法 (064)

第二篇 基本运动技能篇

项目五 基础体能 (068)
  任务一 体能训练计划的制订 (068)
  任务二 体能训练计划的实施 (070)

项目六 职业体能与职业适应 (074)
  任务一 坐姿类职业体能训练 (074)

　　　　任务二　站姿类职业体能训练 ································(079)
　　　　任务三　变姿类职业体能训练 ································(081)
　　　　任务四　了解职业适应 ··(084)
　项目七　田径 ··(089)
　　　　任务一　了解田径运动基本概述 ································(089)
　　　　任务二　教会田径运动基本技术 ································(090)

第三篇　专项运动技能篇

　项目八　篮球运动 ··(102)
　　　　任务一　了解篮球运动基本概述 ································(102)
　　　　任务二　教会篮球运动基本技术 ································(103)
　　　　任务三　勤练篮球运动基本战术 ································(109)
　　　　任务四　熟悉篮球运动主要规则 ································(111)
　项目九　排球运动 ··(113)
　　　　任务一　了解排球运动基本概述 ································(113)
　　　　任务二　教会排球运动基本技术 ································(114)
　　　　任务三　勤练排球运动基本战术 ································(123)
　　　　任务四　熟悉排球运动主要规则 ································(124)
　项目十　足球运动 ··(127)
　　　　任务一　了解足球运动基本概述 ································(127)
　　　　任务二　教会足球运动基本技术 ································(129)
　　　　任务三　勤练足球运动基本战术 ································(137)
　　　　任务四　熟悉足球运动主要规则 ································(139)
　项目十一　乒乓球运动 ··(142)
　　　　任务一　了解乒乓球运动基本概述 ····························(142)
　　　　任务二　教会乒乓球运动基本技术 ····························(144)
　　　　任务三　熟悉乒乓球运动主要规则 ····························(153)
　项目十二　羽毛球运动 ··(155)
　　　　任务一　了解羽毛球运动基本概述 ····························(155)
　　　　任务二　教会羽毛球运动基本技术 ····························(157)
　　　　任务三　勤练羽毛球运动基本战术 ····························(165)
　　　　任务四　熟悉羽毛球运动主要规则 ····························(166)

项目十三　网球运动 ··· (169)

　　任务一　了解网球运动基本概述 ··· (169)

　　任务二　教会网球运动基本技术 ··· (170)

　　任务三　勤练网球运动基本战术 ··· (175)

　　任务四　熟悉网球运动主要规则 ··· (177)

项目十四　垒球运动 ··· (179)

　　任务一　了解垒球运动基本概述 ··· (179)

　　任务二　教会垒球运动基本技术 ··· (180)

　　任务三　勤练垒球运动基本战术 ··· (187)

　　任务四　熟悉垒球运动主要规则 ··· (193)

项目十五　健美操 ·· (196)

　　任务一　了解健美操运动基本概述 ·· (196)

　　任务二　教会健美操运动基本技术 ·· (197)

项目十六　啦啦操 ·· (205)

　　任务一　了解啦啦操基本概述 ·· (205)

　　任务二　教会啦啦操技巧套路 ·· (206)

　　任务三　教会舞蹈啦啦操套路 ·· (207)

项目十七　体育舞蹈 ··· (212)

　　任务一　了解体育舞蹈基本概述 ··· (212)

　　任务二　教会体育舞蹈基本舞姿 ··· (213)

　　任务三　勤练常见舞种运动技术 ··· (214)

项目十八　排舞 ··· (220)

　　任务一　了解排舞运动基本概述 ··· (220)

　　任务二　教会排舞运动实践操作 ··· (221)

项目十九　健美运动 ··· (223)

　　任务一　了解健美运动基本概述 ··· (223)

　　任务二　教会基本健美动作 ··· (224)

项目二十　瑜伽 ··· (227)

　　任务一　了解瑜伽基本概述 ··· (227)

　　任务二　教会瑜伽的呼吸与冥想 ··· (228)

　　任务三　勤练瑜伽体位法 ·· (230)

项目二十一　武术 ·· (235)

　　任务一　了解武术运动基本概述 ··· (235)

  任务二 教会武术运动基本技术 ...... (239)

项目二十二 跆拳道 ...... (245)
  任务一 了解跆拳道运动基本概述 ...... (245)
  任务二 教会跆拳道运动基本技术 ...... (246)

项目二十三 太极拳 ...... (252)
  任务一 了解太极拳运动基本概述 ...... (252)
  任务二 教会二十四式简化太极拳 ...... (253)

项目二十四 毽球 ...... (267)
  任务一 了解毽球基本概述 ...... (267)
  任务二 教会毽球基本技术 ...... (268)

项目二十五 舞龙舞狮 ...... (271)
  任务一 了解舞龙运动基本概述 ...... (271)
  任务二 教会舞龙运动基本技术 ...... (272)
  任务三 了解舞狮运动基本概述 ...... (275)
  任务四 教会舞狮运动基本技术 ...... (276)

项目二十六 定向越野运动 ...... (278)
  任务一 了解定向运动基本概述 ...... (278)
  任务二 教会定向运动基本技术 ...... (279)

项目二十七 拓展运动 ...... (290)
  任务一 了解拓展训练基本概述 ...... (290)
  任务二 教会拓展训练经典项目 ...... (291)
  任务三 熟悉拓展训练安全防护 ...... (292)

参考文献 ...... (294)

第一篇 ◆ 健康知识篇

项目一 高职学校体育教育

任务一 了解高职体育教育的目的和任务

实行高职体育教育，有利于全面贯彻落实习近平总书记在全国教育大会上的讲话精神，落实《关于全面加强和改进新时代学校体育工作的意见》《关于深化体教融合　促进青少年健康发展的意见》等文件精神，把学校体育工作摆在更加突出的位置，进一步深化体育教学改革，构建德智体美劳全面培养的教育体系，更好地帮助学生在体育锻炼中"享受乐趣、增强体质、健全人格、锤炼意志"，实现文明其精神、野蛮其体魄，促进青少年学生身心健康全面发展。

党的二十大报告再次强调"坚持教育优先发展"，既体现了党坚持教育和经济社会发展相互作用的规律的科学认识，又体现了党在推动我国经济社会高质量发展中高度重视教育事业的发展。学校体育教育作为教育事业的重要组成部分，对整个教育与体育事业的发展有着独特的价值和作用。

一、指导思想

以习近平新时代中国特色社会主义思想为指导，全面贯彻党的教育方针，落实立德树人根本任务，树立"健康第一"教育理念，深化体育教学改革，强化"教会、勤练、常赛"，构建科学、有效的体育与健康课程教学新模式，帮助学生掌握1—2项运动技能，以服务学生全面发展、增强综合素质为目标，坚持健康第一的教育理念，推动青少年文化学习和体育锻炼协调发展，帮助学生在体育锻炼中享受乐趣、增强体质、健全人格、锤炼意志，培养德智体美劳全面发展的社会主义建设者和接班人。

用社会主义核心价值观铸魂育人，完善思想政治工作体系，推进大中小学思想政治教育一体化建设。坚持依法治国和以德治国相结合，把社会主义核心价值观融入法治建设、融入社会发展、融入日常生活。

二、高职体育与课程理念

（一）坚持"健康第一"

体育与健康课程以习近平新时代中国特色社会主义思想为指导，全面贯彻党的教育方针,落实立德树人根本任务,坚持"健康第一"教育理念,以高职学生发展核心素养为引领,重视体育与育心、体育与健康教育相融合,充分体现健身育人本质特征,引导学生形成健康与安全的意识及良好的生活方式,促进学生身心健康、体魄强健、全面发展。

(二) 落实"教会、勤练、常赛"

体育与健康课程依据学生的学习兴趣需要和兴趣爱好,面向全体学生,落实"教会、勤练、常赛"要求,注重"学、练、赛"一体化教学。坚持课内外有机结合,指导学生学会基本运动技能、体能和专项运动技能,提供更多时间让学生进行充分练习,巩固和运用所学运动知识与技能,参与多样的展示或比赛。激发学生参与运动的兴趣,让学生体验运动的魅力,领悟体育的意义,发扬刻苦学练的精神,逐渐养成"每天锻炼一小时"的习惯。

(三) 强化体育教学训练

体育与健康课程与职业技能培养相结合,培养身心健康的技术人才,逐步完善"健康知识+基本运动技能+专项运动技能"的学校体育教学模式。教会学生科学锻炼和健康知识,指导学生掌握跑、跳、投等基本运动技能和足球、篮球、排球、田径、游泳、武术等专项运动技能。健全体育锻炼制度,广泛开展普及性体育运动,定期举办学生运动会或体育节,组建体育兴趣小组、社团和俱乐部,推动学生积极参与常规课余训练和体育竞赛。合理安排校外体育活动时间,着力保障学生每天1个小时的体育活动时间,促进学生养成终身锻炼的习惯。

(四) 健全体育竞赛和人才培养体系

开展丰富多彩的课余训练、竞赛活动,扩大校内、校际体育比赛覆盖面和参与度,建立长期保持训练的学校代表队,参加省市乃至全国联赛。鼓励学校与体校、社会体育俱乐部合作,共同开展体育教学、训练、竞赛,促进竞赛体系深度融合。深化学生运动会改革,每年开展赛事项目比赛。加强体育传统特色学校建设,完善竞赛、师资培训等工作,提高体育传统特色学校运动水平。深入实施青少年体育活动促进计划,深化学校体育教学改革,加强体教深度融合,健全体育竞赛和人才培养体系,畅通学校体育和竞技体育的通道。

三、高职体育与课程目标

体育与健康课程是高校课程的重要组成部分。高职体育与健康课程是以身体练习为主要手段,以学习体育与健康知识、技能和方法为主要内容,以增进学生健康、培养学生终身体育意识和能力为主要目标的课程。它是实施素质教育,培养德、智、体、美、劳全面发展人才不可缺少的重要途径。

(一) 总目标

立足新发展阶段,完整、准确、全面贯彻新发展理念,构建新发展格局,充分发挥体育与健康课程在落实立德树人根本任务中的关键作用,勇担高等教育为党育人、为国育才的历史使命,落实立德树人根本任务,构建更高质量的德智体美劳全面培养的育人体系,促进高职学生运动能力、健康行为、体育品德等核心素养的形成。

掌握"教会、勤练、常赛"一体化系统性教学思路与方式,实施更有效的教学,全面提高教学质量;强化学校体育教学训练,完善"健康知识+基本运动技能+专项运动技能"的学校体育教学模式;优化组织管理,建立健全保障机制,形成教育行政部门、学校领导、教师与家长齐抓共管"以体育人"的新格局。

(二)具体目标

1. 享受乐趣

在体育教学活动中注重增加游戏与比赛等竞争要素,让学生在体育锻炼中享受竞争与表现的乐趣,实现从激发兴趣到形成志趣、享受乐趣的层层深入。通过组织游戏、增加竞赛、丰富内容、鼓励自主等方式,提高学生锻炼的积极性、主动性、自觉性和持久性,帮助学生有效锻炼、掌握技能、提高能力、体验成功,使其真正能够乐在其中。

2. 增强体质

重视在体育教学中强化锻炼、增强学生体质,要加强勤练,在基本运动技能的锻炼中不断发展学生的速度、力量、耐力、柔韧性、灵敏度、协调性、平衡力等身体素质。要根据不同年龄、性别、教材、课型、场地、气候等科学安排运动强度,合理设计练习密度,针对学生素质发展敏感期合理组织学、练、赛,科学推进基本运动技能"课课练"活动。要通过高质量组织课堂教学,课内外相关联开展大课间、课外体育活动、校外体育锻炼等,有效增强学生体质。

3. 健全人格

通过在体育教学过程中渗透社会主义核心价值观教育,培养学生的爱国情怀、社会责任感和良好的个人品质。全面把握体育的"育体、育智、育心"综合育人的价值,通过全员参与的体育竞赛活动,培养学生的集体荣誉感,塑造活泼开朗、与人为善、团结协助等良好品格,促进学生身心健康与人格健全。

4. 锤炼意志

通过体育课、体育训练和体育竞赛活动,精心设计有一定强度、一定难度的运动技能学习,培养学生不畏困难、不怕吃苦、不惧失败的意志品质。通过组织教学比赛和竞技比赛,不断培养学生顽强拼搏、积极进取、勇敢坚毅等坚强意志。

四、高职体育与课程改革内容

深化体育教学改革,转变教学观念,打造高质量体育课堂,使学生在知识、能力、行为、健康等方面得到全面提升。明确学生各学段特点与发展需求,使体育教学内容更加富有逻辑性、系统性和衔接性。根据各学段教学目标,合理选择多元化教学模式和多样化组织方式,因地制宜、因材施教,增强体育教学方式改革的有效性和可行性。采用科学、操作性强的发展性评价指标体系,使体育学业质量评价更加具体、客观,建立"以评价促发展"的新生态。优化组织管理,建立健全保障机制,形成教育行政部门、学校领导、教师与家长齐抓共管"以体育人"的新格局。探索建立学生体育学习过程管理长效机制,树立体育教学管理务实创新的新形象,全面促进体育教学改革。

五、高职体育与课程的任务

（一）培养学生对体育的兴趣、爱好和习惯

通过本课程的学习，学生得以体会到体育运动的乐趣，这是体育与健康课程的重要目标。在体育实践活动中，学生能够对体育运动产生兴趣，乐于参与，进而形成一种运动习惯，是实现终身体育的关键和前提。体育课程要教会学生体育运动的基本方法，让学生根据自己的兴趣、爱好和需求，选择个人喜爱的方法参与体育活动。挖掘运动潜能，提高运动欣赏能力，有助于形成积极的生活方式。

（二）提高学生的体能和运动技能

体育与健康课程强调以实践活动为主，通过本课程的学习，学生能够掌握体育与健康的基本知识和运动技能，并且不断增强体能。另外，学生可以通过提高体育运动中的安全防范能力，学习一些基本生存技能。

（三）增进学生的身体健康

通过本课程的学习，学生能够掌握必要的健康知识和科学的健身方法，提高对身体和健康的认知水平，并且坚持锻炼，从而促进身体的健康发展。提高学生对自然、环境等各方面的适应能力，了解与体育锻炼密切相关的营养、卫生、安全防范等方面的知识及其对身体健康的作用，最终形成健康的行为习惯和生活方式。

（四）增进学生的心理健康

通过本课程的教学，帮助学生感受到集体的温馨和情感的愉悦；通过经历挫折和克服运动中的障碍，提高学生的抗挫折能力和情绪调节能力，培养其坚强的意志和积极进取的精神；通过不断体验进步和成功带来的喜悦，增强学生的自尊心和自信心，培养其创新精神和创新能力，形成积极向上、乐观开朗的生活态度。

（五）提高学生的社会适应能力

通过本课程的学习，帮助学生理解个人健康与群体健康的关系，树立对自我、群体和社会的责任感；形成现代社会所必需的合作、竞争意识与能力，在体育活动中学会尊重和关心他人，并以积极的态度关心家庭和群体的健康。体育课程对于培养学生适应社会的能力，如团队精神、沟通与协作，谦虚谨慎，胜不骄、败不馁，具有重要功能。

任务二　了解高职体育教育的基本途径

党的二十大报告为我国体育事业的高质量发展指明了方向，就是要加快建设体育强国。高职体育是我国体育事业发展的重要内容之一，肩负着培养德智体美劳全面发展的栋梁之材的光荣使命和任务。高职体育要从全面育人、促进身心健康、体教融合和理论体系等方面入手，在习近平新时代中国特色社会主义思想指引下，努力探索新时代我国高职体育高质量发展的有效路径。

体育课作为高职体育教育最主要的组织形式，是高等学校教学计划所规定的必修课

程之一。体育课是按照教育计划和体育教学大纲而组织的专门的教育过程,是实现高职体育教育目标的基本途径。

一、体育课的指导思想

第一,健康第一的思想。党中央明确指出:"健康体魄是青少年为祖国和人民服务的基本前提,是中华民族旺盛生命力的体现。学校教育要树立健康第一的指导思想。"学校体育更应该树立健康第一的指导思想。

第二,全面素质教育的思想。学会生存、健康成长是学会学习、学会工作、学会生活、学会创造的基础,通过科学有效的体育与健康课程,促使学生素质的全面提高。

第三,终身体育的思想。终身教育、终身学习、终身体育是新世纪教育和人的发展总趋势,要重视把运动、体育、健康融入人的生命的全过程。

第四,面向全体学生的思想。体育与健康课程作为现代教育计划的基本组成部分,必须面对全体学生,促使每一位大学生都能得到发展,实现人人享有体育、人人享有健康的愿望。

第五,个性教育的思想。以人为本,重视个性,创造良好的氛围,展现学生的个性,培养学生的天赋,挖掘学生的潜能。

第六,整体化的课程建设思想。要建立"教师为主导,学生为主体,课内课外相结合,理论与实践相结合,生理心理相结合,观赏参与相结合,运动是手段,体育是过程,健康是目标,教书育人,全面培养,学以致用,终身受益"的整体化的课程建设指导思想。

二、体育课的性质和任务

体育课是培养21世纪合格人才的现代教学计划的基本组成部分,是高等学校的基础课程之一,是高职体育工作的中心环节,也是完成高等教育和高职体育工作任务的重要途径。

体育课的基本概念是:按照国家规定的教育目标而组织的有关体育的多因素、多层次、多维度的动态复合性教育过程。

体育课旨在通过合理的体育教育过程和科学的体育锻炼行为过程,促使学生增强体育意识,树立现代健康观念,不断提高体育能力与健康的行为方式,养成坚持参加体育锻炼和重视身心健康的习惯,同时接受良好的思想品德教育,成为体魄强健、身心健康的社会主义事业的建设者和接班人。

体育课的基本任务首先是增强体质,增进健康,全面提高学生的素质和对环境的适应能力,促进其身心全面发展。其次是促使学生掌握体育的基本理论知识,形成良好的体育意识,建立正确的体育观念,在全面学习体育运动技术的过程中,掌握适用的基本技能,为养成终身进行体育锻炼的良好习惯打下坚实的基础。再次是促使学生掌握现代健康的理论知识,形成正确的健康观念和意识,掌握和运用科学组合的体育运动基本手段,促进身心健康。最后是培养学生爱国主义和集体主义的思想品德,树立正确的体育观念,形成勇敢顽强、善于拼搏、团结进取、开拓创新的精神面貌。

三、体育课的设置与时数分配

2014年6月11日,教育部印发《高等学校体育工作基本标准》,要求严格执行《全国普通高等学校体育课程教学指导纲要》,必须为一、二年级本科学生开设不少于144学时(专科生不少于108学时)的体育必修课,每周安排体育课不少于2学时,每学时不少于45分钟。为其他年级学生和研究生开设体育选修课,选修课成绩计入学生学分。每节体育课学生人数原则上不超过30人。

深入推进课程改革,合理安排教学内容,开设不少于15门的体育项目。每节体育课须保证一定的运动强度,其中提高学生心肺功能的锻炼内容不得少于30%;要将反映学生心肺功能的素质锻炼项目作为考试内容,考试分数的权重不得少于30%。

创新教育教学方式,指导学生科学锻炼,增强体育教学的吸引力、特色性和实效性。建立体育教研、科研制度,形成高水平研究团队,多渠道开展以提高学生体质健康、教学质量、课余训练、体育文化水平等为目标的战略性、前瞻性、应用性项目研究,带动学校体育工作水平的整体提高。

任务三 了解高职体育与高校思政教育

一、体育在高校思政教育中的作用

(一)体育在高校思政教育中的意义

思想政治教育是对学生进行思想层面和政治品质上的教育,是学校教育工作中的重要组成部分,与学校的其他教育工作相互联系,对学生的身心健康成长具有重要的指导意义。教育界高度重视学校的体育教学工作,让学生在学习、生活中加强自身的身体素质,成为全面发展的、健康的人。而思政工作是指将高校思想政治教育融入日常学习生活中的各个方面,寻求各科专业教育与思想政治之间的关联,将思政相关内容穿插到其他教育活动的环节中去,使各门学科都能参与学生的思想建设中,从而形成自上而下的完整的育人体系,这对学生的未来成长起着至关重要的作用,不容忽视。

大学教育是学生步入社会前所接受的最后教育,是学生人格、精神、道德逐步定型的关键时期,是学生顺利进入社会、融入社会的最后准备阶段。大学体育课程作为更高层次的体育教育,肩负着促进学生以健康的身心向社会化过渡的使命。课程思政融入大学体育课程就是要强化思想引领,将课程教育与思政教育有机融合、同向同行、协调发展,达到强健体质、健全人格、坚定意志的育人效果。这就要求大学体育课程不仅要培养学生拥有健康强劲的体魄,更要教育学生树立正确的思想价值观念。在大学体育课程中融入思政教育,就是要充分发掘和利用体育课程中所蕴含的思政元素,把对学生德育的培养贯穿到教学过程中,实现知识传授与价值引导的有机结合,在学生中弘扬体育精神,增进学生的体育素养,促进学生法治观念和规则意识的树立,培养学生的爱国主义与民族精神、集体主义与协作意识、竞争意识与进取精神，教育学生树立正确的世界观、人生观、价值观。

（二）体育融入高校思政教育的必要性

1. "大思政"格局的需要

习近平总书记曾在全国高校思想政治工作会议上指出，使各类课程与思想政治理论课同向同行，形成协同效应。因此，在高校体育课程中有效融入思政教育是势在必行的，在体育课程中也应做到"课堂思政"。

思想政治教育在开展的过程中，以社会主义核心价值观为教学目标，利用科学的教学方法以及教学内容，引导学生树立正确的三观，使学生形成良好的学习习惯。现阶段的思想政治教育模式单一，主要以说教为主，因此教学内容逐渐脱离实际，在教学的过程中难以紧跟时代的步伐，一定程度上降低了思想政治教育的吸引力。现阶段思想政治教育存在的问题有：第一，过于重视理论知识的传输，在教学的过程中，教师根据教材内容讲解知识，一定程度上忽略了实践的作用，致使学生的学习需求难以得到满足。第二，部分教师对思想政治教育的重要性缺乏相应的认识，因此，难以形成系统的教育资源。第三，缺乏科学的评估体系，在思想政治教育开展的过程中，教师仍然根据学生的成绩对学生的学习情况进行评价，这一评价模式较为落后，打击了学生的学习积极性。因此，在新时代下将高校体育课程与思想政治教育课程有效结合，不仅可以转变思想政治教育模式，而且可以提高公共体育课程的教学质量，为学生的综合发展奠定良好基础。在高校公共体育课程当中融入思想政治教育，可以弥补思想政治教育的弊端，使体育教学更具针对性、科学性，从而助力体育教学与思政教学同步发展。

2. 育人工作是教师的本职任务之一

高校教师的本职工作为教书育人、科学研究和服务社会。教书育人是高校教师的首要工作任务，育人工作就是教师在教学工作中，除了传授知识、技能，还要将对学生的思想政治品德的培养贯穿始终，引导学生树立社会主义核心价值观。

二、不同体育活动中的思政内容

（一）体育项目本身的思政内容

习近平总书记在全国教育大会上强调，要努力构建德智体美劳全面培养的教育体系，树立健康第一的教育理念，开齐开足体育课，帮助学生在体育锻炼中享受乐趣、增强体质、健全人格、锤炼意志。在高校体育课程中一般有篮球、排球、足球、乒乓球、羽毛球、网球、健美操、武术、田径等丰富的运动项目，学生在进行这些运动项目的学习时，首先会在意志力和克服困难能力等方面有所磨炼。其次这些项目所表现出的竞技精神，会激发学生们的拼搏精神、不服输精神、团结协作精神。另外，参与这些项目，能使学生在体育课和体育活动中宣泄或释放自我情绪，排解在生活或学习当中的压力和不良情绪，巩固健身意识，养成终身体育锻炼的好习惯。

（二）体育课堂上的思政内容

体育课首先要求学生遵守纪律，在一切体育教学活动中听从体育教师的指令和安排，这对培养学生遵守纪律的意识有一定的作用。其次，在体育课程中想要获得优秀的成绩，自己要不断地努力训练、勤于思考和向老师及同学请教学习,不断克服困难和挑战自我,通过辛勤付出而获得满意的成绩,这对于培养学生树立自信心、勇于面对困难具有重要作用,能让学生通过体育课程明白付出才会有回报,成功是靠自己辛勤劳动得到的。另外,体育课堂分组练习及教学小比赛又会一定程度上激发学生勇于挑战和顽强拼搏的精神,引导学生互帮互助、互相关心,共同战胜困难,从而顺利完成课堂上具有一定挑战性的任务。通过努力拼搏和与他人团结合作获得最后的胜利,不仅能让学生们体验到靠拼搏而获得胜利的喜悦,还能让学生发扬勇于拼搏的精神,增强团队精神意识。

(三) 体育比赛中的思政内容

学生在体育比赛活动中,不但能展现出一个集体的实力,还能提高集体凝聚力,发扬勇于拼搏的精神。比赛前运动员刻苦训练、不断突破自我,老师及同学们给予关心和支持,赛场上运动员奋力拼搏,赛场下同学们此起彼伏地加油欢呼,营造一个良好的团队氛围。优异成绩的取得是集体力量的体现,能增强同学们的集体荣誉感和团结协作意识。学生在课堂上观看体育比赛教学片段,或是在课堂外观看体育比赛,当我国运动员摘金夺银、获得比赛胜利时,同学们的民族荣誉感和爱国主义精神得到增强;运动健儿们在赛场上披荆斩棘、奋力前行,我国女排运动员众志成城、顽强拼搏,都诠释出了不屈不挠、永不屈服的民族精神,这些都能激励同学们学习运动健儿不怕吃苦、不畏艰险的拼搏精神,和奋力前行、为国争光的使命担当责任意识。

三、体育中各种思政内容的挖掘

(一) 规则性元素

规则是指规定出来供大家共同遵守的制度或章程。在体育运动中处处体现着规则性,例如时间规则、竞赛规则等,它为参与者限定了一个具有体育特征的相对独立的空间,规定了参与者必须做什么、允许做什么等。参与者在进行体育运动时必须遵守规则,并接受规则的约束,同时也要承担违反规则应受的处罚。规则教育是体育教育的重要组成部分,在体育课程教学中有目的地引入规则性教育,培养和强化学生的规则意识,规范学生的行为,纠正学生自由、散漫的不良习惯,并进一步延伸到对社会生活各项规则的遵守,对培养学生的优良品格,促进学生健康发展有着至关重要的作用。

(二) 合作性元素

合作是个人与个人、群体与群体之间为达到共同目的,彼此相互配合的一种联合行动。目前绝大多数的大学生是独生子女,其在成长过程中长期处于相对独立的状态,导致其思维模式和行为方式更倾向于以自我为主体,缺乏对外界的关心和关注,合作意识淡漠,甚至会对合作产生抵触心理。对学生合作意识的培养很难通过讲授的形式进行,需要以活动为载体,通过人与人之间语言、行为和情感的交流,以实现共同的愿景或完成共同的任务为目标,建立起成果共享、责任共担的关系。体育课程的特点决定了在教学活动开展的过程中学生需要频繁合作,例如足球比赛、拔河、接力跑等。在体育课程教学活动中引入合作性教育,培养并树立学生的合作意识,引导学生学会合作、敢于合作、善于合作,让学生在体育活动中感受到通过与他人之间的默契合作,更好地激发出每个人的优势,形成"1+1>2"的效果。

（三）竞争性元素

竞争是个体或群体间在不惜牺牲他人利益的前提下，最大限度地获得个人或群体利益，力图胜过或压倒对方的心理需要和行为活动。绝大多数大学生从小就享受着家庭所提供的衣、食、住、行等全部资源，是资源的唯一供应对象，这导致其缺乏良性的竞争意识和优良的竞争品质。随着社会生产力的发展、科技的进步，社会生活中更多地充满了竞争，竞争意识的缺失将会使人失去前进的动力。竞争是体育的固有属性，体育的本质特性决定了其具有强烈的竞争性，从某种意义上来说，体育教育也是培养学生竞争意识的教育。在体育课程教学中，教师通过教学情境的设计，为学生创造竞争的环境和氛围，教育学生如何正确处理竞争与合作之间的关系，引导和激发学生开展良性的竞争，让学生认识到竞争与合作是相辅相成、密不可分的：没有合作的竞争，竞争将缺乏潜力；没有竞争的合作，合作将缺乏动力。

（四）公平性元素

公平是现代社会孜孜以求的理想和目标，它体现于社会生活的方方面面，为人的发展提供平等的权利和机会。奥林匹克之父顾拜旦所倡导的"Fair Play"意指公平竞争，它作为奥林匹克精神的重要组成部分，是体育运动的灵魂。体育的公平性主要体现在为参与者提供公平的环境、公平的规则、公平的权利和公平的裁决等方面，按照体育活动进行的时序可分为起点公平、过程公平和结果公平三个阶段。体育课程中处处彰显着公平性，例如体育教学机会的公平、体育资源分配的公平、体育结果评价的公平等。在课程教学中引入公平性教育，对树立学生的公平意识，培养学生维护公平、坚守正义的优良品质至关重要。

合理营养与专项补给

任务一　了解合理营养的基本知识

一、人体所必需的营养素

人体所必需的营养素有蛋白质、脂类、糖类（碳水化合物）、维生素、矿物质（无机盐）、膳食纤维和水七类，下面分别介绍。

（一）蛋白质

1. 蛋白质在体内的主要作用

蛋白质是生命活动中的第一重要物质，它在人体内的主要生理功能是构成机体组织，促进生长发育构成酶和激素成分，调节酸碱平衡及全身生理机能；增强机体抗病免疫能力；供给热能等。机体一旦缺乏蛋白质，首先会影响机体生长发育，导致肌肉萎缩，甚至贫血，并出现抗病力下降、内分泌紊乱、易疲劳、伤口不愈合等现象。

2. 蛋白质的来源与日常需要量

日常膳食中的肉、蛋、奶等是动物性蛋白质的主要来源，而豆类是植物性蛋白质的主要来源。米、面等谷类食物含蛋白质较低，只有10%左右，但在我国由于其在人们食物中所占比例较大，也成为植物性蛋白质的重要来源。一般认为动物性及植物性蛋白质在食物中应各占50%。

（二）脂类

1. 脂类在体内的主要作用

脂类在体内构成细胞膜及一些重要组织，参加代谢，供给热能，保护内脏，保持体温，并有促进脂溶性维生素的吸收等作用。

2. 脂类的来源与需要量

动物性脂类来自各种动物油、奶油、蛋黄等，而植物脂类主要来源于各种植物油以及硬果类食品。另外，核桃、花生、葵花籽等干果也可为机体提供较丰富的脂类成分。就我国目前的生活水平来看，普通膳食一般即可满足脂类的每天需用量。

(三)糖类(碳水化合物)

1. 糖类在体内的主要作用

糖类在体内的首要作用是供给热能,人体所需能量的60%是由糖类供应的。其次它还构成组织成分并参与其他物质代谢,对中枢神经系统有特殊的营养作用,可调节脂类代谢,具有解毒和保护肝脏的功能。

机体缺糖会使血糖下降,首先影响大脑的机能,使其兴奋性下降,反应迟钝,四肢无力,动作协调性下降,甚至晕厥,运动不能继续。

2. 糖的来源与日常需求量

糖的来源较为广泛,食物中的米、面、谷物约有80%属于糖类,因此日常膳食供应较充足。人们也可直接适量摄取糖果及饮用含糖饮料,提高肝糖原、肌糖原含量储备。日常膳食即可满足对糖的需求,不必大量补充。

(四)维生素

维生素是维持人体生命和调节正常机能不可缺少的一类营养素。它们在体内的贮藏量很少,必须经常从食物中获得。维生素种类很多,按其性质分为脂溶性与水溶性两大类。前者有维生素A、维生素D、维生素E、维生素K四种,后者包括维生素B、维生素C等。各种维生素在体内不构成组织原料,也不提供能量,它们有各自的功用,总的来说是调节物质能量代谢,保证生理机能。

1. 维生素A

维生素A的主要功用是维持正常视力,保证眼睛及维持上眼皮组织结构的健全与完整性。缺乏维生素A会引起视觉及适应能力下降,甚至患夜盲症。维生素A最好的来源是各种动物的肝脏和鱼卵、乳品类、蛋黄,以及胡萝卜、菠菜等黄绿色蔬菜。

2. 维生素D

维生素D对机体的钙磷代谢和骨骼生长发育极为重要,能促进钙的吸收,促进骨骼钙化及牙齿的正常发育。维生素D缺乏时,钙的吸收受到影响,严重者骨盐溶解而致脱钙。维生素D主要来源是鱼肝油、蛋黄、奶品。皮肤中的7-脱氢胆固醇在阳光紫外线照射下会转化成维生素D,人们一般不会缺乏维生素D。

3. 维生素E

维生素E可增强机体对缺氧的耐受力,减少组织细胞的耗氧量,扩张血管,改善循环,提高心功能,增加肌肉力量与有氧耐力。它与维生素C结合使用,能缓和及预防动脉硬化。维生素E主要来自动物性食品、小麦胚芽、玉米油、绿叶蔬菜中含量也较丰富。

4. 维生素B

维生素B的主要功用是在糖代谢中发挥重要作用,促进肝糖原、肌糖原生成,保护神经系统机能。充足的维生素B可有效地缓解机体疲劳。维生素B广泛存在于谷物杂粮中,人们也可服用维生素B片剂。

5. 维生素C

维生素C能加强体内氧化还原过程,提高ATP酶活性,使机体得到更多能量来维持运动,提高耐力,减缓疲劳,促进体力恢复,并能促进伤口愈合,促进造血机能,参与解毒过程,增强机体抗病力。维生素 C 广泛存在于蔬菜和水果中。

(五) 矿物质

人体内矿物质种类很多,总量约占体重的 5%,是构成机体组织成分、调节生理机能的主要物质。其中较多的有钙、镁、钾、钠、硫、磷等,其他如铁、碘、氟、锌含量很少,称为微量元素。人体在物质代谢过程中,每天都有一定量的矿物质从各种途径排出体外,因此必须从食物中得到补充。矿物质在食物中分布极广,正常膳食一般都能满足机体需要。其中最易缺乏的是钙和铁。

1. 钙和磷

钙在体内的主要作用是构成骨骼与牙齿,维持神经肌肉的正常兴奋性,参与凝血过程等。成人每日需钙 0.6 克,儿童及孕妇、老年人的需要量较高,大量出汗可使钙的排出量增多,每日需钙量可达 1.0—1.5 克。含钙较多的食品有虾皮、海带、豆制品、芝麻、山楂、绿叶蔬菜等。磷是人体内代谢产生的重要能量物质,也在牙齿和骨骼中有分布。由于钙和磷在体内的关系非常密切,两者在血液中必须达到一定的浓度水平才能共同完成其生理机能。所以,在补充钙的同时,还要注意从富含蛋白质的食品中摄入磷。

2. 铁

铁的主要作用是构成血红蛋白,缺铁可影响血红蛋白生成而发生缺铁性贫血,降低血液载氧功能,导致全身功能低下。成年男性每日需铁 12 毫克左右,青少年、妇女每日需铁 15 毫克左右,大量出汗可增加铁的流失,应予以额外补充。含铁最多的食物有动物肝脏、动物血液,其他如蛋黄、肉类、豆制品、红糖、沙棘果等铁的含量也较丰富。

(六) 膳食纤维

1. 膳食纤维在体内的主要作用

膳食纤维是一种不能被人体消化的碳水化合物,分为非水溶性和水溶性纤维两大类。纤维素、半纤维素和木质素是三种常见的非水溶性纤维,存在于植物细胞壁中;而果胶和树胶等属于水溶性纤维,存在于自然界的非纤维性物质中。

膳食纤维对促进良好的消化和排泄固体废物有着举足轻重的作用。适量地补充纤维素,可使肠道中的食物增大变软,促进肠道蠕动,从而加快排便速度,防止便秘和降低肠癌的风险。另外,纤维素还可调节血糖,有助于预防糖尿病,又可以减少消化过程对脂肪的吸收,从而降低血液中胆固醇、甘油三酯的水平,具有防治高血压、心脑血管疾病的作用。

2. 膳食纤维的来源与日常需求量

糙米和胚芽精米,以及玉米、小米、大麦、小麦皮(米糠)和麦粉(黑面包的材料)等杂粮富含膳食纤维。此外,根菜类和海藻类食物中纤维含量也较多,如牛蒡、胡萝卜、四季豆、红豆、豌豆、薯类和裙带菜等。膳食纤维素日摄入量为每人每天 30—40 克。

(七) 水

水的主要作用是构成机体主要成分,参与所有物质代谢,完成机体的物质运输,调节体温,保证腺体正常分泌。

体内水分必须保持恒定,大量出汗后要合理地补充水分(加适量的盐补充电解质),以保证正常的生理机能。

二、日常均衡营养的实施

各种营养素之间存在错综复杂的关系,不同的生理状态、不同的运动,营养素的需要量也有所不同。平衡膳食是指同时在四个方面使膳食营养供给与机体生理需要之间建立起平衡关系,即氨基酸平衡、热量营养素构成平衡、酸碱平衡及各种营养素摄入量之间平衡,只有这样才有利于机体营养素的吸收和利用。

(一) 热量营养素构成平衡

碳水化合物、脂肪、蛋白质均能给机体提供热量,故被称为热量营养素。只有当这三种物质摄入量适当时,各自的特殊作用方可发挥并互相起到促进和保护作用,这种情况称为热量营养素构成平衡,反之则将会对机体产生不利影响。

研究证实,碳水化合物、蛋白质、脂肪三者摄入量的合适比例为 6.5∶1∶0.7,它们在体内经过生理燃烧后,分别给机体提供的热量为碳水化合物 60%—70%、蛋白质 10%—15%、脂肪 20%—25%,即被称为热量营养素平衡。当膳食中碳水化合物摄入量过多时,热量比例会增高,三者的平衡被破坏,体重上升,消化系统和肾脏的负担增加,同时摄入其他营养素的机会就会减少。当膳食中脂肪热量提供过高时,就会引起肥胖、高血脂和心脏病。而蛋白质热量提供过高时,将引起肥胖、高血脂和心脏病,还会影响蛋白质正常功能的发挥,造成蛋白质消耗,影响体内的氮平衡。相反,当碳水化合物和脂肪量供给不足时,就会削弱对蛋白质的保护作用。总之,这三者之间是相互作用的,一旦出现不平衡,将会影响身体的健康。

(二) 酸碱平衡

正常情况下人的血液由于自身的缓冲作用,pH 值保持在 7.3—7.4。人们食用适量的酸性食品和碱性食品,将会维持体液的酸碱平衡,但食品若搭配不当,则会引起生理上的酸碱失调。例如,酸性食品在膳食中超过所需的数量时,将导致血液偏酸性、血液颜色加深、黏度增加,严重时还会引起酸中毒,增加体内钙、镁、钾等离子的消耗,从而引起缺钙现象的发生。

常见的酸性食品有:蛋黄、大米、鸡肉、鳗鱼、面粉、猪肉、牛肉、干鱿鱼、啤酒、花生等,动物性食物多酸性。

常见的碱性食品有:海带、菠菜、西瓜、萝卜、茶叶、香蕉、苹果、草莓、南瓜、四季豆、黄瓜、藕等,植物性食物多碱性。

三、平衡膳食的准则

民以食为天,人类健康是建立在合理膳食制度上的。膳食制度是指把全天食物定质、定量、定时地分配给人们食用的一种制度。在一天的不同时间里,人体所需的热量和各种营养素量不完全相同,加之大脑皮层的兴奋抑制过程和胃肠道对食物的排空时间与人们的生理需要相适应,并有一定的规律性,故针对人们的生理和工作情况,规定适合他们生理需要的膳食制度极为重要。

确立了一个合理的膳食制度后,只要到了用餐时间,机体就会表现出主观食欲,预先分泌适合各餐膳食质量的消化液,保证所摄取的食物被充分消化、吸收和利用,这对维护人体健康是极其有益的。在确定每个人的膳食制度时,应注意以下几个方面。

(一)饮食有节

要考虑胃肠道的实际消化能力,否则会影响食物中的营养素被充分地消化、吸收和利用。

(二)各餐食物分配比例

通常早餐应占全天总热量的25%—30%,早晨刚起床,食欲一般较差,但为了满足上午工作的需要,必须摄入足够的热量;午餐占40%,午餐前后都是工作时间,所以既要补充上午的能量消耗,又要为下午工作做好准备,故占总热量中的比例应该最高;晚餐占30%—35%,晚餐食物的体积可与午餐相近,但热量可以稍低,因为夜间睡眠时热量消耗不大。

(三)养成良好的饮食习惯

专心致志进餐,细嚼慢咽,不要边看书(或玩电脑)边进食;特别注意不宜在进食期间相互争执,这样会严重影响进食情绪及消化液的分泌,也就影响了对食物的消化和吸收。尽量少吃零食,零食过量会影响正餐的摄入量,从而影响身体正常功能的发挥。少光顾街边小食摊,特别是校门口的临时食摊,其食品易受灰尘、废气等带菌空气污染。少喝饮料,现在市场上销售的饮料大都含糖量较高,长期饮用身体会把多余的糖转化为脂肪,引发肥胖。吃饭时间应和生活、学习相配合,有规律地进食,以促进肠胃对食物的消化和吸收。

四、体重控制与膳食

人有胖瘦之分,体重过轻则为瘦,过重则为胖,那以什么样的标准来衡量是胖还是瘦呢?当然必须有个参照值,这个参照值,我们称之为标准体重。

(一)体重与标准体重测算

体重是指人体各部分的总质量,受年龄、性别、种族、遗传、饮食及地理环境的影响。虽然体重是在不断变化的,但在某一个时期内是相对保持恒定的。

成年:[身高(厘米)-100]×0.9=标准体重(kg)

男性:身高(厘米)-105=标准体重(kg)

女性:身高(厘米)-100=标准体重(kg)

(二)肥胖程度的判定

以超过标准体重的百分比来判定肥胖的程度。把肥胖分成轻、中、重三个等级,其中超过标准体重20%为轻度肥胖,超过30%为中度肥胖,超过50%为重度肥胖。而超过标准体重10%时,称为偏胖或超重,此时可通过运动将体重维持在标准范围内。

另外,我国有些地方采用测皮脂厚度的方法及体重指数计算的方法来判定肥胖程度。

(三)肥胖的常见原因

第一,遗传与环境因素。相当多的肥胖者有一定的家族倾向,父母肥胖者,其子女及兄弟姐妹间的肥胖现象亦较多,大约有 1/3 的人的肥胖与父母有关。

第二,物质代谢与内分泌功能的改变。肥胖者的物质代谢异常,主要是碳水化合物的代谢、糖代谢、脂肪代谢的异常。内分泌功能的改变主要是胰岛素、肾上腺皮质激素、生长激素等代谢的异常。

第三,能量的摄入过多,消耗减少。能量的摄入过多主要表现在食欲亢进,消耗的减少是活动减少及摄入与排出的不平衡。

第四,脂肪细胞数目的增多与肥大。脂肪细胞数目的逐渐增多与年龄增长及脂肪堆积程度有关,很多从少儿时期开始肥胖的人,成年后仍肥胖,其原因是体内脂肪细胞的数目明显增多。而缓慢持续的肥胖,则既有脂肪细胞的肥大又有脂肪细胞的增多,一个肥胖者的全身脂肪细胞可比正常人的脂肪细胞多 3 倍以上。

第五,神经精神因素。表现为对某种食物的强烈食欲,以及人们通过视觉、嗅觉和人为的吞食比赛的刺激反射引起食欲,食量倍增,如某些精神病人表现出来的食欲亢进症。

第六,生活及饮食习惯。欧洲人较多进食肉及奶油,游牧民族大量食肉,南非人较多进食糖等。

第七,其他因素。性别不同、年龄差异、职业不同、环境因素、吸烟饮酒等也会导致肥胖。然而肥胖的产生,一般都是几种因素综合的结果,因此,采取综合性治疗方案效果更佳。

(四) 肥胖的危害

肥胖不仅影响人的工作、生活、学习和美观,而且对身体器官也会有影响,肥胖者易患糖尿病、高血压、胆结石、痛风、心血管疾病、关节炎、骨骼疾病、呼吸机能障碍等,其严重程度与肥胖程度成正比。此外,肥胖及瘦弱均会影响人的仪态与情绪。另外,青少年肥胖还易导致肥胖性生殖无能症。

(五) 控制肥胖的手段

控制肥胖仍应维持均衡的营养,摄取充足的蛋白质、维生素及矿物质,配合适当的运动,例如走路、慢跑、游泳、有氧舞蹈、跳绳、爬山、骑脚踏车、球类等。

减重不宜太快,一周以 0.5—1 千克为原则,每天减少 500 大卡热量的摄取或增加 500 大卡热量的消耗。

1. 饮食

①忌食甜腻、油炸,含高脂肪、高热量及热量浓缩型食物,如肥肉、糕点、坚果等,以白开水取代含糖饮料。②多用蒸、煮、凉拌等低油烹饪方式。③吃到八分饱。④营养平均分配,不偏废任何一餐。定时定量,勿暴饮暴食。点心应列入饮食计划,晚餐不过量,不吃夜宵,不无谓应酬。⑤选用热量低、体积大、膳食纤维丰富的食物,可考虑采用代糖调味。⑥细嚼慢咽,延长进食时间。⑦不要吃得太咸太辣,口味重易增加食欲,要控制血压,减轻心脏负荷。⑧改变用餐顺序,先喝汤,再吃蔬菜,再慢慢吃肉类和米饭。⑨饿得受不了时,先吃些全麦高纤的小点心,再喝一杯水,亦可准备一些低热量点心作为解馋之用。⑩多吃新鲜蔬果。水果宜尽量选择糖分低的,如番茄等。

2. 生活习惯

①多走路，少坐车。②不要过度地看电视（看电视时消耗的热量比休息时还低），尤应避免边看电视边吃零食。③饭后立刻刷牙，可避免饭后继续吃，并维持口腔卫生。④不要因为失恋、无聊、心情不好而暴饮暴食。⑤吃饱才去采购食物，买菜应有计划。⑥定时记录体重，适时给予自己奖惩。

3. 运动

①运动是减肥中不可或缺的角色，可帮助脂肪的消除。但光靠运动减肥效果是有限的，一定要搭配饮食控制。②依身体状况、年龄选择适合的运动及合理的运动计划，必要时应请教医师。③循序渐进：每周的运动频率宜在三次以上，每天的运动时间由15分钟（运动到出汗）慢慢增加，具体运动强度应视个人体能状况而定。④在生活中增加运动的机会，如走楼梯，提早两站下车走路回家等。⑤运动项目宜多样化，并应适时休息与补充水分。⑥持之以恒。一旦停止运动，就会胖回来，体重控制无捷径，"少吃多动"而已。

减重是减到一个可以达到、亦可长期维持的合理体重。最好的减肥方法，还是需要饮食（低热量且营养均衡）、运动、行为调整相互配合，并建立良好的生活态度。它不但能减重，去脂肪，还能促进健康而不反弹。

任务二　了解专项补给的基本知识

一、各项运动的营养特点

（一）田径

田径运动分走、跑、跳、投掷。运动营养补给可以分为三个阶段：运动前的准备期、运动中及运动后的恢复期。不同阶段的营养补充要求如下所述。

1. 运动前

胃的排空通常需要2—4小时，所以运动前2小时不要吃正餐。运动中肌肉需要消耗大量的葡萄糖，血液中的葡萄糖在运动中消耗很快，所以需要适时补充肌糖原和肝糖原。摄入足够的主食可以帮助储存更多的糖原以备运动时的消耗；摄入适当的优质蛋白质可以帮助运动中肌肉损伤的及时修复。同时，充足的维生素和矿物质等营养元素的摄入可以保证身体处于一个最佳的状态。

2. 运动中

最关键的补充就是水分，但应少量多次，通常每15分钟就需要补充水。运动超过1.5小时，身体就开始动用蛋白质作为能量物质。所以补充糖类可以减缓蛋白质的消耗，而适量补充蛋白质也可以缓解疲劳；补充B族维生素等可迅速恢复体力，提高运动成绩，同时补充在汗液中大量损失的电解质，防止肌肉抽筋。

3. 运动后

运动后的恢复对于锻炼效果的产生至关重要,在这一时期应注意全面均衡的营养补充,尤其是碳水化合物、蛋白质、维生素和矿物质的补充。此外,也应补充提高免疫力和抗氧化的营养物质。

(二) 体操、艺术体操、蹦床

体操、艺术体操、蹦床等表现性强的运动,需要对身体姿态有较强的控制能力,视、听、触觉及本体感觉要求准确、灵活;在身体素质方面,它们对力量、柔韧、灵敏、动作速度和耐力要求也较高。体操运动是高强度的有氧运动,运动后会有铁和钙摄入不足的问题,问题严重时还会导致人体贫血、骨质发育不良,低热量的节食也会导致肌肉脂肪大量流失,从而限制运动能力,并引发食物的摄入逐渐减少、饮食紊乱现象的发生。所以,体操运动后,人体应补充低热量、高蛋白质食物,还应适当补充维生素 C 和维生素 B_1、磷、钙等营养素。肌酸可以提高体操锻炼者的无氧耐力水平,因此,补充肌酸对从事高强度无氧训练的运动是有益的。

(三) 游泳

游泳是中等强度的运动,运动时会大量流汗,消耗钠、钾、钙等微量元素。为避免由于矿物质消耗严重而引起的抽筋,游泳后要补充 200 毫升淡盐水及适量的白开水。

香蕉富含大量水溶性维生素及钾,饱腹感强,又能润肠通便。游泳后吃一些香蕉不仅能补充流失的钾离子,还能快速缓解饥饿感。由于香蕉热量不算太高,而且能促进肠胃蠕动,因此,运动后吃也不容易长胖,还能帮助清理宿便、减肥。

此外,游泳后还应该吃热量低、维生素和纤维素含量丰富的食物,如用燕麦粉、小麦粉、亚麻籽、核桃、榛子等原料制成的杂粮面包,比普通面包含有更加丰富的矿物质和维生素。

游泳后 1 小时以内是蛋白合成酶活性最旺盛的时期,此时摄入高蛋白食物,如牛肉、羊肉等,最有利于肌肉恢复,防止游泳后肌肉酸痛。

(四) 球类

我国的球类运动开展较为普遍,受欢迎的球类健身项目有篮球、排球、足球、羽毛球、乒乓球、网球等。这些项目不是周期性项目,没有固定动作还存在一定的对抗性,因此其强度不好控制。参加球类项目对参与者的力量、速度、耐力、灵敏、柔韧等素质的要求均很高,能量消耗也较大。篮球、排球、足球等项目的能量消耗会大于其他几类。

在饮食上,应该根据运动量的大小,保证充足的食物热量,并达到摄入量的平衡。食物中要富含蛋白质、糖及维生素 A、维生素 B、维生素 C、维生素 E。球的体积越小,对参与者的视力要求越高,食物中维生素 A 的含量也应该根据实际情况做出调整。

矿物质方面,由于乒乓球和羽毛球对健身者神经调控、注意力要求比较高,因而对磷的要求也较高,可适当多摄入一些含磷高的食物,如瘦肉、蛋、奶、坚果、粗粮等。

参加球类运动时机体的水流失是很大的,要注意补充水分。补充方法分运动前、中、后,但都应该遵循少量多次原则,可在水中添加糖、矿物质,或者以运动饮料为宜。

由于球类运动需保持灵敏、柔韧性,运动前可以吃一些易消化的小点心,注意千万不要吃太饱。

（五）举重

举重可以极好地改善骨密度、关节的灵活性和身体的组成，提高肌肉质量和促进人体的新陈代谢。为了尽快消除举重锻炼后的疲劳，提高力量锻炼的效果，在力量练习后，应多补充蛋白质类物质。除要补充猪肉、牛肉、鱼、牛奶等动物性蛋白外，还要补充豆类等植物性蛋白，以保证机体充足且多样的蛋白质供给。此外，由于肌纤维的增粗、肌肉力量的增加，还应适当补充含糖量高的食物，并注意补充各种维生素和矿物质。

（六）射击、击剑

对于射击、击剑等项目，参与者眼睛活动紧张，对视力要求较高。运动完毕，应保证充足的维生素 A 供给，除食用含维生素 A 或胡萝卜素丰富的食物外，必要时可适量服用维生素 A 补充剂，如鱼肝油等。

知识链接

增肌锻炼与饮食科学搭配

体型较瘦的人要改变自己的身材，仅靠吃高热量食物是不正确的，摄入过多油脂还会影响身体健康，正确的增肌方式应该是饮食营养和器械训练的合理搭配。

为了使增肌锻炼更有针对性，我们可以对肌肉群进行分区锻炼，如胸肌、腹肌、背肌、腿肌、二头肌及三头肌。此外，还应将有氧运动和增肌锻炼结合起来，多注重大肌肉群的锻炼，这样增肌的效率会得到提升。在负重锻炼上，负重越大，增肌的效果会越好。让相应的肌肉群得到休息也很重要，只有这样才能在增肌锻炼中使这些肌肉群得到更好的刺激。

增肌锻炼以力量训练为主，足够的力量训练之后，补充相应的营养，肌肉纤维会更快地修复生长。增肌锻炼期间人体需要摄入大量蛋白质，这些蛋白质可从肉、奶、蛋和豆制品中获得，这也是肌肉更好生长的前提。补充优质蛋白质对身体的新陈代谢也有促进作用。维生素和矿物质的补充对增肌效果也有很大影响。此外，增肌锻炼过程中，还应注意进食的频率要规律。

二、运动前、运动中、运动后营养补给的特点

（一）运动前：黄金 300 卡

许多人认为运动前不吃东西可在运动中燃烧更多身体脂肪，其实这是一个错误的认识。在 1 小时的中、高强度运动前，至少需提前 1 小时补充黄金 300 卡营养，重点补给包括碳水化合物、水分与电解质，尤其食物中的碳水化合物对身体储备运动所需能量相当重要。运动强度越高，能量的衰退越明显，所以运动前补给正确的食物，可帮助提升运动表现、减少肌肉损失。

在较长时间的运动过程中，每小时的流汗可能高达 2—4 升，因此建议在耐力性运动前 2 小时饮用 600 毫升左右的水（可分两次喝），拒绝喝水将使身体失去散热作用。

进食时机随着运动时间和食物种类的不同而不同，原则是吃进去的食物可以在运动

过程中提供充足的营养和能量,而又不至于在运动过程中造成肠胃不适。

通常身体上下震动比较大的运动,如篮球、跑步等,对胃内的食物比较敏感,少量的食物可能就会令人感到不舒服,这时就需要在运动前更早进食或是减少食物的摄取,以减轻这些症状。而身体震动比较小的运动,如自行车和游泳,通常不会受到胃中食物的影响,对于进食时间和食物选择有较大的弹性。

(二) 运动中:水分、电解质、糖三大元素一次补齐

从事1小时以上中、高强度运动时,容易大量流汗导致电解质流失,建议每10—15分钟补充100—200毫升运动饮料。除了能补充水分,还能通过运动饮料成分中的电解质与糖分,补充运动中流失的电解质,增加持续运动的糖类能量;与喝水相比,它更能帮助身体留住水分及延缓运动表现下降。

(三) 运动后30分钟内进食,快速修复耗损能量

运动后建议在30分钟内补充饮食,视每个人的身体差异搭配碳水化合物、蛋白质、水分及电解质。假如运动中有尚未喝完的运动饮料,可在运动后继续饮用完毕,以促进流失的能量及电解质恢复。

蛋白质摄取上,建议一般人以20克为目标;碳水化合物则以每个人的体重(千克)乘以1—1.2克为基准。遵守以上原则摄取正确、适量的食物,可帮助恢复损耗的能量与组织,也能让受损的肌肉尽快修复,减少脂肪囤积。

项目三 科学运动与应急救护

任务一 了解安全锻炼与运动卫生知识

一、安全锻炼与自我监督

安全锻炼与自我监督的主要任务是,对个人的身体健康和功能状况,以及在体育运动影响下发生的变化进行系统观察。通过自我监督,帮助锻炼者把握自己的健康状况,粗略评定运动负荷的大小,分析自己选用的锻炼方法,以避免运动性伤病、锻炼过度及其他有损身体健康的现象发生,并为及时发现问题,以便配合医务检查及合理处置创造必要的条件。

(一)身体适应性诊断与处置

在锻炼的过程中,由于每个人的身体情况、学习负担及机体承受能力存在差异,因此当运动负荷超越身体承受能力时,身体就会产生由于不适应而引起的不良反应。为了免于出现伤病而使身体健康受损,人们有必要通过自身感觉和对客观指标的检查,得出反映身体状况的客观材料和数据,以判定运动负荷与自身承受力之间的合理界限,并最终达到正确指导体育锻炼的目的。

1. 精神情绪变化

精神情绪作为人类最基本的心理活动方式,直接受中枢神经的支配。影响精神情绪变化的因素很多,既有生理原因又受社会制约。但其反映的生理过程,都与机体的健康有着密切的联系。

当运动负荷适宜时,人的精神感觉总是良好的,它表现为体力充沛、活泼愉快及精神饱满。如果身体患病或锻炼过度,则会出现身体软弱无力、倦怠或容易激动、精神萎靡不振等不良反应。有无参加锻炼的愿望,也是衡量日常状态是否健康的重要标志。

监督内容:自我感觉,包括情绪、疲劳恢复情况、食欲、睡眠等情况;测量体重、胸围、肺活量、握力、背肌力,以衡量锻炼是否适当;清晨起床前自行测脉搏;锻炼前后必要时也可测量;做简单的心血管机能试验。

2. 睡眠食欲情况

睡眠被认为是体力恢复的最佳方式。通常认为,合理的体育锻炼和生活作息能改善睡眠状态。但只要身体状况稍有变化,正常睡眠又极易受到影响。因此,睡眠作为一种身体适应性诊断指标,可以为正确选用体育锻炼方法,合理安排运动负荷及判断身体疾病提供依据。正常睡眠的表现是,入睡快、睡得沉、少梦或无梦、晨起后身体感觉爽快、精神振奋且体力充沛。如果在体育锻炼之后,出现嗜睡、易醒、失眠、多梦或入睡迟等现象,以及晨起感到头晕或精神疲惫,即表明正常睡眠状态已受到破坏。

食欲是反映机体状况十分敏感的一项适应性诊断指标。体育锻炼不正常、身体不适或睡眠不足,均可在食欲上反映出来。机体的活动,特别是体育锻炼引起的能量消耗和代谢过程的加强,对饮食量的需求就更为明显。如果体育锻炼过度使身体健康状况受到影响,不仅食欲会减退,还容易出现口渴现象。

3. 脉搏频率检查

脉搏频率是指单位时间内(分钟)心脏搏动的次数。健康成年人安静时每分钟心率的变动范围在60—100次之间,平均为70—75次。心率作为反映人体心血管系统功能的客观指标之一,可通过自我监测观察其一般变化情况,以便对心脏功能在体育锻炼中的适应能力进行判断。

(1)基础脉搏的测定诊断。基础脉搏是指清晨起床前的卧位脉率。由于基础脉搏所具有的相对稳定性(平均65—70次/分钟),故在自我监督中,常以此作为评定锻炼水平和身体功能状况的客观指标。通常认为,经体育锻炼后,基础脉搏稳定或逐渐下降,说明机体机能状态良好,对运动量适应。但负荷逐渐加大之后,机体往往会有一个逐步适应的过程,此时的基础脉搏一般都略有加快,但波动大致不超过6次/分钟。在未受其他因素影响的情况下,基础脉搏波动幅度若超过12次/分钟,应考虑是否负荷安排不当。

(2)运动脉搏的测定诊断。一般认为,运动后即刻心率达180次/分钟以上为大强度运动,150次/分钟左右为中等强度运动,140次/分钟以下为小强度运动。这样在体育锻炼中,人们就可以根据上述参数估计运动负荷,然后通过测定运动和恢复期的心率,进而判断自己的机能水平。在通常情况下,体育锻炼后20分钟,脉搏应逐渐恢复到正常水平,若30分钟仍未恢复,则表明需要经常参加锻炼,以继续提高心脏功能水平。

4. 学习效果评价

学校生活是丰富多彩的,在学习之余,有着广阔的第二课堂,诸如各种文艺活动、体育活动、书画活动、摄影活动等。但任何第二课堂活动的开展,都必须以保证良好的学习为前提。因此,课余体育锻炼的合理性,仍应以不影响日常学习效果为原则。若因体育锻炼引起上课精力不集中、易瞌睡、无心做作业、学习成绩下降,就应考虑是否由锻炼持续时间过长或运动负荷过大造成。

(二)身体应急性诊断与处置

身体应急性诊断指标,是指在体育锻炼过程中,反映身体突然出现异样感觉的指标。运动中出现的异样身体感觉有的是正常现象,有的则属于运动性病理状态。它们往往由准备活动不充分、运动方法不正确、锻炼水平不高或运动负荷超出机体承受能力等原因所致。

1. 腹部疼痛现象

在体育锻炼中,有时会突然发生腹痛,痛感部位多为右上腹、左上腹、脐部周围及下腹部等处,一般表现为钝痛、胀痛或绞痛。

原因:腹部疼痛主要是由于剧烈运动引起血液循环不足,从而导致血液不能及时回流至心脏,使肝脾脏淤血并刺激神经引起痛感。

处置:充分做好准备活动,使身体能有一个良好的适应过程,是防止这种现象发生的必要措施。如果在运动时产生疼痛,那么只要适当降低运动强度,稍减慢速度,调整呼吸节奏并做些舒展练习,疼痛就会减轻或消失。经上述处理后,若疼痛仍未减轻,则应立即停止运动。

还有一种是肠胃震动引起的疼痛,一般为牵拉性胀痛,可设法降低运动幅度,或者稍微休息一段时间后继续锻炼。为了避免这种现象发生,饭后不应过早参加体育锻炼,锻炼前不要吃得过饱,喝水过多。

2. 运动性晕厥

原因:运动中产生的晕厥,多见于剧烈运动时因骤停或马上坐下来停止肌肉活动而出现的"重力休克"。其主要系脑部缺血所致。体育运动时,血液大量流向下肢。为了完成血液循环,此时身体唯有依靠心脏的有力收缩和腿部肌肉的交替收缩与放松,方能压迫下肢末梢的静脉血顺利回到心脏。如果突然停止运动,下肢毛细血管和静脉失去肌肉收缩时的节律性挤压作用,加之受重力影响,血液大量滞留腿部,就会导致回心血量骤减,脑部暂时缺血。

处置:运动前的准备活动和运动后的整理运动同样重要,切忌激烈运动后马上停下来。一般运动后,要慢跑逐步停下;一旦发生晕厥,必须及时采取应急措施,平躺下,头部稍低,休息片刻,以帮助血液回流。

3. 肌肉痉挛现象

原因:在对抗激烈或游泳等运动项目中,有时会突然发生肌肉的强直性收缩,即肌肉痉挛,俗称抽筋。这一方面是因为运动时间过长,强度过大,或由于大量出汗丧失盐分,致使身体失去钠、氯等矿物质,从而改变了肌肉的内环境;另一方面则可能是受寒冷刺激,人体温度发生突然变化所致。

处置:充分做好准备活动,冬季锻炼加强保暖,运动不要过于疲劳,游泳注意体温变化等,都是积极的预防措施。特别是大量出汗,感觉肌肉有紧张感时,就应及时喝些淡盐水来适当进行补充。如已经发生肌肉痉挛,可牵拉或重按正在挛缩的肌肉,促使其放松和伸长。如小腿后部肌肉或脚底抽筋时,只要脚趾背屈,脚跟用力前蹬,并施以局部按摩,肌肉痉挛现象一般即可消除。

4. 长跑"极点"现象

原因:进行长跑锻炼时,在途中有时会感到胸部发闷、呼吸困难、动作失调、两腿沉重、速度明显减慢,甚至有不想再继续坚持跑完全程的感觉,运动生理学称这种现象为"极点"。产生极点的原因是中枢神经系统工作的暂时失调。因为运动神经远比自主神经进入工作状态要快,所以往往会因供氧不足引起肌肉中酸性物质不断堆积,刺激神经,导致上述现象。

处置：出现极点现象，只要适当降低跑速、加深呼吸、调整跑的节奏，再稍微坚持一段时间，那么胸闷、气急等不舒服的感觉就会全部消失，转入"第二次呼吸"，此时动作开始感到轻松，呼吸又逐渐均匀。通常认为，当刚出现"极点"先兆感觉，就立即采取调节措施，一般转入"第二次呼吸"的时间就更快。"极点"可多次出现，至于出现时间的早晚，又是衡量与检查锻炼水平高低的标志。

二、女性体育生理卫生

（一）女性生长发育的生理特点

由于女性青春期加速生长阶段比男性同一时期快，因此表现为女性比同龄的男性长得高。身体成分受青春期激素变化的影响，女性的脂肪长得也快。研究证明：青春期身体成分的变化是脑垂体中促性腺激素分泌增多引起的。这种激素有提高女性雌激素水平的作用，趋向于使脂肪增多，而肌肉的体积却小于同龄男性，且在整个成长过程中也表现出这种特点。

除生殖系统在青春期表现出的女性生理特点外，体态的变化尤为显著。在整个生长过程中，股骨、肱骨的直径、臂长、胸围和肩宽等指标始终小于男性，相对身体而言，髋部始终大于男性，由于女性肩带窄，不利于发展上肢力量，而髋骨宽使其股骨角比男性突出，奔跑能力亦很难达到男性的水平。但髋部大而重心低，则有利于从事平衡能力要求较高的运动。女性又由于肌肉体积小，在力量性、速度性、腾空等运动项目上远不如男性强。

女性的摄氧量低于男性（约20%），心脏的体积和容积亦比男性小。女性安静时及完成大运动量时的心率较高，只有以较高的心率完成同一运动负荷的需氧量，才能补偿较低的泵血机能。

肺通气量由于男性身体体积大于女性，表现出的能力也强，在青春期就表现出了这种差异。

女性在耐力和短时间、高强度的运动能力方面要比男性低20%左右。在力量性项目中更为明显，其原因主要在于身体体积（包括肌肉体积）和运输氧的能力的差异。虽然男、女肌纤维的数量基本相同，但是肌纤维的横截面大小决定着力量素质的强弱。女性肌纤维的横截面积小于男性，因此表现出的能力差异也较大，成年后的男、女大多数肌群的力量比约为1∶0.7—1∶0.5。

（二）女大学生参加运动的安全卫生

大学阶段男、女生理差异日渐显著，就与体育运动有关的生理机能来讲，女性长骨的横截面积小，重量也不如男性，骨骼承受压力和拉力的能力较差，肌肉力量低于男性，心脏、胸廓的体积都小于男性，因此胸围、肺透气量等都明显小于男性。根据这个时期女性的生理、心理、身体机能和身体形态的特点，应选择适当的身体练习方法，如仰卧起坐、仰卧举腿、踢腿、摆腿之类的练习，以促进腹肌、骨盆底肌的正常发育。从运动项目来讲，以体操、艺术体操、健美操、武术、技巧、田径、球类项目为宜。

女大学生参加体育锻炼应注意适应女性特点和遵循锻炼的基本原则，选择项目或练习方法,要从女性生理特点着眼,做出科学的选择和训练。

任务二　熟悉运动损伤的预防与处置

一、运动损伤的原因

在体育锻炼过程中,不管是直接的还是间接的身体损伤,统称为运动损伤。造成运动损伤的原因是非常复杂的、多方面的。据国内外大量综合研究分析,有以下几方面的原因。

(一)思想麻痹大意

这是造成运动损伤最主要的因素,特别是一些青少年缺乏运动经验,好胜好奇,盲目或冒失地进行锻炼而致伤害,也有的因急于求成而造成身体某一部位的损伤。

(二)准备活动不当

运动前缺乏必要的准备活动或准备活动量过小,机体尚未达到较高的运动状态;或者准备活动量过大,时间过长,机体已经处在疲劳状态再去锻炼;也有的因准备活动不当,缺乏针对性等。

(三)技术上的缺点和错误

例如,传接排球时,不正确的手形引起手指扭伤,举重时上体过于后仰,跳水时两腿过于后摆,都可造成腰部受伤。

(四)运动量过大或过于剧烈

例如,运动时间过长,作业内容过多,特别是身体局部重复练习次数多,超过了生理负荷承受能力时,最易发生运动损伤。

(五)身体机能状态和心理状态低下

身体机能低下,固然容易发生运动损伤,但心理状态低下,同样会造成伤害事故的发生,甚至是更严重的运动损伤。例如,精神上受到某种刺激或者受到慢性病的困扰,又缺乏自我保护能力,此时参加锻炼最易致伤。

(六)教学组织不当

特别是当练习空间过于拥挤,又缺乏科学和严密的组织,以及运动场地、设施布局不合理,都可能发生运动损伤,或者气温过高时容易发生中暑,气温过低易引起肌肉僵硬,身体不协调也可能引起运动损伤。

二、运动损伤的预防

预防运动损伤的方法有多种,应当学会和牢记以下方法。

(一)克服麻痹思想

锻炼者要增强预防运动损伤的意识,遵守体育锻炼的原则,切不可随心所欲。同时要有团结互助精神,发扬良好的体育道德作风。

（二）做好准备活动

要根据个人的机体情况和运动特点，有针对性地做好准备活动，既要做好身体方面的准备，更要做好心理方面的准备，方可参加运动。

（三）提高自我保护能力

如摔倒时，要顺势做好屈膝、弯腰、低头、含胸、团身滚动，切不可用直臂或肘部撑地。平时要加强跳跃、滚翻等动作练习，以提高身体的灵敏性和应变能力。

（四）合理组织

在教学、训练、比赛中，要根据学生的年龄、性别、健康状况和运动技术水平，做好严格的预防措施。

（五）重视科学锻炼

科学锻炼包括五个要素，即全面性、个别性、渐进性、量力性及医务监督。特别当身体出现不良反应时，要分析原因，采取必要的保健措施。必要时需经医生诊治后，确定是否可参加锻炼和施行多大运动量。

（六）要创造安全、适宜的锻炼环境

具体包括运动场地平坦，运动器材设备坚固、安全，及个人衣着适宜等。

三、常见的运动损伤与处置

（一）肌肉拉伤

原因：肌肉拉伤通常是由于肌肉猛烈收缩或用力牵伸时超过肌肉本身承受的能力所引起的。

症状：损伤后伤处肿胀，有压痛，肌肉痉挛，严重时可出现肌肉撕裂，产生剧烈疼痛。

处置：轻者可即刻冷敷，局部加压包扎，抬高患肢，24小时后可施行按摩或理疗。如果肌肉已大部分或完全撕裂，在加压包扎后应立即送往医院。

预防：做好运动前的准备活动，防止运动量过大和过度疲劳，注意提高身体的协调性和动作技巧，切勿操之过急。

（二）肌肉挫伤

原因：练习者与器械发生碰撞，或练习者之间发生冲撞而造成肌肉挫伤。

症状：在损伤处出现红肿、皮下出血，并有疼痛。严重者会造成内脏器官损伤，并出现头晕、脸色苍白、心慌气短、出虚汗、四肢发凉、烦躁不安，甚至休克的症状。

处置：立即施行冷敷后加压包扎，抬高患肢，以防止继续出血。24小时后可施行按摩或理疗，也可用热敷，以活血消肿。如果怀疑内脏损伤，则送医院做进一步诊治。

预防：练习者要控制好适宜的运动量，避免在过于疲劳的状况下继续进行锻炼。锻炼时要注意身体的协调性，避免不必要的冲撞，特别要提高自我保护能力。

（三）韧带扭伤

原因：韧带有较强的抗伤能力，以保护关节的正常活动，防止关节出现异常。但如果外力使关节活动超越韧带所能承受的范围时，就会发生韧带损伤。

症状：韧带轻度扭伤，只是产生轻微的疼痛或局部水肿，关节功能不会有明显的影响。

严重时,会造成韧带撕裂,并丧失其功能。其主要症状表现为伤处疼痛、肿胀和皮下淤血。

处置:受伤后,应立即冷敷,加压包扎,抬高伤肢,24小时后对伤部热敷或按摩,重度损伤乃至韧带撕裂时,可用绷带固定伤处,之后立即送医院治疗。

预防:韧带扭伤易发部位是踝关节、腕关节和膝关节,所以平时要加强这些易伤关节周围韧带、肌肉的练习,以提高其抗伤能力。对曾经发生扭伤的部位,锻炼时可采用护踝、护膝、护腕等保护措施。

(四)腰扭伤

原因:腰扭伤通常包括急性腰扭伤和劳损两个方面。急性腰扭伤多是由于搬重物、弯腰,闪到腰,而导致急性的腰椎肌肉、关节,出现拉伤、错位。慢性劳损引起的腰扭伤,主要是由于腰背部肌肉的伸展性和柔韧性下降,椎间韧带出现松弛以后,关节不稳,就容易扭伤,出现关节的错缝、错位。

症状:腰部扭伤后,患者会当场感觉到疼痛,有时可能会听到响声。受伤的部位可能出现肌肉痉挛,导致活动受阻。疼痛的程度可能从轻微到剧烈不等,严重时需要送医院诊治。

处置:发生腰扭伤后,立即停止运动,让患者平卧,一般不应搬动。如果疼痛剧烈,则应送医院诊治。处理后,应卧硬板床,腰下可垫个薄软枕头,以放松腰部肌肉,减轻疼痛。腰扭伤24小时后,可采用热敷和外敷伤药,也可施行按摩、针灸。

预防:运动前要做好全身性准备活动,特别是腰部准备活动。如前后弯腰、左右转身、身体绕环、上伸下蹲等,运动时注意姿势的正确性、动作的协调性,用力要得当,平时要加强腰部肌肉的锻炼,以提高腰部肌力。

(五)骨折

原因:造成骨折的原因有两种,一种是受直接暴力撞击所致,如足球练习或比赛时,小腿直接被踢,造成胫骨骨折;从高处跳下或奔跑时摔倒,引起髌骨骨折。第二种是间接暴力,如从单杠上摔下,用手撑地,发生肱骨骨折或尺骨、桡骨骨折,足球守门员扑球时摔倒引起锁骨骨折等。

症状:骨折可分为完全性骨折和不完全断裂,骨折后的症状一般都比较严重,主要表现为疼痛、肿胀、皮下淤血、功能丧失、肌肉痉挛,有时在骨折部位出现畸形,移动时可听到摩擦声。严重时,伴有出血、神经损伤、发烧、口渴等症状直至休克。

处置:骨折发生后,立即停止运动,并进行急救。如果患者有休克症状,应先点按人中穴,必要时进行口对口人工呼吸或心脏胸外挤压,如伴有伤口出血,应同时实施止血和包扎。骨折后切忌移动患肢,应用夹板或其他代用品固定伤肢,随后送往医院诊治。

预防:运动前要做好充分的准备活动,运动时要提高动作的协调性和机体的灵敏性,并尽量减少冲撞性动作。

(六)脑震荡

原因:脑震荡是脑部损伤中最轻的而又多见的一种,系指头部受到外力打击后神经细胞和神经纤维受到震荡后所引起的意识和机能的一时性障碍。

症状:意识障碍。一般有轻度意识障碍,严重者可发生一时性意识丧失,甚至昏迷,时间短则几秒钟,长则几分钟至二三十分钟不等。在意识丧失时,呼吸表浅,脉搏徐缓,肌肉松弛,瞳孔稍大但对称,神经反射减弱或消失。

逆行性健忘。意识恢复后,无法回忆起受伤时的情况。

伴有头痛、头晕、恶心、呕吐等(轻重不一)。

此外还可能出现情绪不稳定、易激动、不耐烦、注意力不集中、耳鸣、心悸、多汗、失眠等一系列自主神经功能紊乱症状。

处置:立即让患者安静、平卧,头部冷敷,身上保暖。若发生昏迷,可指压人中、内关穴;若呼吸发生障碍,立即施行人工呼吸。若昏迷时间较长,两瞳孔放大且不对称,或耳鼻口内出血,表明情况严重,进行一般处理后,应立即送医院诊治。在运送途中,要让患者半卧,头部固定,避免颠簸。

脑震荡一般都可自愈,无须住院治疗。但要注意休息和必要的药物治疗,保持情绪安定,减少脑力劳动。

预防:加强安全教育,提高参与者对脑震荡风险的认识,佩戴防护装备,严格遵守运动规则,学习并应用正确的技术和策略,以降低意外发生的可能性。同时,做好准备活动,并合理安排运动强度。

四、运动损伤的急救方法

急救是指在运动中对突然发生的损伤进行紧急和合理处理,并为转送医院进一步诊治创造条件。正确和有效地处置,对减轻患者的痛苦,预防并发症和感染乃至挽救生命,都具有十分重要的意义。

(一)止血法

1. 冷敷法:这种止血法常用于急性闭合性软组织损伤。最简便的方法是用冷水冲洗或冷毛巾敷于伤处,有条件的可使用氯化烷喷射。冷敷可以使血管收缩,减少局部充血,降低组织温度,抑制神经感觉,从而有止血、止痛和减轻局部肿胀的作用。

2. 抬高伤肢法:将出血的肢体抬高至高于心脏的位置。抬高伤肢可以降低出血部位的血压,以减少出血。如果已采用加压包扎,仍应抬高伤肢。

3. 压迫法:可以分为指压法、止血带法、包扎法等。

4. 指压法:常用于动脉出血。方法是在出血部位盖上消毒纱布后,用手指腹压迫出血部位,也可指压出血部位的上端动脉管,以切断血流渠道。

5. 止血带法:常用止血带有布条、皮带、皮管、毛巾等。进行时先将伤肢抬高,然后在患处上方缚扎止血,缚扎时最好在伤处加垫,保持其宽紧适中,以防肢体组织坏死。

6. 包扎法:主要用绷带包扎,并根据不同部位和伤势进行不同方法的包扎。如环形包扎、螺旋包扎、反折螺旋包扎等。

(二)搬运法

伤员经过现场急救后,应迅速和安全地转运到安全的地方休息或直接送医院治疗,其中包括扶持法、托抱法、椅抬法和三人托抱法等。

1. 扶持法:此法适用于神志清醒、伤势较轻、自己基本能步行的伤员。施救时扶住伤员的腰部,并让伤员一臂搭扶在自己肩上。

2. 托抱法:急救者托抱住伤员,并让伤员一臂挽住自己的肩颈部位。此法适合于身体虚弱的伤员。

3. 椅抬法:两名急救者两手搭成椅子状,让患者像坐椅子一样进行运送。

4. 三人托抱法:三人站在同一侧,将伤员托抱起来,并协调地行走。此法适用于体力严重衰弱和神志不清的伤员。

(三) 人工呼吸法

人工呼吸法有举臂压胸法、仰卧心脏胸外按压法、俯卧压背法、口对口人工呼吸法等。其中以仰卧心脏胸外挤压法和口对口人工呼吸法效果最好。

1. 仰卧心脏胸外按压法:将患者仰卧,急救者两手上下重叠,掌根置于患者的胸骨下半段处,借助于体重和肩臂力量,均匀而有节奏地向下施加压力,将胸骨向下压,然后迅速将手轻轻提起,胸骨也自然地弹回,如此反复进行,每分钟以 60—80 次的节律进行,直至心脏恢复跳动为止。

2. 口对口人工呼吸法:将患者仰卧,头部后仰,托住下颌,捏住鼻孔,压住环状软骨(即食道管),防止空气吹入胃里,施救者深吸口气,将气吹入患者口中,吹气后将捏鼻子的手松开,如此反复进行,吹气频率每分钟约 16—18 次,直至患者自主恢复呼吸为止。如患者牙关叩紧,一时撬不开,则采取口对鼻吹气法。进行时,其他操作方法同上。

(四) 溺水及其急救

溺水窒息昏迷后,患者脸色苍白而肿胀,双眼充血,口鼻充满泡沫,肢体冰冷,又因胃内充水,上腹部胀大,甚至出现呼吸、心跳停止。

1. 立即就地抢救,清除口腔中分泌物和其他异物,并迅速进行倒水。

2. 若心跳已停止,应同时施行心脏胸外挤压法(以 1∶4 频率进行)和口对口人工呼吸法。急救者之间应相互协调配合,积极、耐心,直至患者恢复自主呼吸为止。

3. 患者苏醒后,立即将其送至医院,做进一步检查和治疗。在运送途中,必要时继续进行人工呼吸。

任务三　掌握应急救护与处理的方法

一、心肺复苏

心肺复苏是自 20 世纪 60 年代至今长达半个世纪以来,全球推崇且颇为广泛的急救技术。因为在紧急救护中没有比抢救心跳、呼吸骤停伤员更为紧迫、重要的了。那么,究竟什么是心肺复苏?如何正确地实施心肺复苏?这是我们每个人都必须掌握并身体力行的急救技能。

(一) 心肺复苏概述

心肺复苏(Cardiopulmonary Resuscitation,CPR)是最基本和最重要的抢救呼吸、心搏骤停者生命的医学方法,即用心脏按压或其他方法形成暂时的人工循环,恢复心脏自主搏动和血液循环,用人工呼吸代替自主呼吸,达到恢复苏醒和挽救生命的目的。复苏的最终目的是脑功能的恢复。大学生学习的心肺复苏是基础生命支持技术。

为了能使更多心搏骤停患者成功获救,有必要让更多人接受 CPR 学习和培训,新时代的大学生更应成为应急救护的主力。

80%以上的心搏骤停发生在医院外,40%以上死于发病后 15 分钟,急救部门到达现场的时间难以保障,所以要牢牢抓住 4—6 分钟的急救黄金时间段,熟练掌握及运用心肺复苏。"第一目击者"及所有救护人员发现心搏骤停者后应立即开始心肺复苏,这样被施救者的生存率将成倍增加。

(二)心肺复苏的实施步骤

1. 迅速评估现场环境

进入事故现场,首先要判断现场环境是否安全,地点是否适宜抢救,个人要做好自我防护。在对他人施救时,首先要保证自身的安全。

2. 判断意识(如图 3-1)

轻拍伤员双肩,在其左右耳边分别大声呼唤,婴儿需要拍击其足跟。如无反应,判断其为无意识。操作要点牢记四个字:轻拍重喊。

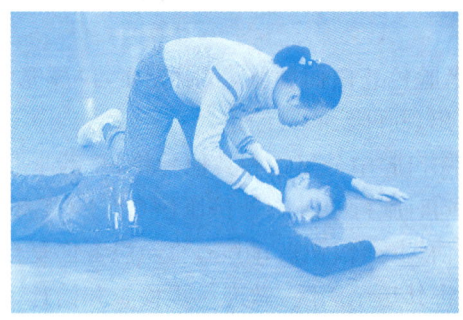

图 3-1 判断意识

3. 扫视(如图 3-2)

扫视患者时间小于 10 秒,观察胸腹部呼吸运动,判断有无呼吸。

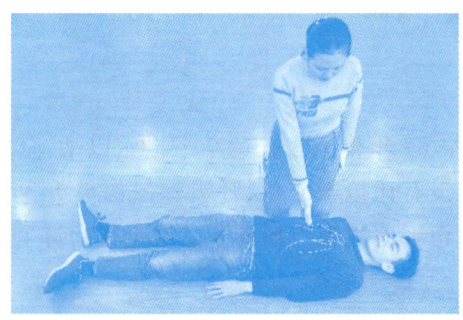

图 3-2 扫视

4. 高声呼救

判断伤员为心搏骤停后,要高声呼救,寻求他人帮助。呼救内容包括:

(1) 快来人啊,这儿有人晕倒了!

(2) 表明身份,如"我是红十字救护员"!

(3) 指定人帮忙拨打 120,有什么情况及时反馈!

(4) 附近有除颤仪的请拿过来!

(5) 有会急救的请跟我一起来!

5. 心肺复苏体位

为使复苏有效,伤员及抢救者需要保持正确的体位。

(1) 伤员体位。伤员需要仰卧平躺在坚实的平面上,如坚硬的地面或硬木板。如果伤员处于不宜复苏体位如俯卧或侧卧,抢救者需要翻转其为仰卧位。有颈椎外伤者,应防止脊髓损伤,翻转时保持伤员头颈部与身体在同一轴线。

具体操作如下:

①抢救者位于伤员身体一侧,靠近胸颈部,将其双侧上肢向其头部方向伸直(如图 3-3)。

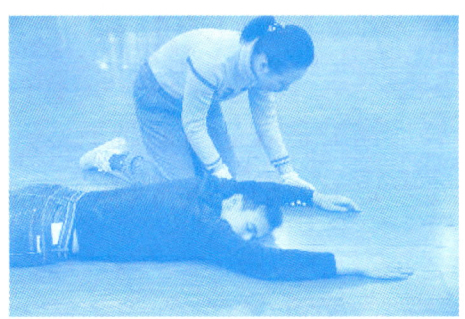

图 3-3 摆放复苏体位图 1

②抢救者将伤员对侧小腿呈交叉状放于同侧小腿上(如图 3-4)。

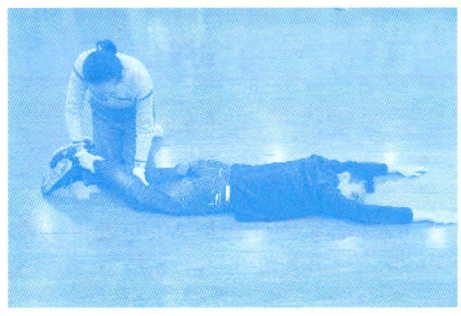

图 3-4 摆放复苏体位图 2

③抢救者一只手托住伤员的后头颈部,另一只手插入伤员对侧腋下,将其整体翻转向救护员一侧(如图 3-5)。

图 3-5 摆放复苏体位图 3

④伤员被翻转至仰卧位后,将其双上肢分别放于身体两侧(如图 3-6)。

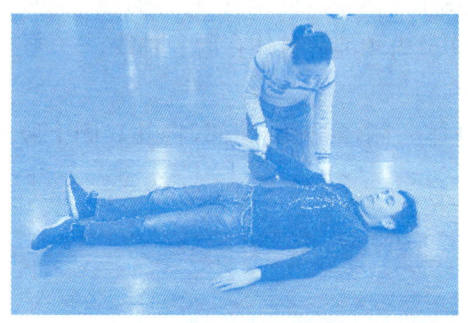

图 3-6 摆放复苏体位图 4

(2)抢救者体位(如图 3-7)。抢救者位于伤员身体一侧,靠近伤员胸部位置。

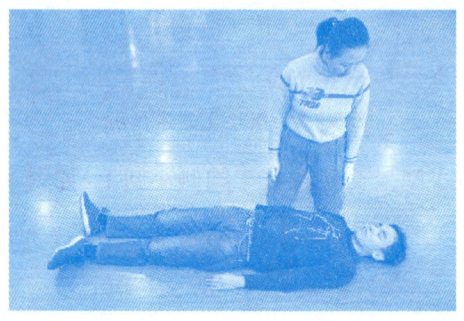

图 3-7 抢救者体位图

6. 胸外心脏按压(1 个循环 30 次按压)

当判断伤员为心搏骤停,摆放好复苏体位后,立即进行胸外心脏按压。
(1)按压部位。
方法一:双乳头连线中点(如图 3-8)。

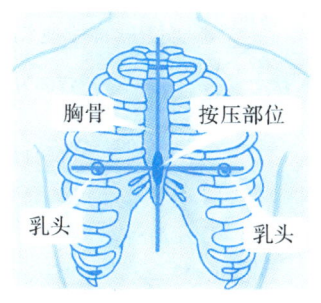

图3-8 双乳头连线中点按压

方法二:滑行法(如图3-9)。一手中指沿伤员肋弓下方向上方滑行至两肋弓交汇处,食指与中指并拢,另一只手的掌根部紧贴于第一只手的食指平放,使掌根部的横轴与胸骨的长轴一致。

图3-9 滑行法按压

(2)按压深度。为达到最佳的按压效果,按压深度应为5—6厘米,可根据伤员的体形在此范围适当调整按压深度。

(3)按压频率。每分钟100—120次。

(4)按压手法。双手五指分开,掌根相叠,十指相扣,以掌根处着力(如图3-10)。

图3-10 按压手法

(5)按压姿势(如图3-11)。双臂伸直,上半身前倾,以髋关节为支点,垂直向下压,每次按压的方向与胸骨垂直。

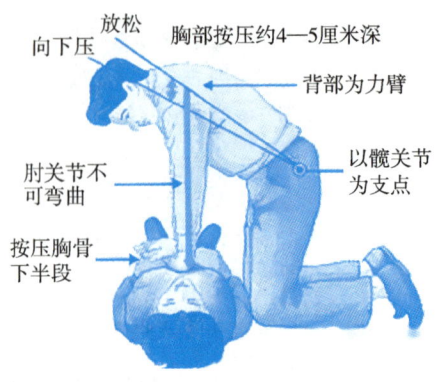

图 3-11 按压姿势

注意：按压后胸廓充分回弹，按压与放松时间间隔比为 1∶1，放松时双手不离开胸壁，保持位置固定。1 个循环 30 次按压。每做 30 次胸外心脏按压，需进行口对口人工呼吸 2 次，单人 CPR、双人 CPR 的按压通气比例均为 30∶2。尽量减少胸外心脏按压停顿时间。

7. 开放气道

为能成功地完成口对口人工呼吸，开放伤员气道是非常必要的。

要点：

（1）检查颈椎有无损伤，口腔有无义齿和异物（检查时伤员唇不包齿），并摘除义齿，清除异物。

（2）颈椎无损伤，清理呼吸道，头部侧倾 45°，口唇不包齿，救护员手指缠纱布，取出异物。

（3）打开气道。①无头颈部损伤者可使用仰头举颏法（如图 3-12）。抢救者将一侧手掌小鱼际处压在伤员额头处，把额头向后推。同时另一侧手的中指与食指抵在伤员下颌骨处，使其下颏向上抬。仰头举颏法打开气道应使伤员下颌角、耳垂连线与地面垂直。②怀疑有头颈部损伤者，为避免加重颈椎和脊髓损伤可使用托颌法。把手放置于伤员头部两侧，肘部支撑在伤员躺卧平面上，握紧下颌角，用力向上托其下颌。

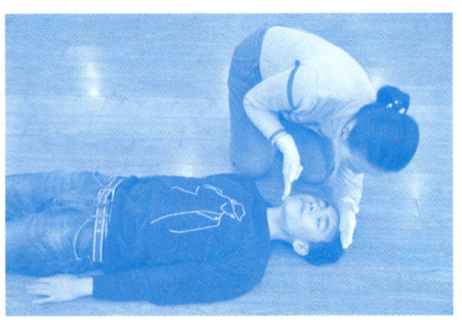

图 3-12 仰头举颏法

8. 口对口人工呼吸

（1）捏鼻包唇，每次吹气持续时间 1 秒钟，吹气量不可过大，每次 500—600 毫升吹气量，连续 2 次口对口人工呼吸（如图 3-13）。

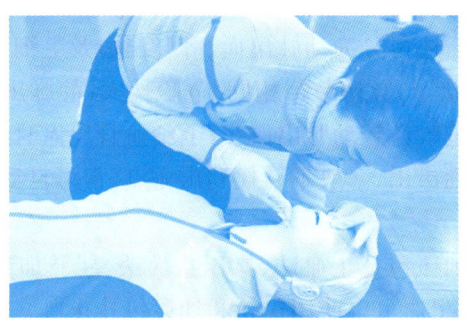

图 3-13　口对口人工呼吸

（2）反复胸外心脏按压 30 次，口对口人工呼吸 2 次，按压吹气比为 30∶2。

9. 重新评估

五个循环后对伤员重新评估，如无呼吸、脉搏，继续心肺复苏。如果出现面色、口唇由青紫变红润，颈动脉搏动恢复，有自主呼吸，瞳孔由大变小，眼球有转动，手足有抽动、患者有呻吟等表现，则伤员心肺复苏成功，将其摆放为复原体位，等待救护车的到来，给予进一步高级生命支持。

触摸颈动脉方法：喉结旁 2 厘米可触摸到颈动脉搏动。非专业急救人员可不必触摸颈动脉。

10. 摆放复原体位

对心肺复苏成功的伤员应摆放为复原体位，具体步骤如图 3-14 和图 3-15。

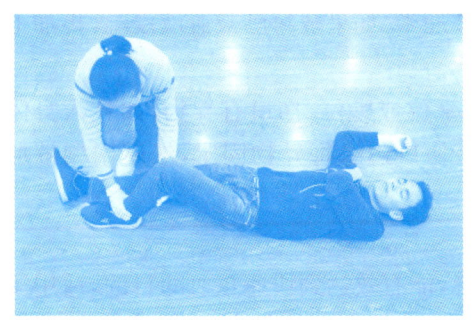

图 3-14　摆放复原体位图

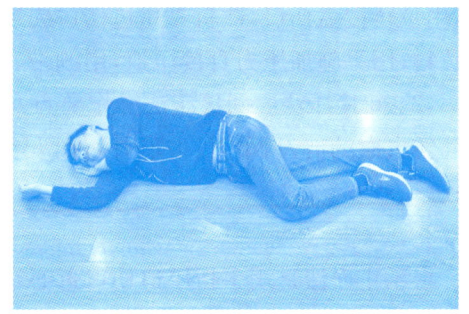

图 3-15　复原体位图

二、止血技术

（一）失血的表现

一般情况下，一个成年人失血量在 500 毫升时，可能没有明显的症状。当失血量在 800 毫升以上时，伤员会出现面色、口唇苍白，皮肤出冷汗，手脚冰冷、无力，呼吸急促，脉搏快而微弱等症状。当出血量达1500毫升以上时，会引起大脑供血不足，伤员出现视物模糊、口渴、头晕、神志不清或焦躁不安，甚至昏迷等症状。

出血可分为外出血和内出血两种。外出血在体表可见到，血管破裂后，血液经皮肤损伤处流出体外；内出血在体表见不到，血液由破裂的血管流入组织、脏器或体腔内。

根据出血的血管种类，还可分为动脉出血、静脉出血及毛细血管出血三种。动脉出血时血色鲜红，出血呈喷射状，与脉搏节律相同，危险性大；静脉出血时血色暗红，血流较缓慢，呈持续状，不断流出，危险性较动脉出血小；毛细血管出血时颜色介于鲜红色和暗红色之间，血液从整个伤口创面渗出，一般不易找到出血点，常可自动凝固而止血，危险性小。

（二）止血的方法

止血有包扎止血法、加压包扎止血法、指压止血法、屈肢加垫止血法、止血带止血法、填塞止血法。一般伤口的出血可以使用包扎和加压包扎止血。四肢的动、静脉出血，如使用其他的止血法能止血的，就不用止血带止血。

1. 包扎止血法

包扎止血法适用于表浅伤口出血损伤小血管和毛细血管，出血量少的情况。

（1）粘贴创可贴止血。先粘贴在伤口的一侧，然后向对侧拉紧粘贴另一侧。

（2）敷料包扎。将足够厚度的敷料、纱布覆盖在伤口上，覆盖面积要超过伤口周边至少3厘米。可选用不粘伤口、吸附性强的敷料。

（3）就地取材，选用三角巾、手帕、纸巾、清洁布料等包扎止血。

2. 加压包扎止血法

加压包扎止血法适用于全身各部位的小动脉、小静脉、毛细血管出血。用敷料或洁净的毛巾、手绢、三角巾等覆盖伤口、加压包扎达到止血目的。

（1）直接压法。直接压法是通过直接压迫出血部位达到止血目的。其操作要点是：伤员坐位或卧位，抬高伤肢（骨折除外）；检查伤口是否有异物，若有异物先清理，如无异物，用敷料覆盖伤口，敷料要超过伤口周边至少3厘米，如果敷料已被血液浸湿，再加上另一敷料；用手施加压力直接压迫，用绷带、三角巾等包扎。

（2）间接压法。间接压法操作要点是：伤员坐位或卧位，伤口有异物，如扎入身体导致外伤出血的剪刀、小刀、玻璃片，保留异物并在伤口边缘将异物固定，然后用绷带加压包扎。

3. 指压止血法

指压止血法是用手指压迫伤口近心端的动脉，能有效达到快速止血的目的，适用于出血量多的伤口。其操作要点是：准确掌握动脉压迫点，压迫力度要适中，以伤口不出血为准，压迫10—15分钟，保持伤处肢体抬高，该方法仅是短暂急救止血。常用指压止血部位如下：

（1）颞浅动脉压迫点（如图3-16）。颞浅动脉压迫点法适用于头顶部出血。当一侧头顶部出血时，则在同侧耳前，对准耳屏前上方1.5厘米处，用拇指压迫颞浅动脉止血。

（2）肱动脉压迫点（如图3-17）。肱动脉位于上臂中段的内侧，位置较深。当前臂出血时，在上臂中段的内侧摸到肱动脉搏动后，用拇指按压止血。

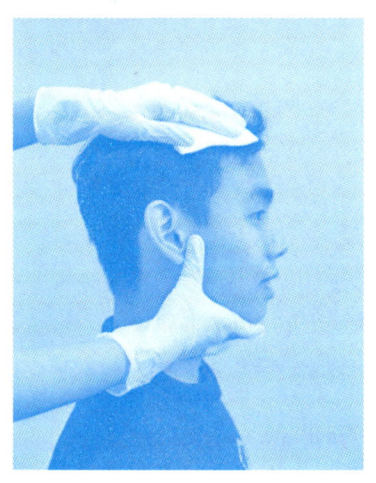 

图 3-16　颞浅动脉压迫点　　　　图 3-17　肱动脉压迫点

（3）桡、尺动脉压迫点（如图 3-18）。桡、尺动脉在腕部掌面两侧。当腕及手出血时，同时按压桡、尺两条动脉方可止血。

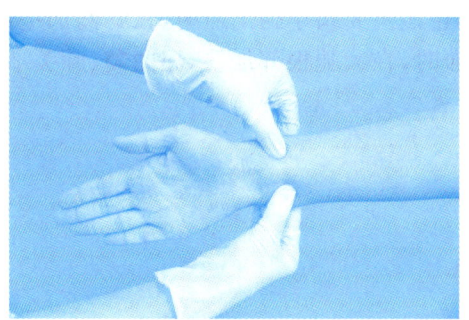

图 3-18　桡、尺动脉压迫点

（4）股动脉压迫点（如图 3-19）。股动脉压迫点在腹股沟韧带中点偏内侧的下方，用手能摸到股动脉的搏动。当下肢大出血时，用拳头或掌根向外上方压迫方可止血。

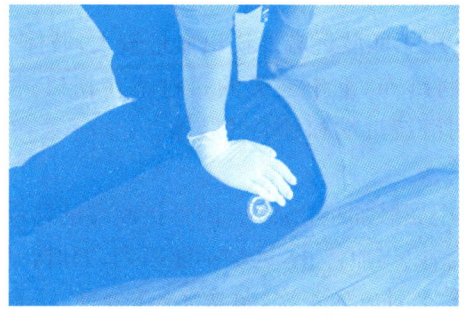

图 3-19　股动脉压迫点

（5）腘动脉压迫点（如图 3-20）。腘动脉压迫点位于腘窝中部。当小腿及以下严重出血时,摸到腘动脉搏动后,用拇指或掌根向腘窝深部压迫。由于腘动脉在腘窝处损伤,出血量也大,指压止血后可用加压包扎止血。

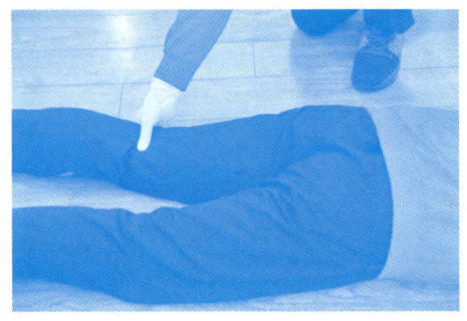

图 3-20　腘动脉压迫点

4. 屈肢加垫止血法(如图 3-21)

屈肢加垫止血法主要包括上肢加垫屈肢止血和下肢加垫屈肢止血两种。上肢加垫曲肢止血主要指前臂出血时,在肘窝处放置纱布垫或毛巾、衣物等,肘关节屈曲,用绷带或三角巾屈肘位固定;上臂出血时,在腋窝加垫,使前臂屈曲于前胸,用绷带或三角巾将上臂固定在前胸。下肢加垫屈肢止血主要指小腿出血时,在腘窝加垫,膝关节屈曲,用绷带或三角巾屈膝位固定;大腿出血时,在大腿根部加垫,屈曲髋、膝关节,用三角巾或绷带将腿与躯干固定。

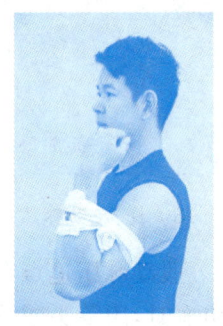

图 3-21　屈肢加垫止血法

(1) 适应证:此方法适用于四肢远端外伤出血量较大,肢体无骨折者。

(2) 方法:抬高患肢,将纱布、毛巾之类的布衬垫在伤口近心端的皮肤上,然后屈肢体,用弹力绷带或宽布同时缠绕近端和远端的肢体。

【注意事项】

有肢体骨折的不宜使用屈肢加垫止血法,因骨折断端的移动可能损伤骨折处的血管、神经等;缠绕的压力要适当,以出血停止,远端不能摸到动脉搏动为止;缠绕的总时间不宜超过 3 个小时,其中每半个小时放松一次,每次 1—3 分钟,注意肢体远端的血液循环,防止肢体坏死。

5. 止血带止血法

止血带止血法通常采用橡皮管止血带、弹性橡皮带、充气止血带等进行止血。

（1）适应证：止血带法主要适用于四肢较大的动脉出血。

（2）方法：抬高患肢，将纱布、毛巾之类的布衬垫在伤口近心端的皮肤上，其上用橡皮带紧缠肢体2—3圈，橡皮带的末端压在紧缠的橡皮带下即可。

扎止血带的部位：止血带应扎在伤口的近心端，其标准位置在上肢和下肢均为上1/3的部位。上肢中、下1/3的部位扎止血带容易损伤桡神经，应视为禁忌区。

止血带的压力：以阻断动脉血流为度。

上止血带的持续时间：原则上应尽量缩短止血带的使用时间，以1小时为宜，气温寒冷、肢体温度较低时，时间可以稍长。如必须持续阻断血流，应每隔1小时放松5—10分钟。

止血带的解除：上止血带时间不宜超过3个小时，要在输液、输血和准备好有效的止血手段后，在严密观察下，方可放松止血带。

【注意事项】

上止血带前应抬高患肢2—3分钟，以增加静脉回心血量；凡在急救上止血带时，都须在卡片上注明上止血带的时间和应放松的时间；严格掌握操作规程，以防止血带的位置不正确，损伤神经或血管。

6. 填塞止血法

（1）适应证：适用于伤口较深较大、出血多、组织损伤严重的应急处理。如胸、腹、臀等部位的出血。

（2）方法：用消毒纱布、干净的毛巾或布料等塞在出血的部位，再用加压包扎以达到止血的目的。

三、现场包扎技术

快速、准确地将伤口利用布料等包扎，是外伤救护的重要一环。伤口包扎在急救中应用范围较广，可起到保护创面、固定敷料、防止污染和止血、止痛作用，有利于伤口早期愈合。包扎应做到动作轻巧，不要碰撞伤口，以免增加出血量和疼痛。接触创面的敷料必须保持无菌，以免增加伤口感染的机会；包扎要快且牢靠，松紧度要适宜，打结避开伤口和不宜压迫的部位。它可以起到快速止血、保护伤口、防止进一步污染、减轻疼痛的作用，有利于转动和进一步治疗。

（一）包扎材料

1. 三角巾

用边长为1米的正方形白布或纱布，将其对角剪开即分成两块三角巾，90°角称为顶角，其他两个角称为底角，外加的一根带子称为顶角系带，斜边称为底边。为了方便不同部位的包扎，可将三角巾折叠成带状，称为带状三角巾，或将三角巾在顶角附近与底边中点折叠成燕尾式，称为燕尾式三角巾。

2. 袖带卷

袖带卷也称绷带，是用长条纱布制成，长度和宽度有多种规格。常用的有宽5厘米、长600厘米和宽8厘米、长600厘米两种。

（二）绷带包扎方法

1. 环形包扎法（如图3-22）

环形包扎法是绷带包扎中最常用的，适用于肢体粗细较均匀处伤口的包扎。

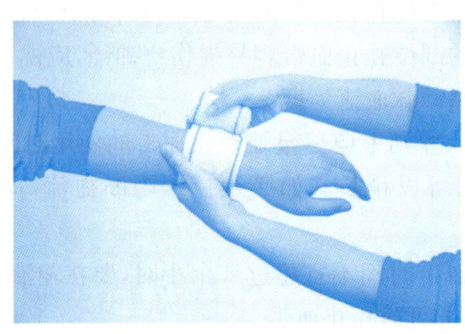

图3-22 环形包扎法

伤口用无菌敷料覆盖，用左手将绷带固定在敷料上，右手持绷带卷环绕肢体进行包扎。将绷带打开，一端稍作斜状环绕第一圈，将第一圈斜出一角压入环形圈内，环绕第二圈，加压绕肢体环形缠绕4—5层，每圈盖住前一圈，绷带缠绕范围要超出敷料边缘。最后用胶布粘贴固定，或将绷带尾端从中央纵向剪成两段布条，两布条先打一结，再缠绕肢体打结固定。

2. 回返包扎法

回返包扎法用于头部、肢体末端或断肢部位的包扎。

用无菌敷料覆盖伤口，先环形固定两圈，左手持绷带一端于头后中部，右手持绷带卷，从头后方绕到前额，再将固定于前额处的绷带向后反折，反复呈放射性反折，直至将敷料完全覆盖，最后环形缠绕两圈，将上述反折绷带固定。

3. "8"字包扎法（如图3-23）

手掌、踝部和其他关节处的伤口可用"8"字绷带包扎。选用弹力绷带最佳。

用无菌敷料覆盖伤口，包扎手时从腕部开始，先环形缠绕两圈，然后经手和腕"8"字形缠绕，最后绷带尾端在腕部固定，包扎关节时绕关节上下"8"字形缠绕。

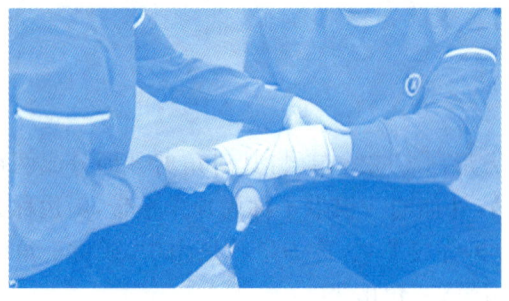

图3-23 "8"字包扎法

4. 螺旋包扎法（如图3-24）

螺旋包扎法适用于肢体、躯干部位的包扎。

用无菌敷料覆盖伤口,先环形缠绕两圈,从第三圈开始。环绕时压住前一圈的1/2或1/3,最后用胶布粘贴固定。

图3-24 螺旋包扎法

5. 螺旋反折包扎法(如图3-25)

螺旋反折包扎法适用于肢体上下粗细不等部位的包扎,如小腿、前臂等。先用环形法固定始端。螺旋方法每圈反折一次,反折时,以左手拇指按住绷带上面的正中处,右手将绷带向下反折,向后绕并拉紧,注意反折处不要在伤口上。

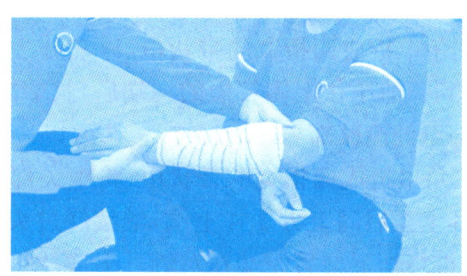

图3-25 螺旋反折包扎法

(三)三角巾包扎方法

三角巾制作简单,使用方便,包扎面积大。三角巾不仅是较好的包扎材料,还可作为固定夹板、敷料和代替止血带使用。三角巾急救包使用方法是先把三角巾急救包的封皮撕开,然后打开三角巾,将其内的消毒敷料盖在伤口上,进行包扎;多用于肩部、胸部、腹股沟部和臀部等处的包扎。使用三角巾,两底角打结时应为外科结,这样比较牢固,将其一侧边和底角拉直,即可迅速地解开。

1. 头部包扎法(如图3-26)

(1)头巾式包扎法:适用于头顶部外伤,将三角巾底边的中点放在眉间上部,顶角经头顶垂向枕后,再将底边经左右耳上向后拉紧,在枕部交叉,并压住垂下的枕角再交叉绕耳上到额部拉紧打结。最后将顶角向上反披在底边内或用胶布固定。

(2)脑组织膨出的包扎法:遇有脑组织从伤口处膨出,不可压迫包扎,要先用大块消毒湿纱布盖好,然后用纱布卷成保护圈,套住膨出的脑组织,再用三角巾包扎。

图 3-26 头部包扎法

2. 面部包扎法

（1）单侧面部包扎法：将三角巾对折，一手将顶角压在伤员健侧眉上，另一手将底边的一半经耳上绕到头后，用底角与顶角打结，然后将底边的另一半反折向下包盖面部，并绕颏下用底角与顶角在耳上打结。

（2）面具式包扎法：用于广泛的面部损伤或烧伤。方法是将三角巾的顶部打结后套在下颌部，罩住面部及头部拉到枕后，将底边两端交叉拉紧后到额部打结，然后在口、鼻、眼部剪孔。

3. 眼部包扎法（如图 3-27）

（1）单眼包扎法：将三角巾折成四指宽的带状巾，以三分之二向下斜放在伤眼上，将下侧较长的一端经枕后绕到额前压住上侧较短的一端后，长端继续沿着额部向后绕至健侧颞部，短端反折环绕枕部至健侧颞部与长端打结。

（2）双眼包扎法：将三角巾折成四指宽的带状巾，将中央部盖在一侧伤眼上，下端从耳下绕到枕后，再经对侧耳上至眉间上方压住上端，继续绕过头部到对侧耳前，将上端反折斜向下，盖住另一伤眼，再绕耳下与另一端在对侧耳上或枕后打结，也可用带状巾作交叉法包扎。双眼包扎法还可用三角巾折叠成四指宽的带状巾横向绕头两周，于一侧打结。

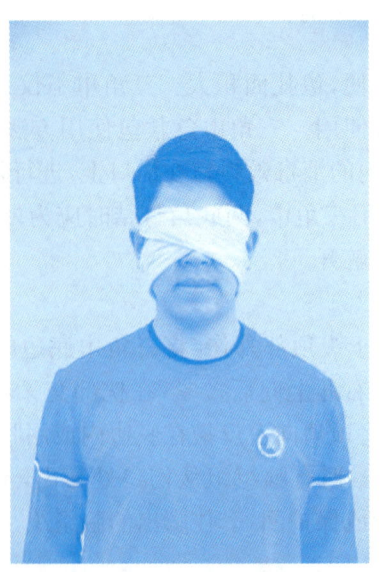

图 3-27 双眼包扎法

4. 胸背部包扎法

（1）一侧胸部伤包扎法：伤在右胸，就将三角巾的顶角放在右肩上，然后把左右底角从两腋窝拉过到背后（左边要长一些）打结，再把顶角拉过肩部与双底角结系在一起，或利用顶角小带与其打结。如果是左胸，就把顶角放在左肩上。使用在左背和右背也和胸部一样，不过其结应打在胸前。

（2）全胸部包扎法：用一个大三角巾的顶角在中间直向剪开 25—30 厘米，分别放在颈部左、右两边，然后把基底的左、右两角在背后打一半结，再把本结两角上提和顶角撕开的两头相结。

5. 单肩包扎法（如图 3-28）

救护人员立于患者伤侧，取大敷料覆盖伤处，将三角巾折叠，小片在前、大片在后，覆盖在伤肩上，夹角对准肩缝，将两底角拉至对侧腋下打结；之后拉平肩部三角巾，拎住两个角在上臂上 1/3 处交叉重叠缠绕，可直接在腋后打结，或者用顶角系带在三角巾边缘上方 2 厘米处缠绕打结固定。

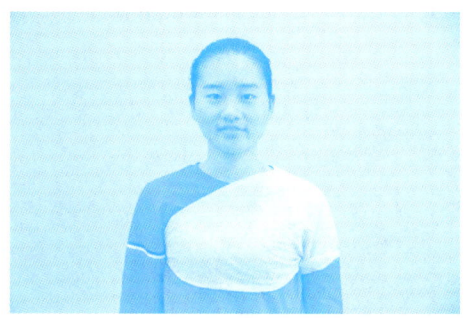

图 3-28　单肩包扎法

6. 腹部包扎法（如图 3-29）

把三角巾横放在腹部，将顶角朝下，底边置于脐部，拉紧底角至绕到腰后打结，顶角经会阴拉至臀部上方，用底角余头打结。此法也可包扎臀部，不同的是顶角和左、右两底角在腹部打结。

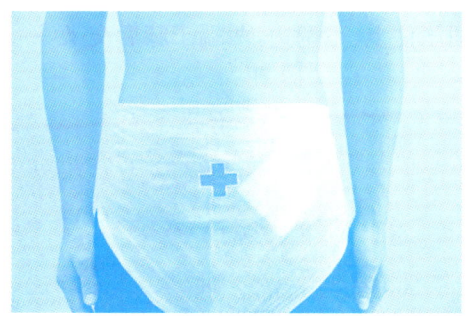

图 3-29　腹部包扎法

7. 单侧臀部包扎法

将三角巾折成燕尾状，大片在上，小片在下，夹角呈 60°；夹角对准裤缝置于大腿外侧，将顶角系带围绕腰部缠扎；拉紧两底角，在大腿内侧打结固定。

8. 四肢包扎法

(1) 前臂及上臂包扎法(如图3-30)：此法用于上股大面积损伤,如烧伤等。将三角巾一底角打结后套在伤手上,结留余头稍长些备用,另一底角沿手臂后侧拉到对侧肩上,顶角包裹伤肢,前臂曲至胸前,拉紧两底角打结,并起到悬吊作用。

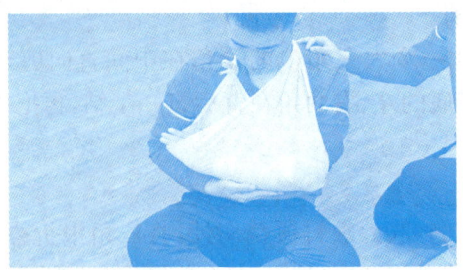

图3-30　前臂及上臂包扎法

(2) 手部包扎法(如图3-31)：将伤手平放在三角巾中央,手指指向顶角,底边横于腕部,再把顶角折回拉到手背上面,然后把左、右两底角在手掌或手背处交叉地向上拉到手腕的左、右两侧缠绕打结。

图3-31　手部包扎法

(3) 颈部包扎法：与手部包扎法相似。

(4) 小腿及以下部位包扎法：脚朝向三角巾底边,把脚放到近底角底边一侧,提起顶角与较长一侧的底角交叉包裹,在小腿上打结,再将另一底角折到足背,绕脚腕与底边打结。

(5) 膝部包扎法(如图3-32)：根据伤情把三角巾折成适当宽度的带状巾,将带的中段斜放在伤部,其两端分别压住上、下两边,两端于膝后交叉,一端向上,一端向下,环绕包扎,在膝后打结,呈"8"字形。

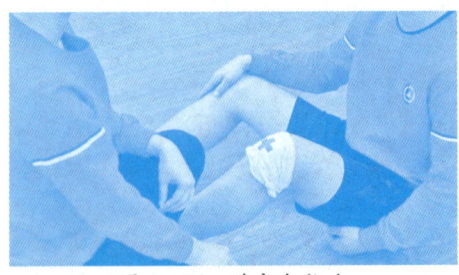

图3-32　膝部包扎法

(6) 大腿根部包扎法：把三角巾的顶角和底边中部(稍偏于一端)折叠起来,以折叠缘包扎大腿根部,在大腿内侧打结。两底角向上,一前一后,后角比前角要长,分别拉向对侧,在对侧髂骨上缘打结。

9. 腹部内脏脱出的包扎方法(如图3-33)

当腹部受到撞击、刺伤时,腹腔内的器官如结肠、小肠脱出体外,这时不要将其压塞回腹腔内,而要采用特殊的方法进行包扎。先用大块的纱布覆盖在脱出的内脏上,再用纱布卷成保护圈,放在脱出的内脏周围,保护圈可用碗或皮带圈代替,再用三角巾包扎。伤员取仰卧位或半卧位,下肢屈曲,尽量不要咳嗽,严禁饮水进食。

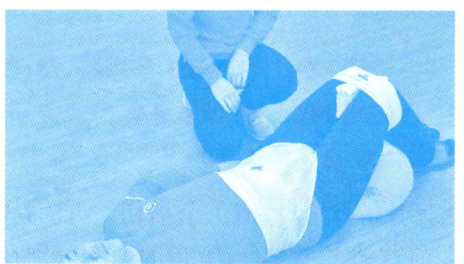

图3-33 腹部内脏脱出的包扎方法

10. 异物刺入体内的包扎方法(如图3-34)

异物包括刀子、匕首、钢筋、铁棍以及其他因意外刺入体内的物体。

异物刺入胸背部,易伤及心脏、肺、大血管;刺入腹部,易伤及肝、脾等器官;刺入头部,易伤及脑组织。异物刺入体内后,切忌拔出异物再包扎。因为这些异物可能刺中重要器官或血管。如果把异物拔出,会造成出血不止。故异物刺入体内后,正确的处置方法是先用一个环形棉垫套住异物,或者用其他任何可以代替棉垫的物品,放于裸露在伤口外面的异物周围,并固定好异物,再用三角巾或者其他替代品进行包扎。

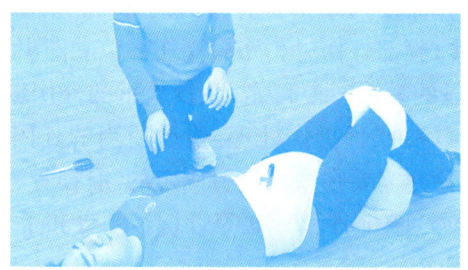

图3-34 异物刺入体内的包扎方法

(四)三角巾悬臂带

1. 大悬臂带(如图3-35)

将前臂屈曲用三角巾悬吊于胸前,叫悬臂带,适用于前臂损伤和骨折。方法是将三角巾一底角放于健侧肩部,其顶角对准伤臂的肘部,将伤臂屈曲至胸前呈90°;提起三角巾的另一底角向上包绕前臂,经颈后与上面的底角在健侧锁骨窝处打结;将顶角缠绕折压于肘关节处。

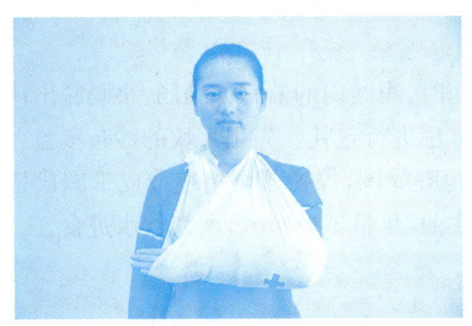

图 3-35 大悬臂带

2. 小悬臂带

小悬臂带用于锁骨、肱骨骨折及上臂、肩关节损伤。方法是将三角巾折叠成适当宽度的带状,将宽带的中央放在前臂的下 1/3 处,宽带的两端分别在前臂的内、外侧拉至健侧肢体锁骨窝处打结。

四、现场骨折固定

骨折固定的目的是避免增加伤害,防止骨折端在搬运过程中移位,损伤周围神经、血管等软组织和内脏,同时减轻疼痛,便于运送伤员。实施骨折固定先要注意伤员的全身状况,如心脏停搏要先复苏处理;如有休克要先抗休克或同时处理休克;如有大出血要先止血包扎,然后固定。急救固定的目的不是让骨折复位,而是防止骨折断端的移动。

(一) 骨折的判断

急救过程中的固定首先需要判断是否有骨折的存在。骨折损伤通常具有以下特征:首先有明确的肢体或颈、腰、髋部外伤史。伤后受伤部位立即出现肿痛等功能障碍。如果是完全性骨折,会出现明显的畸形。换言之,在较严重的外伤以后,如果伤员某一部位出现肿、痛和功能障碍,就可以按照骨折伤处理,给予适当的外固定,再将伤员送至医院治疗。车祸及生活中较为常见并需要在现场进行固定的,有锁骨、上臂肱骨、前臂尺桡骨、大腿股骨、小腿胫腓骨、颈椎骨、腰椎骨和骨盆等骨折。颅骨和手、足小骨的骨折,可以仅做临时包扎,不一定要现场固定。

(二) 常见的骨折固定方法

1. 锁骨骨折固定

锁骨骨折多由摔伤或车祸引起,伤后肩上可能肿胀,触压或上肢活动时有剧烈疼痛,有时可有明显隆起等畸形。现场仅将伤侧上肢用三角巾、围巾或衣襟上翻包扎悬吊,并限制伤肢活动即可。

2. 上臂肱骨骨折固定

肱骨在外伤骨折后,可能出现上臂肿胀、淤血、活动障碍及疼痛,有时可有明显畸形存在。如症状不典型,检查可将伤肢伸直并使手腕尽量背伸,轻扣手掌根,力量传至上臂骨折部位,可引起疼痛。肱骨骨折在现场可用木板、木棍、书本等覆于上臂内外侧,用三角巾叠成带状或其他布带、领带、皮带等环绕绑扎 3—4 圈,再用三角巾或绷带等将上臂悬吊并固定在躯干上。注意所有硬质外固定物均应在用柔软的毛巾等敷料衬垫后使用,不要直接敷在肢体上,防止损伤皮肤、软组织及血管神经。在没有木板等物品的时候,可以用多根布带将上臂绑扎固定在躯干上,再屈肘悬吊即可。

3. 前臂骨折固定(如图3-36)

前臂有尺、桡两根长骨,如果单根骨骨折,相对比较稳定,可以仅用三角巾等将伤肢悬吊固定即可;如果尺、桡骨双骨折,其固定的原则与上臂骨折相同。也可以简单地用书本等物托于前臂下方,然后直接悬吊固定。注意应将肘、腕全部固定,才能真正起到前臂骨折固定作用,因为两端任一关节运动,都可以带动骨折断端活动。另外,前臂肌间隙狭小,骨折出血肿胀严重,可能会造成前臂骨筋膜室综合征,即压迫动脉血管,造成肌肉缺血性坏死。所以,绑扎固定时应松紧适当,并及时调整固定带。

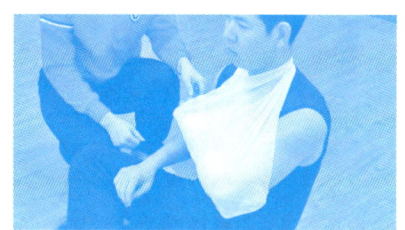

图3-36 前臂骨折固定

4. 大腿股骨骨折固定(如图3-37)

股骨粗大,多因车祸、高空坠落或重物砸伤等巨大外力打击造成骨折,因此,常合并有软组织严重损伤或大出血。股骨闭合骨折(皮肤没有破损)可能出血800毫升以上,开放骨折出血会更为严重。如不及时固定,可因骨折断端活动而加重出血,出现血压下降或休克等症状。股骨骨折后,通常大腿肿胀严重,局部疼痛剧烈,不能站立行走,甚至不能挪动。可以用一块长木板或木棍等,从伤侧腋下直到足跟置于大腿外侧;另一块木板从大腿根部到内侧足跟置于大腿内侧,用6—8根布带分别在胸部、腰间、髋部、大腿、膝关节、小腿等处绑扎固定,最后将踝关节"8"字固定于90°位。注意所有骨性突起的部位,如髋、膝、踝等,务必用毛巾等敷料衬垫,防止磨损皮肤软组织。在只有一块板时,可将木板置于大腿外侧固定;如果没有外固定物,可以在两腿间衬垫衣物,然后用领带、皮带或其他布带等将两下肢绑扎到一起,利用健侧肢体作为外固定物。此法也可用于小腿骨折的固定。

图3-37 大腿股骨骨折固定

5. 小腿胫腓骨骨折固定（如图 3-38）

小腿胫骨前方紧贴皮下，发生骨折后极易穿破皮肤造成开放性骨折或骨外露，需要积极止血并尽早固定。另外，小腿和前臂相似，闭合骨折后出血肿胀易造成骨筋膜室综合征，引起肌肉缺血性坏死。所以，固定时也应注意不要绑扎过紧，防止肢体远端血供不良。小腿骨折的固定方法与大腿相似，可以用木板、木棍、杂志等置于腿内、外侧，然后用布带绑扎 5—6 圈固定，最后将双踝用"8"字绷带固定。外固定物下面同样必须用布料或衣服衬垫，防止皮肤软组织磨损；木板长度亦需超过小腿上下的膝、踝关节，才能真正起到固定的作用。在不能找到外固定物的情况下，同样可以将伤肢与对侧健肢绑扎固定。

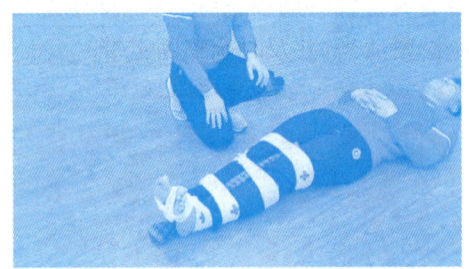

图 3-38 小腿胫腓骨骨折固定

6. 骨盆骨折固定（如图 3-39）

骨盆是连接躯干和下肢的重要支撑结构，当髋部或骶尾部被挤压、撞击或砸伤时，常会破坏骨盆的完整性。骨盆骨折如果没有损伤盆腔内的脏器，其早期最大的危险是骨折断端在搬动时互相错动引起大出血，使伤员休克死亡。所以在车祸或其他严重外伤后，如果伤员双髋挤压疼痛，怀疑有骨盆骨折时，应尽快给予包扎固定。可以用衣服、床单或三角巾等兜住整个臀部，并在两髋前打结系紧，使骨折骨盆被环绕加压固定。然后使伤员平卧在硬板上，取屈膝位，膝下用衣物等垫实，以减轻伤员的疼痛。

图 3-39 骨盆骨折固定

7. 胸、腰椎骨折固定

胸、腰椎骨折也是外伤中常见的损伤，在上、下椎体间失去原有骨性连结的情况下，甚至一点轻微的椎体旋转或屈曲都可能损伤脊髓而造成截瘫。所以，当检查伤员发现其腰背部压痛明显、局部肿胀、活动困难的时候，就应该按照腰椎骨折进行处理。可以将伤员仰卧在与肩同宽的木板或长桌面上，用衣物将其头颈、腰下、膝下及足踝部空虚处垫实，然后分别在额、肩、胸、髋、大腿、小腿及踝部用布带扎紧固定。注意在搬动伤员的时候,要将其当作原木一样来处理,严禁脊柱弯曲或扭转。多人抬动担架运送伤员的时候,可将其置于俯卧位,使脊柱轻度背伸;而不要置伤员于仰卧位,使其脊柱呈屈曲状。脊柱通常是因为外力使其过度屈曲而受伤,故在伤后搬运时,应尽量防止二次受伤。

(三)骨折固定时的注意事项

1. 对开放性骨折应先进行有效止血和伤口包扎,然后再固定。

2. 固定时动作要轻巧,固定要牢靠,应在夹板与骨突及关节处放些软垫垫好,以免压迫过久皮肤坏死。

3. 先固定骨折上端,再固定下端,绷带不要系在骨折处,伤肢固定应超过骨折上、下两个关节。

4. 纱布缠绕不要过紧。四肢固定要露出手指或足趾,以便观察肢体的血液循环情况。

5. 固定后,上肢屈肘位,三角巾悬吊;下肢伸直位,抬高患肢。

五、自动体外除颤器

自动体外除颤器是一种能够自动识别患者是否为可复律的心律失常,并实施电击除颤的便携式医疗急救设备,可以被非专业人员用于抢救心搏骤停患者。

(一)自动体外除颤器在现场救护中的作用

心搏骤停发生后,由于血液循环停止,全身各个脏器的血液供应在数十秒内完全中断,迅速使患者处于临床死亡阶段。患者如果在数分钟内得不到正确、有效的抢救,病情将进一步发展至不可逆转的生物学死亡。早期电除颤是生存链各环节中提高生存率的有效手段,对增加院前心搏骤停患者的生存机会起到关键作用。室颤后每延迟电除颤1分钟,其死亡率会增加7%—10%。在学校、人口密集的社区和人员活动多的公共场所,配备自动体外除颤器,并培训现场急救人员,对挽救心搏骤停患者生命意义重大。早期电除颤对救治心搏骤停患者至关重要。

1. 心搏骤停最常见的心律失常是心室颤动或无脉性室速。

2. 室颤的严重后果是心搏骤停。

3. 治疗室颤最有效的方法是电击除颤。

4. 成功除颤的机会转瞬即逝。

5. 未及时进行电击除颤者在数分钟内就可能出现心脏停搏。

(二)自动体外除颤器的使用

自动体外除颤器包括自动心脏节律分析系统和电击咨询系统,可自动发出实施电击的指令,由操作者判断后,按"SHOCK"键完成电除颤。自动体外除颤器只适用于无反应、无呼吸和无循环体征的心室颤动或无脉性室速患者。自动体外除颤器在极短时间内放出大量电流经过心脏,以终止心脏所有不规则、不协调的活动,使心脏搏动正常化。

1. 打开电源开关,按语音提示操作。

2. 自动体外除颤器电极片安装部位。心尖部电极应放在左腋前线第五肋间外侧,心底部电极放置在胸骨右缘、锁骨之下。婴儿及儿童使用自动体外除颤器时应采取具有特殊电极片的自动体外除颤器,安放电极片的部位可同成年人,也可在胸前正中及背后左肩胛处。电极片安放时要避开皮肤破损处、皮下起搏器等,如患者胸毛过多导致电极片不能和皮肤紧密贴合,则须先剃去胸毛。

3. 救护员用语言告知周边人员不要接触患者,等候自动体外除颤器分析患者心律是否需要电除颤。

4. 救护员得到除颤信息后,等待充电,确定所有人员未接触患者,且患者胸前两电极片之间无汗、水,可准备除颤。

5. 按键钮电击除颤。电极片在除颤后不去除,直至送到医院。

6. 继续心肺复苏 2 分钟后,自动体外除颤器将再次自动分析心律,医护人员可根据自动体外除颤器上显示的心电图决定下一步操作。

(三) 自动体外除颤器使用的注意事项

1. 自动体外除颤器主要是针对失去反应、失去呼吸或仅有濒死喘息的患者,不应对其他患者(包括出现胸闷、胸痛的患者)使用,避免自动体外除颤器诊断失误或进行不必要的治疗。

2. 使用过程中须避免患者胸前水分过多,胸毛较多的患者须剃去胸毛。若患者安装起搏器等,电极贴片须避开起搏器。

3. 可在雪地或潮湿地面使用,但应避免患者在水中时使用。

六、休克的急救

(一) 休克和休克的现场处理

休克是机体受到各种有害因素的强烈侵袭而导致有效循环血量锐减,主要器官组织血液灌流不足所引起的严重全身性综合征。

休克产生的原因很多,运动损伤中并发的休克主要是创伤性休克,多为严重创伤引起的剧烈疼痛,如多发性骨折、睾丸挫损、脊髓损伤等,主要是通过神经反射使周围血管扩张,血液分布的范围增大,造成相对血容量不足,脊髓损伤可以阻断血管运动中枢与周围血管间的联系,使血管扩张,引起休克;其次为出血性休克,由于损伤引起急剧体内外出血造成大量失血、失血浆、失液均可导致循环血量减少而发生休克。如腹部挫伤致肝脾破裂的内出血,股骨骨折合并大动脉的外出血等。

休克的发病原理是有效循环血量不足,引起全身组织和血流灌注不良,导致组织缺血缺氧,代谢紊乱和脏器功能障碍(包括心、脑、肺、肾等重要器官功能障碍)。

(二) 急救

对于休克伤员要尽早进行急救。应迅速使病人平卧安静休息。对病人要采取保暖措施,但不能过热,以免皮肤扩张,回心血量减少,影响生命器官的血液灌注量和增加氧的消耗。在炎热的环境下则要注意防暑降温,同时尽量不要搬动病人;若伤员昏迷,头应侧偏,并将舌头牵出口外,必要时要吸氧和口对口人工呼吸,并针刺或掐点"人中""百会""合谷""内关""涌泉""足三里"等穴。与此同时,应积极去除病因,如由于大量出血引起的休克,应立即采取有效的方法止血;由于外伤、骨折等剧烈疼痛所引起的休克,应给予镇痛剂和镇静剂,以减少伤员痛苦,防止加重休克;骨折者应就地上夹板固定伤肢。

以上是一般的抗休克措施,由于休克是一种严重的、危及生命的病理状态,所以在急救的同时,应及时送医院处理。对休克病人应尽量避免搬运颠簸。

增强体质

让学生动起来,高校可以做什么?

2020年,某校8名学生因体测替考事件,被校方通报取消学位获得资格,这则新闻引发社会各界的广泛关注和热议。

国外一大学体育健康项目协调员吉尔·加里根也认为,引导学生自发锻炼的重要因素之一就是让他们做自己喜欢的运动。

在学校,慢跑绝不是健身的唯一选择。为了吸引学生积极锻炼,国外一所大学开设了诸多创式健身课程。其中,最受学生欢迎的是一门叫作"力量混合"的舞蹈课程。音乐在舞蹈室中播放,学生们随着节奏即兴跳起尊巴舞。

尊巴融合了舞蹈与有氧运动,任何人只需要跟着节拍自然地做动作,舞步简单易学。每次开课,健身房内都像聚会一般,吸引无数人参与。

除了尊巴,还有一门有趣的课程——"瑜拉提"。它将瑜伽和普拉提结合在一起,强调提高平衡力、核心力量以及专注于意念和身体的稳定。想要塑身却不喜欢节食的学生更爱全身锻炼课。它结合了心肺训练和肌肉训练,可以让人显瘦又露肌肉,还能强健心肺,成为大热课程。

该校健身教练利兹·埃伯菲尔德指出:"种类越多,学生就越不容易厌倦。"跑得不耐烦就去练肌肉,举哑铃无聊就去骑单车,打网球久了就换游泳,国外的学生总能在健身中心找到新鲜的项目。

此外,国内大学的一些措施也值得我们参考。比如,中国矿业大学以"三融三促"模式促进"教学、训练、竞赛"协同互动、融合发展。

课赛融合,促体育教学出新走心。开展"俱乐部"教学模式改革,引入俱乐部分级赛制,引导学生从"要我学"向"我要练"转变,形成"分级定档经常赛"的良好氛围。成立篮球、排球、足球等20余个运动俱乐部,通过"联赛制"形式进行分级定档,联赛中成绩优异者可选择加入高水平俱乐部,为学生提供更多参加更高级别竞赛的机会;鼓励"低档位"学生投入更多时间和精力提高水平,引导"高档位"学生在更高平台竞技。

测练融合,促体质提升自主自发。成立"大学生体质测试中心",配备专任教师组织开展测试工作,不断提高体质测试的系统化、科学化水平,充分分析测试数据,形成年度测试报告,为学校制订年度体育工作计划提供重要参考依据。通过"体能训练+"的形式帮助学生开展体能训练,围绕"强体质、促健康"的目标,切实提升学生体质健康水平。实施《关于学生开展课外体育锻炼打卡工作方案》,引入校园App"健康跑"等课外体育锻炼软件,有序收集与管理数据,对学生体育锻炼进行监测、记录和考核,引导学生形成积极参与体育锻炼的风尚。

内外融合,促竞赛水平提质增效。将校外高水平竞赛和校园群体竞赛相融合,探索成立高水平运动队,实现篮球、足球、网球、田径、游泳等5支高水平竞赛队伍招生、训练、竞赛的体系化运行。通过较高的高水平竞赛参与度和较好的竞赛成绩引领带动校园体育文化,充分整合校内群体竞赛,形成"行健杯""力行杯"等校内品牌。

——根据相关资料整理

项目四 体质健康测试

任务一 了解《国家学生体质健康标准（2014年修订）》

体质，即人体的质量，是先天遗传性和后天获得性基础上表现出来的形态结构、生理生化功能、适应能力和心理因素等方面综合的、不断发展的、相对稳定的特征表现。遗传是人体体质发展变化的先天条件，对体质强弱有着重大影响，但它对于体质的影响只提供了可能性，决定体质强弱发展变化的还有赖于生活环境、营养卫生、行为方式等获得性因素。

简要地说，体质既反映着人体生命活动的水平，也反映着人体的运动水平。生命活动是身体运动的基础，反映着人的自然属性；身体运动又是生命活动得以充分发展的必要条件，相当程度地反映着人的社会属性，二者是统一的。满足于生命活动的自然发展，会限制身体运动的发展水平；听任身体运动的任意发展，也会损害生命运动的正常运行，二者又是矛盾的。可见，体质反映了人体的生命运动和身体运动的对立统一，只有科学地把握并处理生命运动和身体运动的矛盾统一，才能达到身体发展的极致。同样是健康的人，其体质却千差万别。一个人的体质强弱要从形态、功能、身体素质对环境、气候的适应能力和抗病能力等多方面进行综合评价。

体质主要包括体格、生理功能、身体素质和运动能力、心理发育水平以及适应能力五个方面的内容。

1. 体格。即身体形态发育水平。常用的测试指标主要包括身高、体重、胸围、腰围、臀围、皮褶厚度等，通过这些数据的测量可得知人体的基本发育水平和体质状态。

2. 生理功能。即机体新陈代谢水平以及人体各器官、系统功能及运行状况。测定的指标有脉搏（心率）、血压和肺活量。脉搏、血压是检查人体心血管功能的简易指标；肺活量反映肺的容积和肺的扩张能力。

3. 身体素质和运动能力。即速度、力量、耐力、灵敏、柔韧等素质和走、跑、跳、投、攀爬等运动能力。例如，100米跑反映了速度素质，即人体快速奔跑能力；1 500米跑反映了耐力素质，即较长时间奔跑能力；立定跳远主要反映下肢肌肉爆发力和弹跳能力。

4. 心理发育水平。即个体的感知能力、个性、意志、心理健康状况和精神状况等。

5. 适应能力。即对内外环境的适应能力和对疾病的抵抗能力。它反映了人体在适应自然环境和社会环境中所表现出来的能力。

以上五个方面相互依存、相互影响、相互制约,决定着人们的不同体质水平。身体形态结构和生理功能构成了人体体质的基础,身体素质和运动能力、适应能力及心理状况是体质的外在表现。另一方面,通过提高身体素质和运动能力,与机体相对应的生理功能和身体形态结构也会发生一系列变化。同时,提高身体素质和运动能力的过程对人的心理产生一定影响,从而促进个性心理的良性发展。体质强弱的评价也应从以上五个方面进行,而我们通常所说的增强体质的含义则应该是:促进体格的发展,提高身体生理功能水平,全面提高身体素质,提高运动能力和对外界环境的适应能力,促进个体心理发展。

需要注意的是,不同的人,其体质存在较大的差异。而且,同一个人在人生的不同阶段,体质状况及其特征也是处于不断的发展变化之中。所以,在体质促进的研究中我们要"因人而异、因时而异",达到个性化、多样化的健康发展。

《国家学生体质健康标准(2014年修订)》(以下简称《标准》)是国家学校教育工作的基础性指导文件和教育质量基本标准,是评价学生综合素质、评估学校工作和衡量各地教育发展的重要依据,是《国家体育锻炼标准》在学校的具体实施,适用于全日制普通小学、初中、普通高中、中等职业学校、普通高等学校的学生。具体在高校中的测试指标、权重及标准如下。

一、单项指标与权重

表4-1 单项指标与权重

单项指标	权重(%)
体重指数(BMI)	15
肺活量	15
50米跑	20
坐位体前屈	10
立定跳远	10
引体向上(男)/1分钟仰卧起坐(女)	10
1 000米跑(男)/800米跑(女)	20

注:体重指数(BMI)=体重/身高^2(体重单位:千克;身高单位:米)

本标准的学年总分由标准分与附加分之和构成,满分为120分。标准分由各单项指标得分与权重乘积之和组成,满分为100分。附加分根据实测成绩确定,即对成绩超过100分的加分指标进行加分,满分为20分。大学的加分指标为男生引体向上和1 000米跑,女生1分钟仰卧起坐和800米跑,各指标加分幅度均为10分。

二、评分表

（一）单项指标评分表

表 4-2 体重指数（BMI）单项评分表（单位：千克/米^2）

等级	单项得分	男	女
正常	100	17.9—23.9	17.2—23.9
低体重	80	≤17.8	≤17.1
超重	80	24.0—27.9	24.0—27.9
肥胖	60	≥28.0	≥28.0

表 4-3 肺活量单项评分表（单位：毫升）

等级	单项得分	大一大二（男）	大三大四（男）	大一大二（女）	大三大四（女）
优秀	100	5 040	5 140	3 400	3 450
优秀	95	4 920	5 020	3 350	3 400
优秀	90	4 800	4 900	3 300	3 350
良好	85	4 550	4 650	3 150	3 200
良好	80	4 300	4 400	3 000	3 050
及格	78	4 180	4 280	2 900	2 950
及格	76	4 060	4 160	2 800	2 850
及格	74	3 940	4 040	2 700	2 750
及格	72	3 820	3 920	2 600	2 650
及格	70	3 700	3 800	2 500	2 550
及格	68	3 580	3 680	2 400	2 450
及格	66	3 460	3 560	2 300	2 350
及格	64	3 340	3 440	2 200	2 250
及格	62	3 220	3 320	2 100	2 150
及格	60	3 100	3 200	2 000	2 050
不及格	50	2 940	3 030	1 960	2 010
不及格	40	2 780	2 860	1 920	1 970
不及格	30	2 620	2 690	1 880	1 930
不及格	20	2 460	2 520	1 840	1 890
不及格	10	2 300	2 350	1 800	1 850

表 4-4 50 米跑单项评分表(单位:秒)

等级	单项得分	大一 大二 (男)	大三 大四 (男)	大一 大二 (女)	大三 大四 (女)
优秀	100	6.7	6.6	7.5	7.4
	95	6.8	6.7	7.6	7.5
	90	6.9	6.8	7.7	7.6
良好	85	7.0	6.9	8.0	7.9
	80	7.1	7.0	8.3	8.2
及格	78	7.3	7.2	8.5	8.4
	76	7.5	7.4	8.7	8.6
	74	7.7	7.6	8.9	8.8
	72	7.9	7.8	9.1	9.0
	70	8.1	8.0	9.3	9.2
	68	8.3	8.2	9.5	9.4
	66	8.5	8.4	9.7	9.6
	64	8.7	8.6	9.9	9.8
	62	8.9	8.8	10.1	10.0
	60	9.1	9.0	10.3	10.2
不及格	50	9.3	9.2	10.5	10.4
	40	9.5	9.4	10.7	10.6
	30	9.7	9.6	10.9	10.8
	20	9.9	9.8	11.1	11.0
	10	10.1	10.0	11.3	11.2

表 4-5 坐位体前屈单项评分表(单位:厘米)

等级	单项得分	大一 大二 (男)	大一 大二 (男)	大一 大二 (女)	大三 大四 (女)
优秀	100	24.9	25.8	25.8	26.3
	95	23.1	24.0	24.0	24.4
	90	21.3	22.2	22.2	22.4
良好	85	19.5	20.6	20.6	21.0
	80	17.7	19.0	19.0	19.5

(续表)

等级	单项得分	大一大二（男）	大一大二（男）	大一大二（女）	大三大四（女）
及格	78	16.3	17.7	17.7	18.2
	76	14.9	16.4	16.4	16.9
	74	13.5	15.1	15.1	15.6
	72	12.1	13.8	13.8	14.3
	70	10.7	12.5	12.5	13.0
	68	9.3	11.2	11.2	11.7
	66	7.9	9.9	9.9	10.4
	64	6.5	8.6	8.6	9.1
	62	5.1	7.3	7.3	7.8
	60	3.7	6.0	6.0	6.5
不及格	50	2.7	5.2	5.2	5.7
	40	1.7	4.4	4.4	4.9
	30	0.7	3.6	3.6	4.1
	20	−0.3	2.8	2.8	3.3
	10	−1.3	2.0	2.0	2.5

表4-6 立定跳远单项评分表（单位：厘米）

等级	单项得分	大一大二（男）	大三大四（男）	大一大二（女）	大三大四（女）
优秀	100	273	275	207	208
	95	268	270	201	202
	90	263	265	195	196
良好	85	256	258	188	189
	80	248	250	181	182
及格	78	244	246	178	179
	76	240	242	175	176
	74	236	238	172	173
	72	232	234	169	170
	70	228	230	166	167

(续表)

等级	单项得分	大一大二（男）	大三大四（男）	大一大二（女）	大三大四（女）
及格	68	224	226	163	164
	66	220	222	160	161
	64	216	218	157	158
	62	212	214	154	155
	60	208	210	151	152
不及格	50	203	205	146	147
	40	198	200	141	142
	30	193	195	136	137
	20	188	190	131	132
	10	183	185	126	127

表4-7 男生引体向上、女生1分钟仰卧起坐评分表（单位：次）

等级	单项得分	大一大二（男）	大三大四（男）	大一大二（女）	大三大四（女）
优秀	100	19	20	56	57
	95	18	19	54	55
	90	17	18	52	53
良好	85	16	17	49	50
	80	15	16	46	47
及格	78	—	—	44	45
	76	14	15	42	43
	74	—	—	40	41
	72	13	14	38	39
	70	—	—	36	37
	68	12	13	34	35
	66	—	—	32	33
	64	11	12	30	31
	62	—	—	28	29
	60	10	11	26	27

（续表）

等级	单项得分	大一大二（男）	大三大四（男）	大一大二（女）	大三大四（女）
不及格	50	9	10	24	25
	40	8	9	22	23
	30	7	8	20	21
	20	6	7	18	19
	10	5	6	16	17

表4-8　男生1000米、女生800米耐力跑单项评分表（单位：分·秒）

等级	单项得分	大一大二（男）	大三大四（男）	大一大二（女）	大三大四（女）
优秀	100	3'17"	3'15"	3'18"	3'16"
	95	3'22"	3'20"	3'24"	3'22"
	90	3'27"	3'25"	3'30"	3'28"
良好	85	3'34"	3'32"	3'37"	3'35"
	80	3'42"	3'40"	3'44"	3'42"
及格	78	3'47"	3'45"	3'49"	3'47"
	76	3'52"	3'50"	3'54"	3'52"
	74	3'57"	3'55"	3'59"	3'57"
	72	4'02"	4'00"	4'04"	4'02"
	70	4'07"	4'05"	4'09"	4'07"
	68	4'12"	4'10"	4'14"	4'12"
	66	4'17"	4'15"	4'19"	4'17"
	64	4'22"	4'20"	4'24"	4'22"
	62	4'27"	4'25"	4'29"	4'27"
	60	4'32"	4'30"	4'34"	4'32"
不及格	50	4'52"	4'50"	4'44"	4'42"
	40	5'12"	5'10"	4'54"	4'52"
	30	5'32"	5'30"	5'04"	5'02"
	20	5'52"	5'50"	5'14"	5'12"
	10	6'12"	6'10"	5'24"	5'22"

（二）加分指标评分表

表4-9　男生引体向上、女生仰卧起坐评分表（单位：次）

加分	大一大二（男）	大三大四（男）	大一大二（女）	大三大四（女）
10	10	10	13	13
9	9	9	12	12
8	8	8	11	11
7	7	7	10	10
6	6	6	9	9
5	5	5	8	8
4	4	4	7	7
3	3	3	6	6
2	2	2	4	4
1	1	1	2	2

表4-10　男生1000米跑、女生800米评分表（单位：分·秒）

加分	大一大二（男）	大三大四（男）	大一大二（女）	大三大四（女）
10	−35″	−35″	−50″	−50″
9	−32″	−32″	−45″	−45″
8	−29″	−29″	−40″	−40″
7	−26″	−26″	−35″	−35″
6	−23″	−23″	−30″	−30″
5	−20″	−20″	−25″	−25″
4	−16″	−16″	−20″	−20″
3	−12″	−12″	−15″	−15″
2	−8″	−8″	−10″	−10″
1	−4″	−4″	−5″	−5″

注：1000米跑、800米跑均为低优指标，学生成绩低于单项评分100分后，以减少的秒数所对应的分数进行加分。

实践证明，体育锻炼能够增强体质，使身体发育水平、健康水平、对疾病的抵抗能力以及对缺氧、高温、寒冷等外界环境的适应能力得到不同程度的提升。体育锻炼与任何科学事物一样，有其客观规律性。人们只有熟悉和掌握这些客观规律，并应用到实际锻炼中，才能达到增强体质的目的。因此，必须在遵循体育科学规律的前提下，坚持长期、不间断的锻炼，才能改善体质、增强体能。

任务二　掌握《国家学生体质健康标准（2014年修订）》的测试方法

一、身高标准体重

党的二十大报告指出要推进健康中国建设，把保障人民健康放在优先发展的战略位置。进入新时代以来，健康中国成为全面建成小康社会的应有之义，明确提出到2035年建成体育强国。

根据近期全国学生体质健康监测表明，目前我国学生的体重还有进一步增加的趋势，城市学生超重和肥胖的比例明显增大，肥胖将会成为影响学生体质健康的主要因素之一，所以对学生进行这方面的教育已经刻不容缓。

身高标准体重是将身高和体重综合起来，以每厘米身高的体重分布确定学生的体形匀称度，可反映学生的营养状况、体重是否正常或超重。它以大规模调查的统计数据为依据，采用了以学生的每厘米身高为单位，利用标准差，增减间距为1厘米，制定了对身高、体重进行综合评价的评分表。评价该指标时，身高单位为厘米，测试时保留1位小数；体重的单位为千克，测试时保留1位小数，然后用测试值直接查表评分。

1. 身高测试方法：受试者赤足，立正姿势站在身高计的底板上（上肢自然下垂，两足跟并拢，两足尖分开约成60°角）。足跟、骶骨部及两肩胛区与立柱相接触，躯干自然挺直，头部正直，耳屏上缘与眼眶下缘呈水平位。测试人员站在受试者右侧，将水平压板轻轻沿立柱下滑，轻压于受试者头顶。测试人员读数时双眼应与压板水平面等高进行读数。记录员复述后进行记录。以厘米为单位，精确到小数点后一位。测试误差不超过0.5厘米。

2. 体重测试方法：测试时，秤应放在平坦地面上，调整好"0点"。受试者赤足，男性受试者身着短裤；女性受试者身着短裤、短袖衫，站在秤台中央。读数以千克为单位，精确到小数点后一位。

二、台阶试验

台阶试验是一项定量负荷机能试验，主要用以测定心血管系统的功能，也可间接推断机体耐力。由于台阶的高度和上下频度是固定的，因此相对于每个受试者来说，台阶试验是在固定时间（180秒）内完成固定的负荷，根据恢复期心跳频率恢复的快慢计算指数来反映心脏对运动负荷的承受能力，在运动负荷相对等同的情况下比较心功能优劣。

测试方法：男生用高40厘米台阶；女生用35厘米台阶。测试前测定安静时的脉搏，然后受试者做轻度的准备活动，主要是活动上、下肢。上、下台阶的频率是30次/分钟，而节拍器的节律为120次/分钟（每上、下一次是四动），连续做3分钟。受试者按节拍器节律完成试验。做完后，立刻坐在椅子上测量运动结束后1分钟至1分半钟、2分钟至2分半钟、3分钟至3分半钟的3次脉搏数。并用下列公式求得评定指数，计算结果包含小数的，对小数点后的1位进行四舍五入取整进行评价。

评定指数＝踏台上、下运动的持续时间(秒)×100 /2×3 次测定脉搏的和

三、肺活量体重指数

肺活量是指在不限时间的情况下,一次最大吸气后再尽最大力量所呼出的气体量。这是反映人体生长发育水平的重要机能指标之一。肺活量因性别和年龄而异,男性明显高于女性。在 20 岁前,肺活量随着年龄增长而逐渐增大,20 岁后增加量就不明显了。体育锻炼可以明显地提高肺活量,如中长跑运动员和游泳运动员的肺活量可达 6 000 毫升以上。

肺活量的大小与身高、体重、胸围的关系密切,故在对学生体质进行评分时采用了肺活量体重指数作为评价标准之一。

肺活量体重指数＝肺活量(毫升)÷体重(千克)

测试时保留 1 位小数,计算出指数后,舍去小数,用整数查表评分。

测试方法:房间通风良好;使用干燥的一次性口嘴(非一次性口嘴,则每换一次测试对象需消毒一次。每测一人时将口嘴朝下倒出唾液,并注意消毒后必须使其干燥)。肺活量计主机放置于平稳的桌面上,检查电源线及接口是否牢固,按工作键液晶屏显示"0"即表示机器进入工作状态,预热 5 分钟后测试为佳。

被测者不必紧张,并且要尽全力,以中等速度和力度吹气。被测试者面对仪器站立,手持吹气口嘴,试口嘴或鼻处是否漏气,调整口嘴和用鼻夹;深吸气后屏住气再对准口嘴尽力深呼气,直至不能呼气为止,液晶屏上最终显示的数字即为肺活量。每位受试者测三次,每次间隔 15 秒,记录三次数值;选取最大值作为测试结果,以毫升为单位,不保留小数。

四、50 米跑

50 米跑是国际上通用的测试项目,通过较短距离的高强度跑测试速度素质。速度素质的测试可以反映人体中枢神经的机能状态和神经与肌肉的调节机能,也可以综合地反映人体的爆发力、灵敏、反应、柔韧性等素质。速度素质有明显的性别和年龄差异。男性在 20 岁前、女性在 18 岁前一般是随着年龄增长而提高。体重过大或肥胖都会影响速度。

《标准》中 50 米跑的测试和评价以秒为单位,保留 1 位小数,小数点后第二位非"0"时则进 1,例如,10.11 秒按 10.2 秒查表评分。

五、1 000 米(男)、800 米(女)跑

近年全国大学生体质与健康调研结果表明,大学生耐力素质持续下降,这已引起国家高度重视。过去多发生在老年期的心脑血管疾病,现在正在向低年龄的青壮年蔓延,有的在青少年时期就已患上心脑血管疾病,运动不足是重要原因之一。低强度、长时间的运动,如长跑,能充分地动员体内脂肪分解供能,有效提高机体分解和利用酯类物质的能力,促进身体健康。而且长跑测试既可以反映肌肉耐力,又可以反映呼吸系统和心血管系统的机能水平,测试方法简单易行,有其他测验项目不可替代的作用。

《国家学生体质健康标准》中1 000米跑(男)、800米跑(女)的测试和评分以分、秒为单位记录成绩,不计小数,然后进行查表评分。例如,3分29秒33,按3分29秒查表评分。

六、立定跳远

立定跳远是测试爆发力的项目,爆发力是指在最短时间内发挥最大力量。爆发力的大小不仅取决于力量,而且取决于力量和速度的结合。它在人们日常生活、劳动中有重要的意义和作用。

《标准》中立定跳远的测试和评价以厘米为单位,保留整数,小数点后四舍五入。

七、坐位体前屈

坐位体前屈是用于反映人体柔韧性的测试项目。柔韧性是指人体完成动作时,关节、肌肉、肌腱和韧带的伸展能力。柔韧素质与健康的关系极为密切,柔韧性的提高对增强身体的协调能力,更好地发挥力量、速度等素质,提高技术水平,防止运动创伤等都有积极的作用。

测试方法:受试者两腿伸直,两脚蹬测试纵板坐在平地上,两脚分开10—15厘米,上体前屈,两臂伸直向前,用两手中指尖逐渐向前推动游标,直到不能前推为止。测试计的脚蹬纵板内沿平面为0点,向内为负值,向前为正值。记录以厘米为单位,保留一位小数。测试两次,取最好成绩。

八、握力体重指数

握力的测试是一个新设置的测试项目,用于反映被测者的力量素质。研究表明,一个人的握力与其全身力量成高度相关,间接反映一个人的健康状况。握力增长或维持在较高水平时,健康状况就好,握力下降时健康状况就不好。握力与体重的大小有关,因而采用握力体重指数进行评分。

握力体重指数=握力÷体重×100

《标准》规定计算握力体重指数时,握力的单位为千克,测试时保留1位小数,体重单位为千克,测试时保留1位小数。计算出指数后,舍去小数点,用整数查表评分。

九、仰卧起坐(女)

仰卧起坐是测试肌腹力量和耐力的一个项目。女生的腰腹力量对她们以后在生育等方面有着十分重要的作用。

测试方法:受测者全身仰卧于垫上,两腿稍分开,屈膝呈90°角左右,两手交叉贴于脑后。另一同伴压住其踝关节,以便固定下肢。受试者起坐时两肘触及或超过双膝为完成一次。仰卧时两肩胛必须触垫。测试人员发出"开始"口令的同时开始计时,记录1分钟内完成次数。1分钟到时,受测者虽已坐起但肘关节未达到双膝者不计该次数,精确到个位。

十、引体向上

引体向上是反映男生肩臂最大力量和力量耐力的典型指标。测试方法简单易行,旨在增加学生参加锻炼和测评的选择性,促进学生积极参与锻炼。此项为大学男生的选测项目。

十一、掷实心球

掷实心球是测试学生上肢肌肉爆发力的素质指标。《标准》规定受试者参加测试时,需原地投掷,不得助跑,实心球须从肩上方投出。掷实心球均以米为单位。

十二、跳绳

跳绳是综合反映学生跳跃能力和上下肢协调配合能力的项目,同时也能在一定程度上体现力量、协调、灵敏等多项素质的水平,属于反映综合身体素质和运动能力的测评项目。该项目具有器材简便、较少受场地影响、锻炼效果良好、练习安全性高等特点,不仅是学生锻炼健身的良好项目,也成为对学生素质进行评价的重要指标。

十三、篮球运球、足球运球、排球垫球

篮球、足球、排球均是在学生中开展得非常广泛的项目。诸多研究表明,球类运动在学生中受众广泛、参与率高,旨在促进学生提高全面锻炼身体的能力,并增加了不同地区和学校在项目选择上的灵活性。

上述三项球类测评指标的内容均为反映相应球类项目的基础运动能力的连续性单动作组合。如篮球的测试内容为篮球蛇形运球,足球的测试内容为足球运球过杆,排球的测试内容为排球垫球,主要能反映学生身体的协调性、灵敏性。

任务三 了解提高体质健康的方法

近几年《国家学生体质健康标准》测试结果显示,大学生的部分身体素质指标呈下降趋势。随着大学生数量的日趋增多,大学生的身体素质也越来越受到人们关注,因为大学生是实现社会主义现代化和民族强大的重要力量,大学生身体素质的好坏直接影响到国家和民族的兴衰。普通高职体育课的教学直接影响着大学生的身体素质。因此,应注意以下几个方面,以便提高学生的身体素质。

一、健康的心理和生活规律决定健康的身体

培养大学生的健康心理需要做到:首先,正确认识自己,做到既能踏实做事,又能心怀理想,处理好理想与现实的关系。其次,使自己的理想既符合社会发展需要,又符合个人发展需要,处理好个人与社会的关系。再次,处理好个人与他人的关系。尽管现代社会强

调的是个性化教育,但每个人的人生价值,只有在集体中才能真正得以实现。最后,处理好个人与物质的关系。人的生命要基于一定的物质环境,可生命的意义和价值却不仅在于此。大学生应树立正确的人生价值观,培养积极、乐观的生活态度。

高等教育相对于义务教育阶段是一种较自由的状态,学生一下子摆脱了家长和教师的严密监管,不少大学生觉得茫然。中国古代哲学思想的核心内容是天人合一,强调人体自身的活动规律要合乎大自然的规律,这便是我们现在所说的生活规律的由来,老子讲的"人法地,地法天,天法道,道法自然",也是这个道理。如果大学生的生活规律黑白颠倒或饮食不定时,违背了人的生理规律,会使身体长期处于一种亚健康状态,更不可能有充沛的精力去学习。自然有四季的交替规律,人体有自身的周期性,要让大学生们尽量"按规律办事"。如一年当中,春季,万物复苏,人们要多吃甜的,少吃酸的食物,多吃金色水果,要时常到户外进行一些体育锻炼;夏季,中午阳光直射,要减少户外活动,但作息时间较长,可多些时间学习;秋季,秋高气爽,要适当添加衣物,饮食应以滋阴润肺为宜;冬季,万物凋零,可多吃些萝卜,减少剧烈活动,养精蓄锐。一天当中,早晨处于阴阳交替阶段,对于多数学生而言,并不一定适合剧烈的体育活动,体育活动的最佳时间应选在下午三四点钟左右;早晨的时间适合学习,可事半功倍;进食超过四分钟再刷牙;饭前一小时吃水果;饭后超过一小时再喝茶;睡前不要想太多事情,使心情平静,最好睡前半小时喝杯牛奶;时常开窗,让室内保持新鲜空气等。以上这些生活规律,不是一成不变的,要因人而异。

二、掌握必要的保健知识

1. 合理膳食。首先,一日三餐要按时。现在不少大学生,早上不进餐,等到中午再大吃一顿。这样一来,不仅打乱了人体的自身规律,而且极易对脾、胃造成伤害。其次,营养均衡。人体健康所需的基本营养成分有:多种维生素、蛋白质、脂类、糖类及多种微量元素和矿物质。这些营养成分并不是从单一的食物中可以摄取到的,所以,大学生在饮食上不能偏食。最后,讲究卫生。"病从口入",养成良好的卫生习惯,可以避免疾病的传播。

2. 科学睡眠。首先,大学生每天晚间11点前要入睡。从科学的角度看,不同的睡眠时间与人体各器官的健康密切相关。如晚间9点到11点,是人体内的淋巴排毒时间,不宜从事其他活动;晚间11点到凌晨1点,是肝的排毒时间,此时的睡眠起到护肝作用;凌晨1到3点,是胆的排毒时间,有助于提高胆的储存和排放功能;凌晨3到5点,是肺的排毒时间,有助于增强呼吸系统的免疫能力;5点到7点,则是大肠的排毒时间,起床时间应选在此时。其次,大学生应每天保证7小时的睡眠。人生命三分之一的时间都是在睡眠中度过的,据科学考证,人如果连续四天不睡觉,就会死亡。不同年龄段的人,对睡眠时间的长短有不同的要求,大学生尽管处于生命的旺盛期,但每天睡眠时间至少应在7小时以上,才能使身体各器官得到必要的休息。否则,会出现免疫力降低、精神萎靡、记忆力下降、反应迟缓等一系列问题。最后,提高睡眠质量。近年来,越来越多的人睡眠质量不高,情况各异,如失眠、多梦、时睡时醒等。人们也采取了改善饮食、改变睡姿甚至服用安眠药的措施,但这些并不能从根本上提高睡眠质量,只有培养健康的睡眠心理,才能从根本上解决问题。睡前1小时不宜思考太多问题,要让自己的心情处于一种平静、放松的状态。

3. 适度的体育锻炼。适度的体育锻炼,可以增强人的心、肺功能,避免心脑血管病的发生;有利于缓解人的紧张情绪,调节心情;有利于促进骨骼和肌肉的成长;可以改善呼吸系统、消化系统、血液循环系统的功能;可以有效提高机体自身的免疫力,增强人的体质。大学生在体育锻炼中,最好以有氧运动为主,结合无氧运动。此外,在体育锻炼前要做15分钟以上的热身,运动后要做15分钟的整理活动。

4. 了解自己的体质类型。根据中医临床理论,将人的体质类型分为八种:阳虚体质、阳盛体质、气郁体质、气虚体质、血虚体质、血瘀体质、痰湿体质和阴虚体质。大学生应知道自己属于哪一类型体质,今后注意哪些方面。

增强体质

健康生活,不做"脆皮"大学生

"少年强则国强,少年独立则国独立。"梁启超先生的这一名言激荡着我们一代又一代年轻的大学生的心灵,告诫了我们,身为大学生要强身健体,迎接未来的挑战,为国家奉献自己的青春。

一、规律作息:构建健康生活的基石

合理的作息时间可以帮助大脑休息和恢复,减轻压力。每晚保持7—8小时的充足睡眠,尽量遵循固定的睡觉和起床时间。此外,白天也要保持适当的休息,避免过度疲劳。可以制定一个合理的作息时间表,有助于培养良好的生活习惯,为长期的身心健康打下坚实基础。

二、均衡饮食:滋养身体的每一刻

保证三餐规律,多吃蔬菜水果,少吃油腻、高热量的食物。合理搭配蛋白质、碳水化合物和脂肪的摄入。大学生应该注意均衡饮食,摄入充足的营养物质。多吃新鲜水果、蔬菜、全谷物和蛋白质丰富的食物,避免垃圾食品和过多的加工食品。合理控制食量,避免暴饮暴食,可以保持健康体重和消化系统的正常功能。

三、注重运动:释放活力,强健体魄

大学生要注重身体锻炼,适度增加体力活动。运动有助于增强心肺功能、改善代谢、减轻压力和增强免疫力。可以选择喜欢的运动方式,如慢跑、游泳、篮球或瑜伽等,每周至少进行3—4次,每次持续30分钟以上。此外,尽量避免长时间固定坐姿,每隔一段时间站起来活动一下,保持良好的姿势。

四、定期体检:守护健康的隐形盾牌

通过定期体检,我们可以及时发现身体潜在的问题,从而采取相应措施进行治疗或调整生活习惯。对于体检中发现的问题,我们应当积极面对,及时咨询医生并进行治疗。同时,也要根据医生的建议调整生活习惯,如改善饮食结构、增加运动量等,以促进身体的恢复和健康。

五、预防疾病:构建健康的防御城墙

预防疾病是保持身体健康的重要前提。在大学生活中,我们应当养成良好的卫生习惯,如勤洗手、勤通风、保持个人卫生等,以减少病毒和细菌的传播风险。此外,我们还应当注意预防性疾病的防控措施,如及时接种疫苗、避免接触传染源等。

——吉林师范大学博达学院学生处微信公众号,2024年9月9日

第二篇 基本运动技能篇

基础体能

学习目标

了解体能和体能训练的基本概念,了解体能训练的适用原则,掌握体能训练计划的制订与实施。

任务描述

从二十世纪八九十年代后期开始,体能训练思想通过一些发达国家进入我国竞技运动训练领域,并逐渐在我国体育界产生了较大影响。通过本章内容的学习,帮助学生看清体能训练核心问题所在,从认识上掌握正确的训练理论原理。

任务分析

通过学习,熟练掌握体能训练计划的制订与实施,才能学习体能训练的正确方法,定位体能的范畴,从而有效地提升体能训练效率。

课程思政

1. 健全人格:通过本模块的学习,可以帮助学生树立正确的体育价值观,形成积极参与体育锻炼的良好意识,养成良好体能训练习惯和积极乐观的生活态度。

2. 锤炼意志:在学习训练过程中,能通过体能活动改善心理状态,通过功能测试建立正确的评估,形成健康的生活方式。

任务一 体能训练计划的制订

体能训练不是什么新问题,体能训练从人类开始有目的地进行体育活动伊始,就已经存在了,因为体能是人类运动活动的基础,与生存直接相关。各种体育活动形式的出现,比如源远流长的中国武术,早就有了"练拳不练腰,到老艺不高"的说法,而"铁板桥"的腰功训练和"筋长一寸,劲长三分"的柔韧训练,"桩功"的下肢稳定性要求以及拳术套路中的各种动作整合等,都与现代体能训练源出一脉。在现代竞技训练中,体能训练的应用则更加广泛。

一、体能与体能训练

体能通常是指人体的基本活动能力,是人体各器官系统功能在运动中的综合反映。不同的学者由于审视角度的不同,对体能有不同的理解。本文在理性分析国内外训练学界关于体能不同界定的基础上,从广义和狭义的角度及体能训练实践需求对体能和体能训练的相关概念进行解读和阐释。

根据不同群体在体能训练实践中的需求特点,将体能分为广义的体能和狭义的体能。

广义的体能是人体为适应运动的需要所储存的身体能力要素,是人体活动基本能力的表现,是人体各器官系统的功能在运动中的综合反映,具体指身体健康、身体形态、身体机能、运动素质及动作技能(或动作模式)等不同维度表现出来的身体状态。身体健康主要是指没有疾病和运动损伤等医学指标的身体状况,是其身体能力(体能)的一般表现。身体形态主要是指机体内外部的形状,包括身高、体重、骨骼肌维度、身体成分以及骨密度等指标,是其生理机能的物质基础。身体机能主要是指机体各器官系统的功能,包括心、肺功能和能量代谢功能指标,是人体内各组织器官的功能,是运动素质的生理基础。运动素质主要是指机体在活动时所表现出来的各种基本运动能力,是人体体能的外在表现形式,包括肌肉收缩产生的力量、速度、耐力等基本素质,以及柔韧、协调、灵活等复合运动素质,以及身体一般做功和专项做功能力等指标。动作技能(或动作模式)主要是指关节的灵活性及其稳定性、动作对称性、运动姿态、动力链、专项技术的分解动作及各环节用力结构与顺序等,这些是人体生理机能和运动素质表现的载体和有效性的基础。

狭义的体能又称专项体能,是指完成高水平竞技比赛所需要的专项力量体系及其相关运动素质的综合。因此,运动者的竞技表现依赖于协调能力对诸如肌肉力量、能量代谢、平衡感知、专项技术等多种素质和能力的有机整合,依赖于整体运动链的串接与构建,依赖于体能、心理等因素的调控与发挥。运动者的体能水平集中表现在专项力量体系以及与之相关的各种运动素质的发展水平上,身体形态是决定体能水平的物质条件,身体机能是决定体能水平的生理基础。

二、体能训练的适用原则

职业院校学生的体能训练因其具有强烈的针对性,其训练不同于体育比赛的专业项目训练。针对其训练的特点和要求,归纳总结其训练原则,供大家安排训练时参考。

(一)目标性原则

训练伊始,要认真制定训练目标。训练目标有宏观目标和具体目标。宏观目标是大目标,是训练的总目标,可以是通过测试,使总成绩达到一个什么标准等。而具体目标是小目标,可以是某一个项目的成绩目标,也可以是阶段性目标,一步步实施。

(二)因材施教原则

体能训练是通过系统的身体练习,使身体机能提升,来达到训练目标和要求。练习者的初始身体状态很重要,不是所有人都参加同样的训练安排。首先,练习者的初始体能水平有差异。要根据练习者的实际情况,有针对性地安排训练目标和任务。其次,每个人的身体状况不尽相同。可以考虑更具有针对性的训练方案。

(三)科学性原则

体能训练要遵循人体生理变化客观规律和运动训练客观规律,要有科学性。首先,体能训练要以人体机体特点为依据安排训练。要密切结合人体的解剖特点和生理特点,科学地安排体能训练。这不仅是为了提高体能训练成绩,也是为了避免身体出现不适或者造成机体损伤。其次,体能训练要以运动训练学的科学原理为依据安排训练。根据运动训练学的原理科学地安排训练方法、训练负荷和训练强度等。要把握好训练间隔,掌握好训练与恢复的时间要求等。再次,体能训练要考虑到训练与营养的问题。在营养方面给练习者以必要的指导,保障必要的物质基础条件。

(四)循序渐进原则

体能训练的根本原理是让练习者在长期系统的训练后,机体产生适应性反应,并逐步提高机能素质水平。所以训练给予人体的刺激应该是适宜的,不能急功近利。体能训练要遵循循序渐进的原则。首先,给予机体适宜的刺激,才能产生适应性反应,机体才能形成超量恢复,从而促使机体体能素质水平不断提升。其次,选择合适的训练负荷和训练强度,才可以避免出现训练伤害,以免适得其反。

(五)激励型原则

体能训练本身具有艰苦性、重复性和枯燥性等特点。我们的训练群体大多是富有个性的年轻群体,针对这个群体的特点,体能训练要坚持激励性原则,要在训练中多采取激励的方式,提高训练的效果。一方面是进行精神激励。为他们树立目标,有大目标和小目标,大目标遥远,再设计小目标,甚至每天每个练习都可以有小目标。用不断完成小目标给予激励。另一方面是方法激励。在训练中,多采取比赛激励法、团体激励法和兴趣激励法等,以更好地完成每个单元的训练任务,追求更好的训练效果。

(六)严格管理原则

体能训练必须有严格的管理。严格的管理纪律是目标达成的保障。严格管理原则有两个方面的内容。一方面是训练纪律要严格。训练中对每个参加训练的人员要求纪律严明,在训练常规方面加强管理,可以保证充足的训练时间和训练效果。另一方面是训练任务完成要严格控制。训练计划制订后,就要严格执行并完成,不能打折扣。

(七)安全性原则

体能训练是对人体的训练,基于各方面的不确定性因素,在训练中始终提高警惕,坚持安全第一的原则。主要考虑:训练计划的安排是否合理、训练场地设施的安全性、练习者的身体状态和训练中的突发情况等。

任务二 体能训练计划的实施

力量素质是体能训练的重要组成部分,是发展其他运动素质的基础,也是运动员掌握技术、提高运动成绩的必备素质。在运动实践中,力量素质往往以耐力、速度、协调性、灵敏度等其他综合素质的形式表现出来。因此,我们不能将力量锻炼与其他素质的发展孤立开来。力量锻炼的核心要素是肌肉运动和抗阻负荷,其方法和手段具有灵活的特征。

一、徒手力量锻炼

(一)上肢力量锻炼常用手段——俯卧撑

1. 练习目的:主要发展胸大肌、肱三头肌、三角肌力量。
2. 开始姿势:两腿伸直,两脚并拢,两脚前脚掌着地支撑,两手臂伸直,手掌着地支撑,间距略大于肩;躯干挺直。
3. 练习方法:屈肘,使身体贴近地面,然后伸肘还原成开始姿势。
4. 练习要点:保持正确的身体姿势,躯干挺直,屈肘时动作不要过快。

(二)躯干力量锻炼常用手段——仰卧起坐(直起、转体)

1. 练习目的:主要发展腹直肌、腹外斜肌、髂腰肌力量。
2. 开始姿势:两脚并拢,固定于地面,屈膝大小腿夹角成90°,双手抱头,上身平躺在地面上。
3. 练习方法:收腹、屈髋直起;收腹、屈髋,分别左、右转体。
4. 练习要点:上下起伏和左右转体动作幅度要大;上身下躺时不要完全放松,控制速度。

(三)下肢力量锻炼常用手段——深蹲

1. 练习目的:主要发展股四头肌力量。
2. 开始姿势:两脚开立,与肩同宽,双手向前平举,眼睛平视前方,上身挺直,抬头挺胸,膝关节弯曲下蹲,大小腿夹角略大于90°,膝关节尽量不要超过前脚尖。
3. 练习方法:尽量长时间保持开始姿势。
4. 练习要点:身体保持稳固状态,重心在两腿之间。

(四)全身力量锻炼常用手段——立卧撑跳

1. 练习目的:主要锻炼胸、肩、胳膊等部位的耐受力和爆发力。
2. 开始姿势:身体直立,成立正姿势。
3. 练习方法:身体下俯,完成一次俯卧撑;脚掌蹬地、收腹成半蹲状;两腿蹬地上跳、身体挺直,同时两手肘关节伸直上举;下落成立正姿势;重复上述动作连续进行练习。
4. 练习要点:各动作连贯速度要快,幅度要大。

二、器械抗阻锻炼

以蹲类项目与举重技术为例。蹲类项目在举重锻炼中有重要的地位。由于举重是用双手移动极限重量的,而且移动路线特别长,如何尽量发挥腿部力量就显得极其重要。其方式有直接和间接两种:直接方式是通过降低臀位或预蹲,以腿部力量启动动作;间接方式则是在杠铃向上运动的同时快速下蹲,先提高杠铃对于身体的高度,再从蹲姿站起,同时提高杠铃和身体相对于地面的高度。

(一)颈前深蹲

颈前深蹲是重要的专项力量练习,对应于后深蹲的基础力量练习。它出现在下蹲翻的下蹲支撑到站起这个阶段。同样是前深蹲,挺举这个阶段比相同重量的前蹲练习难得多,原因是动作起始点条件非常不利——刚承接住杠铃,向下的冲力很大,很多情况下还有平衡问题。承接部位不好还可能压住脖子造成呼吸困难和脑缺氧。

(二)箭步蹲

箭步蹲(又称弓箭步蹲或弓步蹲),曾经是最重要的辅助练习。在箭步抓、箭步翻的年代,箭步蹲是唯一的下蹲支撑方式。它最大的好处是支撑面宽,大大降低了杠铃前后掉的可能性;缺点是即使像波兰箭步蹲之王巴扎诺夫斯基那样后腿几乎贴到地板上,下蹲深度还是不如前深蹲,而且两腿用力不均,下蹲支撑效果不好。所以箭步蹲现今在举重技术中只剩下上挺支撑了。相应地,箭步蹲高手也主要是老运动员,举重运动员曾经每天都练习箭步蹲,但是现在练得少了。

(三)宽握支撑深蹲

宽握支撑深蹲,现在已经是抓举下蹲支撑起立的标准动作。这是典型的间接利用腿部力量也就是直接把做功任务交给腿部。它的锻炼要求很高,一是和前蹲一样,在抓举这个动作中的起始点条件远不如锻炼时,而且比前深蹲更差,因为是双手上支撑;二是它还起到相对于身体高度微调杠铃的作用,如果上拉高度不够,蹲深一些依然能支撑住。

(四)窄握支撑深蹲

窄握支撑深蹲这个动作不是必练动作,但在中国队很常见,要做下蹲必须做这个动作。因为重量更大,窄握支撑深蹲要求比宽握更高。还有一个难度在于下蹲时腿和手臂往相反方向做动作,神经调节有一定难度,有点类似于左手画圆、右手画方。不过中国队很多人如占旭刚、张国政、吕小军等,这一项能力都极强。很显然,窄握支撑深蹲的重量要求比宽握支撑深蹲更大。

(五)颈后蹲跳

颈后蹲跳,主要是锻炼抓举、提铃至胸发力,以及上挺发力时的腾空。很多人可能没观察到,抓举中有一个腾空动作,挺举中有两个,虽然幅度很小,肉眼很难捕捉到,然而上挺时腾空动作幅度相对比较大。在举重技术中,抓举和提铃至胸在宽窄拉的极限位置腾空,上挺则是在箭步蹲的开始位置腾空,下蹲跳一般不腾空,但锻炼腾空关键在于发力,和具体形式关系不大,因此锻炼时大多还是采用后蹲跳的形式。

(六)前半蹲

前半蹲,主要是锻炼预蹲,也就是上挺发力前的积蓄能量阶段。从技术上来说,预蹲要求站起快、爆发性用力,而前蹲对站起速度没有要求,只要站得起来就行了。从锻炼上来说,前蹲可以借助反弹,半蹲却必须自己制动。前半蹲锻炼要求是大重量、爆发式用力,重量要比前蹲更大。

(七)后半蹲

后半蹲,作用类似于前半蹲,但用的重量比后蹲更大,自然也比前半蹲大,更侧重于基础力量。

(八)间歇式后深蹲

间歇式后深蹲非常重要,主要特点是杜绝反弹,能更实在地发展腿部力量,间歇时间一般为2—3秒。举重深蹲都是全蹲,因此可以利用反弹,但问题是,抓挺举中经常是无法利用反弹的,因为在底部经常需要调整重心,调稳了再起,如果仓促弹起就很容易前后掉。如果锻炼中总是利用反弹,比赛中就可能因为不适应而失败。很多时候不适应并不表现为站不起来,因为抓挺举重量和深蹲相比还是很小的,而是表现为前后掉,原因是动作变形导致失去重心。

享受乐趣

花 式 跳 绳

游戏目的:将街舞动作与传统跳绳结合起来,让同学感受传统与潮流的融合,在兴趣中,树立正确文化观,同时,培养协作能力。

场地器材:操场、体育馆等空地;跳绳;秒表。

比赛方法:

1. 将同学按4人一组进行分组,每队中两人摇绳,两人跳绳。
2. 裁判员指定该组边跳绳边做出6个街舞动作,中间不能停顿。
3. 跳绳两人都无间断完成街舞动作,即为该组比赛完成,计时员同步计时。
4. 裁判员依据用时长短,评定名次。

职业体能与职业适应

学习目标

了解坐姿类、站姿类、变姿类职业体能训练方法。

任务描述

现代社会分工日益精细,许多人工作时的体姿很少改变。长时间静态姿势的工作,极易引起疲劳,从而使工作效率下降,易出现工作差错。长期以单一姿势工作,容易引起机体许多功能和结构的改变,进而患上职业病。通过本章学习,要有警惕意识,避免在未来走上工作岗位后养成一系列不好的职业习惯。

任务分析

熟练掌握坐姿类、站姿类、变姿类职业体能训练方法。养成良好的坐姿、站姿和变姿习惯,缓解职业懈怠,提升工作和学习效率。

课程思政

1. 健全人格:通过学习掌握坐姿类、站姿类、变姿类职业体能的训练方法,培养良好的职业习惯,建立乐观向上的心态,舒缓精神压力和心理负担。

2. 锤炼意志:在学习训练过程中,锻炼身体素质,形成一种积极健康的人生价值观,提高抗压能力。

任务一 坐姿类职业体能训练

身体素质是指人体在运动、劳动与生活中表现出来的力量、速度、耐力、灵敏性和柔韧性等能力。每个人都有一定的身体素质。从事不同的职业需要不同的身体素质。本节主要介绍坐姿类职业所应具备的素质及其训练方法。

一、肌肉力量耐力素质

力量耐力是力量和耐力的综合素质,它是在静力性或动力性工作中长时间保持肌肉紧张,而不降低其工作效率的运动能力。

人体各种活动都是在身体各部位肌肉牵动着关节和骨骼并克服各种阻力的情况下实现的。因此,肌肉张力是维持身体各种姿势的基础。坐姿时腰背部肌肉是主要的受力肌。锻炼坐姿时机体各部位的主要受力肌群,可以增强肌肉弹性,改善组织血液循环,增强新陈代谢,防止或降低组织疲劳。

针对坐姿类岗位对身体素质的要求,应主要发展以下部位肌肉群的力量耐力。

(一)腰背部肌群力量耐力练习

1. 俯卧背起

目的:主要发展伸展躯干和伸髋的肌肉力量。

要领:俯卧在垫子或长凳上。以髋部支撑,脚固定,两臂前举连续做上体后屈伸动作或者保持上体屈伸 6—8 秒。

2. 俯卧两头起

目的:主要发展伸展躯干和伸髋的肌肉力量。

要领:俯卧在垫子或长凳上,两臂前伸,两腿并拢伸直。两臂和两腿同时向上抬起,然后积极还原,连续练习 15—20 次为一组。

3. 仰卧过顶举

目的:主要发展斜方肌力量。

要领:仰卧在地板或垫子上,两腿并拢伸直。双手重叠握住哑铃把的一端。开始时将哑铃提起,两臂伸直,重量承受在胸部上端,然后慢慢从头顶上下放,直至两臂能舒适伸张到头顶的后下方,然后开始举回成原来的姿势。

4. 哑铃单臂划船运动

目的:主要发展背阔肌上、中部以及斜方肌、三角肌的力量。

要领:两脚前后开立,身体前弯,一只手支撑于椅面上,另一只手提起哑铃。吸气用力,持哑铃手侧上提至胸部高度,再呼气放下。连续 8—12 次之后,再换另一只手练习。

5. 高翻

目的:主要发展背阔肌、斜方肌、骶棘肌的力量。

要领:两脚开立,约与肩宽,双手正握杠铃,握距同肩宽,将杠铃提起至大腿中下部迅速发力,翻举至胸部。还原后,再反复进行。

6. 持铃耸肩

目的:主要发展斜方肌的力量。

要领:身体直立,正握杠铃,然后以肩部斜方肌的收缩力使两肩胛向上耸起(肩峰几乎触及耳朵),直至不能再高时为止。还原后,反复进行练习。

7. 俯立划船

目的:主要发展背阔肌上、中部以及斜方肌、三角肌的力量。

要领:上体前屈近 90°,抬头,正握杠铃。然后两臂从垂直姿势开始,屈臂将杠铃拉近小腹后还原,再重新开始。上拉时应注意肘靠近体侧,上体固定,不屈腕。

8. 直腿硬拉

目的：主要发展低棘肌背阔肌、斜方肌、臀大肌以及股二头肌、半腱肌、半膜肌、大收肌等伸展躯干和伸髋的肌肉力量。

要领：两腿伸直站立，上体前屈，两手正握杠铃，握距约同肩宽，两臂伸直，然后伸髋，展体将杠铃拉起至身体挺直。还原后重新开始。每组练习 2—5 次。上拉时应注意腰肌群要收紧，杠铃靠近腿部。

(二) 颈肩部肌群力量耐力练习

1. 屈伸探肩

目的：主要发展胸锁乳突肌、斜方肌肉的力量。

要领：坐立均可，上背挺直，双手叉腰，眼睛正视前方。头缓缓地向左偏，努力接近左肩，保持 6—8 秒，还原；以相同的姿势换方向做，还原。

2. 摸耳屈伸

目的：主要发展胸锁乳突肌、斜方肌肉的力量。

要领：坐立均可，两手自然放于体侧，眼睛正视前方。右手叉腰，同时将左手侧上举，越过头顶去摸右耳，同时头向左侧倾斜，还原；再用右手以同样的姿势去摸左耳，还原。

3. 手侧压颈屈伸

目的：主要发展胸锁乳突肌、斜方肌肉的力量。

要领：坐立均可，上背挺直，眼睛正视前方。左手按头左侧，右手叉在右侧腰间。左手用力把头向右侧推压，而颈部则用力顶住，不让轻易压倒，但逐渐被压倒。然后，颈部用力把头向上向左抬起，而左手则用力压住头部，不让其轻易抬起，但逐渐完全竖直。练完一侧，换练另一侧。

4. 双手正压颈屈伸

目的：主要发展斜方肌的力量。

要领：坐立均可，上背挺直，眼睛正视前方，双手十指交叉，按在脑后。双手用力压头部，使其向前下屈，颈部则用力顶住，不让轻易下压，但逐渐被压到颈部触及锁骨柄。然后，颈部用力把头向上抬起，而两手则用力压住头部，不让其轻易抬起，但逐渐抬到原位。

5. 肩绕环

目的：主要发展斜方肌的力量。

要领：坐立均可，上背挺直，双手叉腰，眼睛正视前方。双肩经前向后展，做以肩关节为中心的绕环动作。

(三) 腕部肌群肌肉力量耐力训练

1. 屈伸腕动态练习

目的：主要发展前臂伸肌和屈肌的力量。

要领：立正，一手持哑铃，掌心朝上。另一手微托持哑铃手肘关节，靠于腰部，手紧握哑铃以 2 秒钟一次的频率做屈伸腕运动。

2. 屈伸腕静态练习

目的：主要发展前臂伸肌和屈肌的力量。

要领：立正，一手持哑铃，手掌朝上。另一手微托持哑铃手肘关节，靠于腰部，手紧握哑铃充分屈腕静止 15 秒，休息 5 秒，再充分伸腕静止 15 秒。

3. "8"字绕环

目的：主要发展肱桡肌的力量。

要领：立正，一手持哑铃（男生可以双手持哑铃），掌心朝上。持哑铃手做"8字"绕环运动。

二、柔韧性素质

柔韧性是指身体某个关节或关节组活动范围的幅度以及肌肉、肌腱、韧带等软组织跨过关节的弹性与伸展能力。良好的柔韧性，能使人的动作舒展，帮助肌肉轻松高效地活动，并有助于减少某些运动损伤。柔韧性练习对于需要长久静坐的人尤为重要，典型的例子就是汽车驾驶员。进行伸展性练习有助于提高驾驶员关节的灵活性，使其头部转动自如，能够向后转越过肩部观察到一些盲点，从而有助于完成平行停车以及倒车等动作。

下面简单讲述发展颈部肩部及腰背部柔韧性的方法与手段。

（一）腰背、胸部柔韧性的练习方法

1. 坐位拉背

目的：拉伸背部。

要领：坐在椅子上，双膝微屈，躯干贴在大腿上部，双手抱腿，肘关节在膝关节的下面。呼气，上体前倾，双臂从大腿上向前拉背，双脚与地面接触，保持 6—8 秒。

2. 坐姿胸部拉伸

目的：拉伸胸部。

要领：坐在椅子上，双手头后交叉，椅背高度在胸中部。吸气，双臂后移，躯干上部后仰，拉伸胸部。动作缓慢进行，保持 6—8 秒。

3. 仰卧团身

目的：拉伸腰部。

要领：在垫上仰卧，屈膝，双脚滑向臀部。双手扶在膝关节下部。呼气，双手将双膝拉向胸部和肩部，并提起髋部离开垫子。重复练习。动作幅度尽量大，动作保持 6—8 秒。

4. 俯腰

目的：拉伸腰部和躯干两侧。

要领：并步站立，两腿挺膝夹紧，两手十指交叉，手心向上，伸直上举。上体弯腰前俯，两手心尽量向下贴紧地面，两膝挺直，腰背部充分伸展。两手直臂分别握住同侧踝关节，使胸部贴紧双腿，充分伸展腰背部。持续一定时间后再放松起立。还可以在双手触地时向左右侧转腰用两手心触及两脚外侧的地面，增大腰部伸展时左右转动的柔韧性。

5. 体侧屈

目的：拉伸腰部和躯干两侧。

要领：并步站立，上身挺直。右手叉腰，左手伸直，上体尽量向左侧倾斜，保持 6—8 秒；还原，换方向做。注意上体不要有扭转动作。

（二）颈肩部柔韧性练习方法

1. 扭转

目的：伸展侧颈部。

要领：坐立均可。上背挺直，双手叉腰，眼睛正视前方。头缓缓地向左后旋转，目光注视前上方，尽最大努力保持6—8秒，还原，然后以相同的姿势换方向做，再还原。

2. 低头

目的：伸展颈后部。

要领：站立均可，上背挺直，双手叉腰，眼睛正视前方。缓慢低头，下颚尽量靠近胸骨，牵拉颈部肌肉，持续30秒；还原，向后屈伸，保持30秒。

3. 肩膀上提

目的：拉伸肩部。

要领：坐在椅子上，两脚稍分开，屈肘。两手中指分别放松按于肩膀上，肩部用力往上提，上体充分舒展，在个人关节活动最大范围处静止20—30秒；还原，放松。

4. 正压肩

目的：拉伸背部和肩部。

要领：分腿站立，体前屈，两手扶于椅背，挺胸低头（或抬头），身体上半部上下振动。同伴可帮助压肩，把肩拉开。练习时要求手臂伸直，肩放松。

5. 上臂颈后拉

目的：拉伸上臂后部和肩部。

要领：坐立均可。左手屈肘上举至头后，左肘关节在头侧，左手下垂，同时右手屈时上举，右手在头后部抓住左臂肘关节。呼气，在头部向右拉左臂肘关节保持6—8秒，还原后换另臂拉伸。

6. "米字形"弯曲

目的：伸展全颈部。

要领：坐立均可。头部依次向前弯—复位向左弯—复位—向后弯—复位—向右弯复位；然后依次做左前弯—复位—左后弯—复位—右后弯—复位—右前弯—复位。

（三）臂部和腕部柔韧性的练习方法

1. 跪撑正压腕

目的：拉伸腕部。

要领：双膝着地，双臂直臂撑地，双手间距约与肩同宽，手指向前。呼气，身体重心前移。恢复开始姿势重复练习。动作幅度尽量大，每次保持10秒左右。

2. 跪撑反压腕

目的：拉伸腕部。

要领：双膝着地，双臂直臂撑地，双手间距约与肩同宽，手指向后。呼气，身体重心前移。恢复开始姿势重复练习。动作幅度尽量大，每次保持10秒左右。

3. 背后拉毛巾

目的：拉伸臂部。

要领：坐立均可。一臂肘关节在头侧，另一臂肘关节在腰背部。吸气，双手握一条毛巾逐渐互相靠近。换臂重复练习。动作幅度尽量大，每次保持 10 秒左右。

4. 内旋

目的：拉伸腕部。

要领：站立，双手合掌。呼气，尽量内旋双手手腕，双手分离。重复练习。动作幅度尽量大，每次保持 6—8 秒。

三、心肺功能

心肺功能即心肺耐力，是指人体的心脏、肺脏、血管、血液等组织的功能，与氧气和营养物质的输送以及代谢物的清除有关。

坐姿。人们工作时间长，且相对固定地保持一种姿势，易使身心产生疲劳。此外，以坐姿工作时常低头含胸，胸部和心血管得不到发展，选择运动项目时，应充分考虑到职业的特点，多选择有氧代谢的运动项目，如健美操游泳、跳绳、步行、爬山等有大肌肉群参与的慢节奏运动，以弥补运动不足，锻炼心肺，矫正体形。除加强全身锻炼外，还应选择养生的练习方法，如太极拳气功等消除神经疲劳。

任务二　站姿类职业体能训练

具体职业的身体活动部位是局部的、重复的、固定持续的，而完成各类动作时，人体机能表现形式有差异，因此其素质要求也就不一样。对将来从事站立型职业的学生，工作时身体常处于站立状态，对下肢的力量与耐力要求较高，为此在教学过程中应以发展他们的下肢和腰腹肌的力量为主，以改善身体的中衡能力和灵敏性素质。

一、腰腹肌力量耐力锻炼方法

（一）搁腿半仰卧起坐

目的：主要发展腹直肌上部力量。

要领：仰卧于垫子上，两小腿平行搁于凳面，双手交叉抱于头后。慢慢使双肩向膝部弯起，直至肩胛骨离地 3—5 厘米，保持这个姿势 1—3 秒，然后还原。

（二）直腿上举

目的：主要发展腹直肌、髂腰肌的力量。

要领：仰卧于垫子上，两腿并拢伸直，双手放于体侧。双腿直腿并拢，靠腹部的力量将腿慢慢举起，保持躯干与大腿成 120°左右的夹角，静止 5—10 秒，然后还原。

（三）仰卧侧提腿

目的：主要发展腹内、外斜肌的力量。

要领：仰卧于垫子上，然后侧提右膝碰右肘，再侧提左膝碰左肘，反复练习。

（四）燕式平衡

目的：增强后背和腹部主要肌肉的力量及稳定性。

要领：由站立开始，右脚向前一步，上体前倾，左腿后上举高于头，抬头挺胸，两臂侧举成燕式平衡，站立的腿要伸直，两脚交替进行。

（五）静止搭桥

目的：增强后背和腰部主要肌肉的力量及稳定性。

要领：平躺，脚着地，手臂放在体侧。臀部、大腿和躯干肌肉用力提起骨盆，直到肩膀与膝盖连成直线。身体缓慢下降，回到起始位置。

（六）借球搭桥

目的：主要发展躯干的主要肌肉，如腘绳肌、臀部肌肉和股四头肌的力量以及脊柱的稳定性。

要领：平躺，双脚放在健身球上，膝盖微屈，手臂置于体侧，做搭桥练习，脚后跟用力压球面，保持身体平衡然后慢慢放下身体，回到初始位置。

（七）屈膝举腿

目的：主要发展腹直肌下部力量。

要领：屈膝，两踝交叉，两掌心下放在臀侧，仰卧垫上，然后朝胸的方向举腿。直到两膝收至胸上方，还原后重新开始。

二、下肢力量耐力锻炼方法

（一）踏板弓箭步

目的：主要发展股四头肌、股二头肌、小腿三头肌的力量。

要领：身体直立，面对踏板，左腿屈膝成弓箭步踏踏板，右腿伸直，同时两手叉腰。还原后，交换腿连续做。

（二）抱膝触胸

目的：主要发展股四头肌、小腿三头肌的力量。

要领：身体直立，面对踏板，然后右腿支撑站立，左脚踏在踏板，接着用力蹬踏，腿伸直，同时右腿屈膝高抬，两手抱膝触胸。还原后，交换腿连续做。

（三）踏板提踵

目的：主要发展小腿三头肌的力量。

要领：两脚站立于踏板上脚跟提起，脚尖点地，两手侧平举，保持6—8秒。

（四）屈膝直腿

目的：主要发展股四头肌、股二头肌的力量。

要领：两手叉腰站立于踏板上，左腿半蹲，右腿伸直前举，停6—8秒，还原，交换腿继续做。

（五）踮脚跳跃

目的：主要发展小腿腓肠肌、比目鱼肌、股四头肌的力量。对提高身体平衡能力也有锻炼价值。

要领：两脚并拢站立，两膝微屈，两手撑腰，双脚前掌原地向上纵跳，膝盖绷直，下落时，先前脚掌着地，然后全脚掌着地，再蹬脚起跳。

任务三　变姿类职业体能训练

变姿类职业人群有时没有固定的工作时间，长期在市内或城际奔波，工作不像办公室人员那样规律，随时可能要应对突发或者紧急事件，所以这类员工必须具备较强的体魄、充沛的体力、敏捷的反应能力、良好的心理素质以及在不利环境中保持职业性工作的能力。

一、耐力素质

耐力素质是指人体在长时间进行工作或运动中克服疲劳的能力，是反映人体健康水平和体质强弱的一个重要标志。这里特指心肺耐力（心肺功能）。下面以导游职业为例，介绍如何增强耐力素质。作为一名导游，在旅游旺季几乎每天都要长时间行走，因此需要具备较强的腿部力量及耐力素质。在选择运动项目时，可考虑健美操、游泳、长跑、健身走、健身跑、爬山、跳绳、越野、障碍跑、攀登、爬楼梯等项目。

（一）慢速跑健身法

跑步时，呼吸要深、长、有节奏。呼吸的节奏可为两步一呼、两步一吸或三步一呼、三步一吸。呼吸时，要尽量用腹深呼吸，吸气时鼓腹，呼气时尽量吐尽。跑步时，步伐要轻快，全身肌肉放松，双臂自然摆动。

（二）健身走

健身走是在自然行走的基础上，躯干伸直收腹、挺胸、抬头，肘关节随走步速度的加快而自然弯曲，以肩关节为肘自然前后摆臂，同时腿朝前迈，脚跟先着地，再过渡到前脚掌，然后推离地面。健步走时，上、下肢应协调运动，并配合深而均匀的呼吸。健步走的速度快慢是决定锻炼效果的关键因素。通常可分为慢步走（每分钟 70—90 步）、中速走（每分钟 90—120 步）、快步走（每分钟 120—140 步）、疾步走（每分钟 140 步以上）。

（三）跳绳

跳绳是一种比较剧烈的运动，可根据自己的身体状况制定切实可行的目标。通过一个阶段的系统锻炼后，可逐渐延长跳绳的时间，增加跳绳的次数。

（四）游泳

游泳和跑步在锻炼价值上有很大的相似之处，不同之处在于游泳在以手臂和腿的运动推动人体在水中前进的同时，还必须花费一定的能量使身体免于下沉。因此，完成同等距离的运动时，游泳消耗的能量是跑步消耗能量的 4 倍多。此外，由于水的浮力减轻了人体承重关节的负荷，所以游泳又是一种较为安全的健身方法。

（五）登楼梯

1. 爬楼梯法

爬楼梯时，弯腰、屈膝、抬高脚步，两臂自然摆动，尽可能不抓扶手。每秒钟爬一级，爬

4—5层楼,每次往返练习2—3趟,每趟之间可稍做休息。开始阶段每次练5分钟左右,待身体适应后,可以逐渐加快速度,每秒钟2级,并增加往返趟数,时间为10分钟左右。

2. 跑楼梯法

先做30—60秒原地跑的准备活动,然后用正常跑步的动作跑楼梯。跑楼梯时,脚步要用力均匀,前脚掌着地,先进行2—3层跑楼梯练习,往返80—90级台阶,逐渐过渡到4—5层。每趟3—4分钟,每次锻炼不超过5趟,时间为15—20分钟,每趟间歇时间不超过2分钟。

(六) 有氧舞蹈

有氧舞蹈是一种以锻炼身体为目的、以徒手运动为基础、结合舞蹈动作并在音乐伴奏下进行的健身活动,锻炼者可根据自己的年龄特点、体能状况和锻炼目的等,选择或自编有氧舞蹈进行锻炼。

二、灵敏性素质

灵敏性素质是人体综合能力的反映。导游长期在城际间奔波,时常面对高山峻岭、惊涛骇浪,在旅途中随时可能碰到突发事件;营销员常要对顾客的各种问题做出最敏捷最准确的反应。因此,该类职业岗位员工必须具备良好的应变能力。

(一) 灵敏性素质练习的主要手段

1. 在跑、跳中做迅速改变方向的各种跑躲闪、突然起动以及各种快速急停和迅速转体练习。

2. 做各种调整身体方位的练习。

3. 做专门设计的各种复杂多变的练习,如用"之字跑""躲闪跑""穿梭跑"和"立卧撑"四项组成的综合性练习。

4. 以非常规姿势完成的练习,如侧向或倒退跳远、跳深等。

5. 限制完成动作的空间练习,如在缩小的球类运动场地进行练习。

6. 改变完成动作的速度或速率的练习,如变换动作频率或逐步增加动作频率的练习。

7. 做各种变换方向的追逐性游戏和对各种信号做出应答反应的游戏等。

(二) 灵敏性素质练习的途径

发展灵敏性素质的途径主要包括徒手练习、器械练习、组合练习和游戏等。

1. 徒手练习

(1) 单人练习。主要有弓箭步转体、立卧撑转体、前后滑跳、屈体跳、腾空飞脚、跳起转体、快速后退跑、快速折回跑等练习。

(2) 双人练习。主要有躲闪摸肩、手触膝、过人、模仿跑、撞拐、巧用力等练习。

2. 器械练习

(1) 单人练习。主要包括各种形式的个人运球、传球等练习。

(2) 双人练习。主要包括各种形式的传球与接球、运球中的抢球等练习。

此外,在选择运动项目时还可以考虑散手、跆拳道等项目。

3. 组合练习

（1）两个动作组合练习。主要有交叉步→后退跑,后踢腿跑→圆圈跑等。

（2）三个动作组合练习。主要有交叉步侧跨步→滑步→障碍跑、滑跳→交叉步跑→转身滑步跑等练习。

（3）多个动作组合练习。主要有滑跳→交叉步跑→后踢腿跑→后退跑→前踢腿等练习。

4. 游戏

发展灵敏性素质的游戏具有综合性、趣味性、竞争性的特点,能引起练习者的极大兴趣,使人全力以赴地投入活动,既能集中注意力、积极思维、巧妙应对复杂多变的活动场面,又能锻炼提高神经系统的灵活性和反应过程。发展灵敏性素质的游戏很多,主要包括各种应答性游戏、追逐性游戏和集体游戏等。此外,在选择运动项目时,还可选择散手、跆拳道等项目。

三、心理素质

流动变姿类职业员工工作负荷大,工作时间不稳定,随时处于待命状态,心理无法完全放松。有一项专门针对记者职业的调查表明,很多新闻工作者都处于超负荷状态,特别是处于第一线的采编人员,工作强度非常大,经常加班加点。调查表明,这类人员中许多人睡眠严重不足,即使晚上有时间休息,大多数记者也会上网查资料、看书、赶稿等,有些人甚至通宵达旦地工作。高强度的工作和无规律的生活习惯,严重影响着这类人员的身心健康。

因此,该类员工除了要加强身体素质练习外,还必须增强自我健身意识,提高心理素质,这样才能适应现代社会快节奏强压力的挑战。要想提高自身的心理素质,就应在平时生活中始终保持一种平和的心态,遇到紧急事情或始料不及的情况时,要保持冷静和思维清晰,长此以往,才会形成良好的心理素质。

享受乐趣

"螃蟹"步行,齐心协力

1. 游戏目的

培养学生协调能力,同时培养团队间的互相合作意识,增强集体荣誉感和凝聚力。

2. 游戏方法

8人一组,8人并排站成一行,相邻的两人腿绑在一起,宣布开始以后,小组集体向终点步行,全部最先到达终点的小组获胜。

3. 游戏规则

（1）游戏开始之前,各裁判检查所负责队伍队员是否准备就绪。如未捆绑好,需重新捆绑。

（2）所有队伍准备就绪后,由主持人宣布游戏开始。

（3）全部最先到达终点的小组获胜。

任务四　了解职业适应

一、职业适应能力的内涵

（一）职业适应能力的定义和维度

职业适应能力也被称为职业适应性、生涯适应能力，源于美国心理学家舒伯提出的职业成熟度。随后，舒伯等人又提出职业适应能力的概念，将其作为成人职业发展中职业成熟度的替代。在职业心理学的不断发展中，萨维科斯整合前人的经验，从职业适应能力出发，提出职业生涯建构理论，并发展出职业适应模型。国内外对职业适应能力的研究大多采用了萨维科斯基于职业生涯建构模型的定义："一种代表个体应对当前和即将发生的职业发展任务、职业转型和工作创伤的社会心理和自我调节的资源与策略。"作为职业建构理论和职业适应模型的关键核心要素，职业适应能力将个体与职业本身相结合，揭示了个体在面对职业生涯不断变化的环境和挑战时有效应对和适应这些变化的心理社会能力。国内最初将"Career Adaptability"译为"职业适应能力"，以职业适应为中心展开研究。南海和薛勇民综合国内外研究，立足于国内大学生群体，在生涯教育中澄清生涯的概念，认为生涯是社会个体在生命活动的时空中经历的以接受教育和职业转换为主的一切活动的总和。基于此，国内部分学者采用了生涯适应力这一译法进行相关研究。从组织行为学学科和个体职业生涯发展历程的角度出发，本文仍采用职业适应能力这一译法。

职业适应能力是个体在职业生涯发展中不断适应环境变化的核心能力。如果个体能够有效适应，他们将能够更好地应对职业挑战，把握职业机遇，并实现个人成长和发展。职业适应能力可以进一步细化为关注、控制、好奇和信心四个维度。这四个维度分别代表个体在自身职业生涯发展中的表现，即"有一个未来的方向、预期，对可能的变化做好准备""有意并认真地建立和影响一个人未来的职业""对可能的自我、机会和信息的好奇""相信自己能够做出正确的职业决定并解决问题"。此外，有研究者认为现有的职业适应能力缺乏对职业生涯中人际关系的衡量，因而将合作作为职业适应能力的第五维度。同样的，基于中国情境，赵小云认为尽管萨维科斯提出的职业适应能力的四个维度存在跨文化的一致性，但不能充分表明对生涯不确定性和人际关系的重要性，并将生涯调适和生涯人际两个维度纳入生涯适应力的范畴。

（二）职业适应模型

职业适应能力源于萨维科斯在职业生涯建构理论中提出的职业适应模型。在不断建构的职业生涯中，职业适应能力反映了个体在职业选择和发展中的主动性，以及对职业身份和路径持续塑造的能力，是个体应对职业发展任务、转型和挑战的关键资源。因此，对职业适应能力的深入研究，需要从理解和剖析萨维科斯的职业适应模型出发，以全面把握职业适应能力的内涵及其在个体职业发展中的关键作用。

职业生涯建构理论认为人的发展是为了实现人与环境的融合出现的对社会环境的适

应行为。在该理论的基础上,萨维科斯提出了职业适应模型,该模型包含适应准备、适应资源、适应响应和适应结果四个要素。由于个体和所处环境的性质在不断发生变化,这四个要素也处于不同的激活状态,贯穿个体的职业生涯。

作为职业适应模型的前置结构,适应准备表示一种针对职业发展任务、职业转变和工作困难做出改变的个人准备和动机意愿的处置,是自我调节倾向形式的复合特征。这些特征有助于个体应对职业挑战,并积极探索更多的可能性,而不是遵循可预测的常规。适应准备提供了激活自我调节意愿的动机取向,并继续引导和维持过渡过程,对适应资源、适应响应和适应结果产生重大影响。适应资源是指应对任务、转变和创伤的社会心理资源。这是一种应对职业生涯挑战的能力,它直接作用于适应响应和适应结果。适应响应表现为适应的意向信念和行为,使人通过转变进入适应和新的平衡状态,与个体的适应结果直接相关。适应结果反映个体能否很好地解决职业发展任务、职业转型和工作困难等适应性问题,是适应准备通过适应性反应在行为和态度上的表达。适应准备、适应资源、适应响应和适应结果四个要素相互作用,共同构成了职业适应模型(如图6-1)。

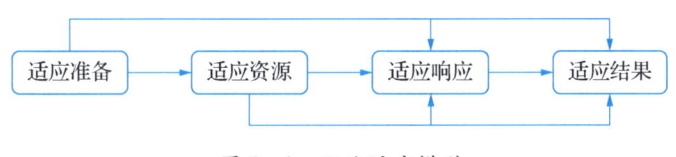

图6-1 职业适应模型

职业生涯建构理论和职业适应模型强调了个体在职业发展中的主动性和创造性,并认为职业适应能力是实现个体职业建构过程的核心能力。根据萨维科斯的观点,职业适应准备是一种稳定的特质性的心理特征,它涉及职业变化的准备和意愿,而且对职业适应能力的开发和有效运用有重要影响。他还指出,职业适应能力与适应响应、适应结果正相关,这说明职业适应能力在个体的职业发展过程中发挥着至关重要的作用。

二、影响职业适应能力的因素

职业适应能力是个体在与工作及社会环境的互动过程中形成的一种社会心理资源。综合近些年的研究,影响职业适应能力的因素可以归纳为个体因素、职业因素和社会因素三大类。

(一)个体因素

职业生涯发展中,个体是适应的主体,个体因素在其与职业环境的互动中发挥着决定性作用。影响职业适应能力的个人因素是多维度的,包括个体的特质、心理资源与认知、个体的职业行为以及未来导向等。

职业适应能力可以通过包括五大人格特征的指标、认知灵活性和主动性等多种方式间接衡量。近些年来,学者们从职业建构理论和社会交换理论出发,重点关注主动型人格对职业适应能力的积极影响。研究发现积极主动的个体可以成功改变他们的环境,以更好地适应他们的需求和偏好,这说明他们的职业适应能力相对更强。此外,恰当的自我关注方式通常能够帮助个体更好地认识自己的需求和愿望,从而在职业选择和发展过程中做出更符合自身价值观和目标的决策,反映出较高的职业适应能力。

个体的心理资源与认知一定程度上反映了个体职业发展过程中面对挑战的心理状态和思维。研究表明,个体风险感知的两个维度——易感性和不可控性均对职业适应能力有负面影响,但易感性对控制这一维度没有直接作用。希望和掌控感在这之中起到明显的中介效应。此外,希望也中介了多种因素如父母支持等对职业适应能力的影响。相似地,廖海萍等发现,较强的自我效能感会提高个体的自尊水平,进而提高职业适应能力。其他因素如心理安全感、生命意义感等,也被证明与职业适应能力有关。

近些年来,以发展的眼光看待大学生群体的职业适应能力成为职业适应领域的一大研究热点。诸如未来工作自我、未来时间视角等概念表征了个体关于工作希望和抱负的未来形象。这些概念和理论的引入,为职业适应能力的研究提供了新的维度和深度。此外,未来时间视角对职业适应能力的积极作用也被部分学者的研究证实。

(二) 职业因素

职业因素在个体与工作环境互动中影响个体的职业适应能力,可以从主观和客观两个方面加以阐述。

主观职业因素主要涉及个体的职业行为和态度。基于职业建构理论,部分学者通过研究揭示了职业探索对职业适应能力的积极作用,个体在职业探索的过程中不断寻求并评估职业机会、兴趣和能力,自我认知不断增强,有助于个体在职业生涯中不断进步,提高职业适应能力。另有研究表明,随着时间的推移,不断进行自我探索的个体职业适应能力逐渐增强,职业决策自我效能感逐渐提升。对职业态度而言,职业召唤和职业认同等因素也被证明对职业适应能力存在正向影响。

近年来,客观职业因素的研究聚焦在人职匹配和工作压力上。个体的能力和特质与岗位需求高度一致时,其工作效率和质量显著提高,有助于个体形成积极的工作态度,展现出更强的职业适应能力。Gong等采用以人为中心的方法,发现人职匹配不同程度地影响职业适应能力的四个维度,并由此反映出不同水平的职业适应能力。同时,工作需求—控制—支持模型表明当员工的工作需求高而工作控制低时,员工可能具有较高的工作压力,进而影响到职业适应能力。不同的工作,压力源的作用大小不一。

(三) 社会因素

社会因素在个体职业适应能力的构建中扮演着至关重要的角色,主要涵盖个体的社会关系给予的支持和社会资本,还包括领导的相关行为,这为个体的职业发展提供了宏观的社会心理资源框架。

职业建构理论认为,社会背景下的职业生涯是个体与由组织、群体和文化等多种元素所组成的环境不断互动的过程。社会支持与组织支持等因素与职业适应能力显著相关。父母的支持行为,尤其是职业相关的支持,包括父母职业参与,也有同样的影响。高水平的支持会使员工在充满挑战的环境中更有动力,工作嵌入程度也更高,从而具有更强的职业适应能力。

领导是员工在职业生涯中重要的社会关系,对员工的职业生涯发展具有直接的影响。研究表明变革型领导会正向影响员工的职业适应能力,并作用于员工的任务绩效和组织公民行为。此外,Gong等人发现上级反馈环境在职业适应能力的四个维度上有不同的影响,且工作中职业适应能力的四个维度特征通常不会持续出现。

三、职业适应能力的作用

职业适应能力是个体在职业生涯中实现有效功能和持续发展的关键因素,对个体的工作表现和职业发展产生深远的影响。近年来,对职业适应能力作用的研究主要聚焦在个体身上。根据影响的不同方面,本节将职业适应能力的作用分为个体的心理资源、职业态度、行为与成就三类。

(一)心理资源

职业适应能力作为一种社会心理资源,与个体本身的心理资源息息相关。有研究者发现职业适应能力对中国青少年的心理健康有正向预测作用,表现为个体的职业适应能力越高,心理韧性就越强,心理健康问题随之减少。在与职业相关的心理资源上,职业适应能力也发挥了积极作用。职业适应模型认为,职业适应能力是一种适应资源,它的提升会使个体的适应响应水平更高,因此使得个体的职业决策自我效能感也越好。多数学者的研究进一步证明了两者之间的强相关。此外,职业适应能力和个体的职业决策困难负相关。其中职业决策困难分为缺乏信息、不一致和准备程度三个维度,中介效应对缺乏信息和不一致的影响较为明显,对准备程度则显得并不重要。

(二)职业态度

个体的职业态度往往与其在工作中的表现息息相关,研究证明,职业适应能力往往会正向影响个体的积极职业态度,职业适应能力更强的员工拥有更高的职业满意度。同时,职业适应能力被发现与职业焦虑存在负相关关系,这种显著关系在美国学生群体中比在中国学生群体中更为明显,表明了文化差异在其中存在的调节作用。从交换理论的角度看,职业适应能力强的员工能够更好地满足组织的角色期望和工作要求,更有可能获得成功,从而获得更多的回报和认可。这种正向的交换体验可以增强员工的情感承诺,降低离职倾向。

(三)行为与成就

根据职业适应模型,职业适应能力作为一种适应资源,直接影响到个体的适应响应,形成适应结果,表现为个体的职业行为与成就。基于职业建构理论和资源保存理论,当个体的职业适应能力较强时,其对自身职业的发展有更高的预见性,也更少会从事反生产工作行为。

成就方面,具有较高职业适应能力的个体,其应对职业发展任务和职业生涯中的挑战会更从容,拥有较高的自我效能感和期望,也更会表现出更好的任务绩效。然而,职业适应能力与部分职业资源如技能、动机等高度相关的同时,与客观职业成功(即薪水)呈负相关。这可能是由于具有较高职业适应能力的个体更专注自身的学习和经验的积累,而不是过度地追求高薪。

近年来,立足于职业生涯建构理论,对职业适应能力的研究更多聚焦在个体的职业发展上。研究者们探讨了个体、职业和社会三个方面的因素对职业适应能力的影响。总体来看,主动型人格和职业探索等体现个体主观能动性的变量受到了较多的关注。同时,也有部分研究者注意到了个体未来导向的特征,如未来工作自我等,对个体职业适应能力的促进作用。

对职业适应能力作用的研究目前更多的是从职业适应模型出发,探究职业适应能力对个体适应响应和适应结果的影响。相关研究聚焦在个体的心理资源、职业态度和行为与成就上。大多数对职业适应能力的结果变量研究表明,职业适应能力往往与个体较为积极的适应响应和结果相关,如较高的绩效和职业决策自我效能感等。研究者们较少关注职业适应能力对个体或组织的不良影响。

项目七 田 径

学习目标
了解田径运动的起源和特征,熟悉田径运动的项目分类,掌握田径运动的基本技术。

任务描述
田径运动是世界上最为普及的体育运动之一,也是历史最悠久的运动项目。了解田径运动的历史和技能,有助于学生产生对田径运动的热爱,提高自主学习的兴趣。

任务分析
通过学习,熟练掌握田径运动的基本技术,更深刻地了解走、跑、跳、投等项目。

课程思政
1. 健全人格:通过本章的学习,能促进学生树立正确的体育价值观,形成积极参与体育锻炼的良好意识,自觉通过体育活动改善心理状态,建立良好的人际关系,养成积极乐观的生活态度。

2. 锤炼意志:通过学习掌握田径运动的基本技能,帮助学生更好地体会和发扬"更快、更高、更强、更团结"的奥林匹克体育精神。

任务一 了解田径运动基本概述

一、田径运动的历史

田径运动是世界上最为普及的体育运动之一,也是历史最悠久的运动项目。田径运动是比速度、比高度、比远度和比耐力的体能项目,或要求在很短的时间内表现出较大的速度和力量,或要求在很长的时间内表现出较大的耐力,最能体现奥林匹克"更快、更高、更强、更团结"的格言。田径运动是各项运动探求发展的基础,也是大学体育培养学生身体素质的重要内容。

田径运动是人类在长期社会实践中发展起来的。公元前776年,在古希腊奥林匹克村举行了第一届古代奥运会,从那时起,田径运动就作为正式比赛项目之一。1894年,在法国巴黎成立了现代奥运会组织。1896年,在希腊举行了第一届现代奥运会。1990年在巴黎的第二届奥运会上,首次增加了女子田径比赛,当时参加比赛的女子田径运动员仅有6名。

四年一届的奥运会是促使田径运动成绩不断提高和改进训练方法的动力。许多优秀的田径运动员刻苦训练,他们的先进技术和训练方法通过奥运会推广于世界各地。如第二届奥运会推广了跨栏跑和剪式跳高技术。在1968年的墨西哥奥运会上,美国运动员福斯贝里采用背跃式跳高取得冠军后,世界各地仅在2—3年时间里便取代了俯跳卧式跳高技术。历届奥运会和世界田径赛上不断创出新的纪录,说明田径运动成绩永无顶峰,这也是田径项目受人喜欢的原因所在。

二、田径运动的特征

1. 与生活密切相关。走、跑、跳、掷是人类生活的基本技能,是田径运动项目中最基本的运动形式。这些自然动作和技能与学习掌握田径运动各项技术有着十分密切的关系,这些自然动作规范,有助于正确地、较快地掌握田径运动技术。

2. 具有广泛性。田径运动具有个体性,又具有广泛的群众性。田径运动除接力跑外,都是以个人为单位参加比赛的运动项目,团体成绩和名次大多是由个人成绩和名次及接力跑成绩的名次的计分相加决定的。田径运动是体育运动中最大的一个项目,它包括五大类的很多单项,是任何大型运动会中比赛项目最多、参赛运动员最多的项目。

3. 简易可行。参加田径运动很少受到条件限制。男女老少都可以在平原、田野、草地、小道、公路、河滩、沙地、丘陵、山冈、公园等较宽敞安全的地带从事田径运动。基层田径比赛要从实际出发,因地制宜。使用简易的场地器材和设备也可举行田径运动会。

4. 促进身心健康。田径运动中各单项和全能项目,对人体形态、主要身体素质水平和心理机能等有不同的要求,运动员要从个人实际和特点出发,选择适宜的运动项目,掌握具有个人特点的先进、合理的运动技术。

任务二　教会田径运动基本技术

田径运动是田赛、径赛和全能比赛的全称。在跑道所围绕的中央或临近的场地上举行的跳跃、投掷,统称为田赛;在跑道上举行的竞走和各类形式的赛跑都属于径赛;由若干跑、跳、投项目组合而成的比赛称为田径全能比赛。以下为田径运动主要项目介绍。

一、走类项目

(一)姿势

判断正确竞走姿势的动作原则很简单。在整个迈步的过程中,身体应始终正直和放松,后背始终平直,迈步时骨盆没有向前或向后倾斜。为了保持正确的身体姿势,运动员的头部应处于一种自然的位置,并看前下方的路面。

竞走的错误姿势主要有以下几种情况。

1. 腰部向前弯曲。这种姿势使后背紧张并限制了髋部的运动。可能是由肌肉力量减弱或者躯干肌肉力量失调造成的。

2. 凹背。这种姿势限制了髋部的运动,并且使身体重心后移。另外,它也可能缩短步幅,并导致非法迈步。原因可能是由于肌肉力量减弱或者是由于后背或腹部肌肉紧张。

3. 低头。低头通常由注意力不集中或者颈部肌肉力量减弱引起。这容易导致颈部和肩部痉挛。

4. 身体过分地向前或向后倾斜。整个身体出现向前或向后倾斜时,都属于潜在的、有害的错误动作,并减小了力学效果。

(二)步长

正确的髋部动作能增大步长,同时也能形成沿着一条直线的正确的放脚姿势。转髋动作不足或者受骨盆柔韧性的限制,将导致脚落在一条直线的两侧。

需要注意的是,不能靠用脚伸出超越身体之前太远而试图达到增加步长的目的,这样将会引起跨大步。而应显现出髋部带动腿和脚,以增加髋部的速度直接增加腿的速度。如果一名竞走运动员在没有正确的髋部动作的情况下试图模仿这种放脚姿势,他将处于一种不必要的通过膝的紧张状态。

将脚指向身体的正前方是比较理想的放脚姿势。有些人在放脚时,脚尖自然向外,或者按照他们自己创造的方法放置。这些运动员不应着力改变他们的放脚方式,通过正确运用髋的动作,他们脚的着地点将出现在一条直线上,但他们的脚将不会平行。尽管这种放脚效率稍低,但若强制把脚放正、放直,可能会引起腿、脚和膝关节的紧张。

(三)髋部运动

通过向前转髋(横轴平面平行于地面),后腿被推离地面。髋部动作就像一个发动机,使膝关节和脚加速向前运动。在之后的摆动动作阶段,膝关节赶上向前运动的髋的位置。当接触地面时,脚后跟稍微超过膝关节。髋部运动是人体向前运动的原始动力。

(四)膝关节动作

膝关节在脚跟接触地面的瞬间至支撑腿达到垂直部位时必须伸直。在恢复摆动时,膝关节弯曲,因为缩短了转动半径,所以摆动的速度也随之加快。后腿开始弯曲的时机,因参与竞走运动的个体不同而稍有变化。弯曲的最佳时机,取决于膝关节的结构、柔韧性和参与个体自身的力量。

(五)脚的动作

脚跟先着地,脚尖翘起,不是整个脚掌着地。一旦脚与地面接触,人体就开始向前运动,在腿完全支撑人体重量之前,脚尖一直没有着地,脚尖离地的时间与胫外侧肌的力量有直接的关系。在蹬离地面之前,有一个以腓肠肌引起脚转向垂直的推动力。摆动腿的脚向前靠近,但不是擦地而过。

(六)摆臂动作

肘部弯曲的程度在 $45°—90°$,肘的弯曲角度必须固定,但在整个的摆臂过程中,肌肉应处于放松状态。屈臂摆动与直臂摆动相比,缩短了转动半径,摆动速度更快。摆臂的方向不是从左到右,而主要是前后方向摆动。竞走中的摆臂动作,主要因参与运动的个体不同而有所变化。

两手不应在身体中线的位置交叉,整个臂的摆动低且放松,手移动的路线应从臀后腰带水平的位置沿着弧线摆向胸骨位置。两个肩胛骨间不应紧张,摆臂结束时也不应该有耸肩动作。应放松手,在摆臂时手腕不应下垂或上下甩动。手腕应伸直,同时,手应呈半握拳状。当手摆过臀部时,指尖应向内。

二、跑类项目

(一)短跑

1. 起跑

起跑包括起跑前的准备姿势和起跑动作,要求反应快,起动有力,使身体由静止状态获得最大向前冲力(初速度)。因此,起跑技术对全程速度和成绩影响很大。

短跑的起跑按田径规则必须采用蹲踞式起跑,包括"各就位""预备""鸣枪"(或跑)三个过程(如图 7-1)。

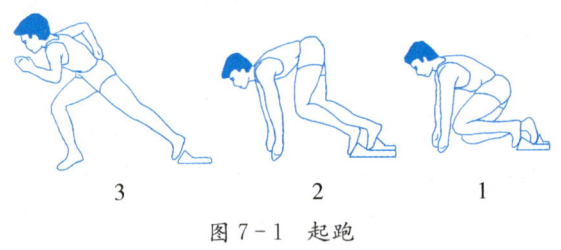

图 7-1 起跑

(1)各就位。当运动员听到"各就位"的口令后,要轻松有信心地走到起跑线前,把有力的脚放在前面,身体下蹲,两手在起跑线前撑地,两脚前后分开约一脚半的距离,左右距离大约为 10 厘米,后膝跪地,两臂伸直,两手相距与肩同宽或稍宽于肩。四指并拢与拇指成八字形张开,虎口向前、头微低、颈放松,肩约与起跑线平齐,背微弓,两眼看前下方 40—50 厘米处,注意听"预备"的口令。

(2)预备。当听到"预备"的口令后,两脚用力后蹬,后膝抬起,臀部提起稍高于肩,背微隆起,重心前移,两肩稍过起跑线。这时体重就要落在两臂和前腿上。前后腿、大小腿的夹角分别为 90°和 120°左右,注意力高度集中听"枪声"。

(3)鸣枪(或跑)。当听到枪声后,两手迅速推离地面,屈肘前后有力摆动,同时两腿快而有力地蹬地,然后后腿以膝部领先迅速向前上方摆动。前腿充分蹬直,使髋、膝、踝关节成一直线,上身保持较大前倾。后腿前摆至最大限度后,大腿积极下压。刚开始跑时注意步幅不宜过大,上体要逐渐抬起。

2. 途中跑

途中跑(如图 7-2)它是整个快速跑中的主要阶段,要求跑得放松,腿部动作幅度大,步子频率快,前脚掌积极而富有弹性地落地,用踝、膝积极缓冲过渡到后蹬。后蹬时摆动腿应迅速有力地向前上方摆出,积极带动髋关节前送迅速伸展膝、踝关节,最后用脚趾蹬离地面。后蹬角约为50°左右。两臂的摆动有助于维持身体平衡、加快步频和加大步幅。摆臂时两手半握拳,肘关节自然弯曲成90°,以肩为轴有力地前后摆动。跑动中面对前方,目视终点,颈部放松,躯干保持正直或稍前倾。

总之,途中跑要求动作轻松有力、协调自然,步幅要大,频率要快,重心平稳,跑成直线。呼吸要做到短而快,不可憋气。

图7-2 途中跑

3. 终点冲刺

终点冲刺是全程的最后阶段,一般为15—20米。技术和途中跑基本相同,但要加强两腿蹬地力量和两臂的摆动,上体可适当前倾。到离终点最后一步时,上体要迅速前倾,用胸或肩撞终点线(如图7-3)。

(二) 中长跑

1. 起跑

中长跑一般采用"半蹲式"起跑或"站立式"起跑。

图7-3 终点冲刺

(1)"半蹲式"起跑。运动员到起跑线后,有力的脚在前站在起跑线后沿,另一脚在后站立,两脚前后距离约一个脚掌。前腿的异侧臂支撑地面,支撑地面的手将拇指与其他四指分开呈"八"字形撑在起跑线后沿,另一臂放在体侧。这时的体重主要落在支撑臂与前腿上。这种姿势比较稳定,不容易造成由于重心不稳而导致犯规。听到发令员枪响后,两腿迅速并行蹬伸,后面的腿积极屈膝前摆,两臂则配合两腿的蹬摆动作进行屈臂前后摆动,整个身体向前俯冲,完成准备动作,为起跑后加速跑获得预先初速。

(2)"站立式"起跑。两脚前后开立,有力的脚在前,脚尖紧靠起跑线后沿,前脚跟和后脚尖之间的距离约为一个脚掌长,两脚左右间距约半个脚掌长(15—20厘米)。体重大部分落在前脚掌上,后脚用脚尖支撑站立。两腿弯曲,上体前倾,头部稍抬,眼看前面7—8米处,身体保持稳定姿势,集中注意力听枪声。这时两臂的姿势有两种:一种是前腿的异侧臂在前,同侧臂在体侧;另一种是两臂在体前自然下垂。听到鸣枪或"跑"的口令时,两脚用力蹬地,后腿蹬地后迅速前摆,前腿充分蹬直,两臂配合两腿动作做快而有力地摆动,使身体迅速向前冲出。

2. 加速跑

在加速跑的过程中,上体前倾稍大,摆腿、摆臂和后蹬的动作都应迅速而积极。加速跑的距离主要根据项目、个人特点与比赛情况而定。一般800米要跑到下弯道才结束；1 500米跑到直道末才结束，然后进入匀速而有节奏的途中跑。

3. 途中跑

途中跑是中长跑的主要部分，因此，掌握途中跑的技术是极其重要的。途中跑技术要点如下。

（1）上体姿势。上体自然挺直，适度前倾5°左右，跑的距离越长，上体前倾角度越小，胸要微微向前挺出，腹部微微后收，头部自然与上体成一直线，颈部肌肉放松，眼平视。尽量避免上体左右转动或扭动，后蹬时髋前送，以提高后蹬效果。

（2）摆臂。臂的摆动应和上体及腿部动作协调一致。正确摆臂能维持身体平衡，并有助于腿的后蹬。中长跑时，两臂稍离开躯干，肘关节自然弯曲，半握拳，两肩下沉，肩带放松，以肩为轴前后自然摆动，前摆稍向内，后摆稍向外，摆幅要适当，前不露肘、后不露手。摆臂动作幅度应随跑速大小而变化，感到疲劳时，可改为低臂摆动，以减小疲劳程度。

（3）腿部动作。当身体重心移过支撑点以后，支撑腿就进入了后蹬阶段。当摆动腿通过身体垂直部位继续向前摆动时，支撑腿的各关节要迅速伸直。后蹬时各关节要充分伸直，首先以伸展髋关节开始，在摆动腿积极前摆的配合下向前送髋，腰稍向前挺，此时膝关节、踝关节也积极蹬直，这样能够适当地减少后蹬角度，获得与人体运动方向一致的更大水平分力，推动人体更快地向前移动。在后蹬结束时，后蹬腿完全伸直，上体、臀部与后蹬腿几乎成一直线，摆动腿使小腿与蹬地腿成平衡状态。

后蹬腿蹬离地面后，人体进入腾空状态。其任务是最大限度地放松蹬地腿的肌肉，并积极省力地将大腿向前上方摆出。当后蹬腿的大腿向前上方摆动时，膝关节的有关肌肉群放松，小腿顺惯性与大腿自然折叠。当摆动腿的大腿摆至与地面垂直时，骨盆向摆动腿一侧下降，摆动腿的膝关节低于支撑腿的膝关节。这样摆动腿一侧的膝关节比较放松，使肌肉用力与放松交替控制得好。

当大腿膝盖摆到最高位置后开始下压时，膝关节也随之自然伸直，用前脚掌做"扒地式"的着地动作。当脚与地面接触之后，膝关节和踝关节弯曲，脚跟适度下沉，脚着地点更靠近重心投影点，落在重心投影点前一脚左右的地方。跑时可用脚掌外侧着地过渡到全脚掌，也可用全脚掌着地，着地动作要柔和而有弹性，两脚应沿着直线落地。

4. 弯道跑

中长跑一半以上的距离是在弯道上进行的，为了克服沿弯道跑进时产生的离心力，在跑进时，身体需适当向左倾斜，跑速越快，向左倾斜的程度越大。摆臂时，右臂向前摆的幅度稍大，前摆时稍向内，左臂后摆幅度稍大。摆动腿前摆时，右膝前摆应稍向内扣，左膝前摆稍向外展。脚着地时，右腿用前脚掌内侧着地，左腿用前脚掌外侧着地。弯道跑时，应靠近跑道的内沿，以免多跑距离。超越对手最好不要在弯道上进行（如图7-4）。

图7-4 弯道跑

5. 终点跑

终点跑是在到达终点前的一段加速跑。动作要求基本上和短跑相同。这时运动员已处于疲劳状态，须依靠顽强的意志冲向终点。跑的动作应该是摆臂加快而用力，加强腿的后蹬与前摆。终点跑距离的长短应根据个人余力、场上情况和战术要求而定。一般情况下，800 米跑可在最后 200—250 米开始加速并逐渐过渡到冲刺跑；1500 米可在最后 300—400 米逐步加速。

参加中长跑锻炼时，在技术上有一个特别要求，就是要掌握好跑时的呼吸节奏，运用好正确的呼吸方法。正确的呼吸方法应该是口与鼻共同进行的，通常是采用微张口与鼻同时吸气，用口来呼气。在寒冷的季节里，吸气时为了避免冷空气直接从口腔进入体内，可采用卷起舌尖抵住上腭的口腔吸气方法来缓解冷空气吸入。呼吸的节奏应和跑步的节奏相配合。通常在慢速跑时，可采用三步一呼、三步一吸的方式；跑速加快时，可用两步一呼、两步一吸的方式。

三、跳跃类项目

（一）跳远

1. 助跑

助跑是为了获得最大的水平速度。跳远的助跑步幅要稍小些，频率要较快，身体重心较高，节奏性要强。助跑时应沿直线逐渐加速，跑到起跳板时应达到最高速度，为踏跳做充分准备。

男子助跑距离一般为 35—45 米，女子助跑距离一般为 30—35 米。

2. 起跳

运动员在快速助跑的情况下，通过有利的助跑来获得必要的垂直速度，并尽量在保持水平速度的前提下使身体腾起。在跳远中，水平速度大于垂直速度，腾起角小于 45°，起跳是跳远技术的关键。

助跑的最后一步，当摆动腿支撑时，起跳腿快速跑折叠前摆，上体正直或稍后仰。在起跳脚着地的刹那，由于助跑水平速度的惯性和身体重力的作用产生很大的压力，迫使起跳腿的髋、膝、踝关节产生很快的弯曲缓冲，全脚掌迅速滚动，身体前移。两臂积极向上摆动至肩齐平时突然停止。摆动腿的大腿积极向前上方摆至水平位置，小腿自然下垂，完成起跳动作（如图 7-5）。

图 7-5 起跳

3. 腾空

起跳腾空后，身体要保持平衡稳定，并做好落地的准备。上体正直，摆动腿屈膝前摆，大腿高抬并保持水平姿势，起跳腿自然放松地留在后面，成腾空步姿势。腾空姿势有蹲踞式、挺身式和走步式三种。

（1）蹲踞式。腾空步以后，迅速将踏跳腿提至前方与摆动腿并拢，双腿屈膝向胸前靠近,同时上体稍向前倾。快要落地时两腿向前伸出,同时两臂向后摆。当脚跟触及沙面时,两膝很低地弯曲,两臂从后向前摆动,身体重心前移,保证落地后的稳定(如图 7-6)。

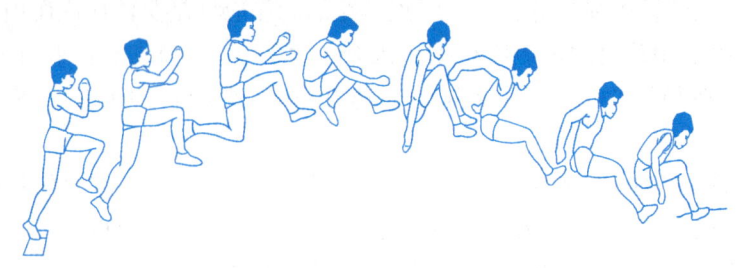

图 7-6 蹲踞式

(2) 挺身式。腾空步后,摆动腿自然下落,小腿向前、向下、向后弧形摆动,使髋关节伸展,两臂向下、向后上方摆动。这时留在身体后面的起跳腿与向后摆的摆动腿靠拢,臀部前移,胸、腰稍向前挺,形成挺身展体的姿势。落地前两臂由后上方向前、向下、向后摆动,收腹举腿。上体前倾准备落地(如图 7-7)。

图 7-7 挺身式

(3) 走步式。走步式跳远就是在腾空阶段完成走步的动作,与上述两种空中姿势相比,难度较大。当起跳动作完成后,身体呈现"腾空步",处在身体前方的摆动腿应以髋为轴,用大腿带动小腿向下、向后方摆动;同时处在身体后方的起跳腿则以髋关节为轴,大腿向上抬摆,并且屈膝带动小腿前伸,完成两条腿在空中的交换动作。两臂也要配合两腿的换步进行绕环,起到维持身体平衡的作用。

4. 落地

(1) 前倒落地。当脚跟落地后,前脚掌下压,屈膝并向前跪,使身体移过支撑点后继续向前移动,身体向前扑下(如图 7-8)。

(2) 侧倒落地。当脚跟落地时,一腿紧张支撑,另一腿放松,身体向放松腿的一侧倒下。

(二) 跳高

1. 助跑

背越式跳高的助跑路线分前后两段,前段跑直

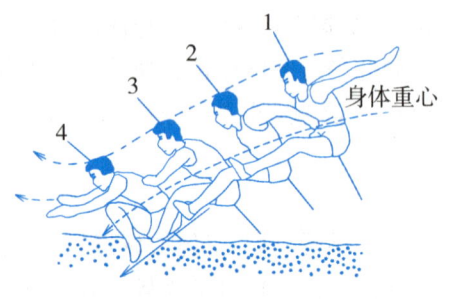

图 7-8 前倒落地

线,后段跑弧线(最后三、四步)。用远离横杆的腿起跳。起跳点的位置一般离近侧跳高架的立柱1米、离横杆垂直向下投影点50—80厘米处。助跑的距离一般为6—8步或10—12步。起跑点和起跳点的连线与横杆夹角约为70°,弧线半径约5米。

助跑前段应快速跑,跑法和普通加速跑相似。后段由于是跑弧线,所以身体向圆心倾斜,跑速愈快倾斜度愈大,前脚掌沿弧线落地。它的特点是身体重心高,步频快,小腿伸得不远,落地更为积极。这样便于保持较大的水平速度,有利于做快速跑有力的起跳动作,增加起跳的效果。由于是弧线助跑,起跳时身体侧对横杆,因而转体较为容易。

全程助跑要求较松、自然、快速、准确。跑的过程中注意高抬膝关节。最后一步一般比倒数第二步短10—20厘米。

助跑弧线丈量方法要先确定起跳点。由起跳点向近侧跳高架方向平行横杆向前自然走五步,再向右转90°角向前自然走六步做一标志,再向前走七步画起跑点。由标志点向起跳点画一弧线(半径约为5米),即成最后四步的助跑弧线。

2. 起跳

起跳的目的是把助跑时所获得的水平速度转变为垂直速度,使身体腾空。

起跳要求和助跑的最后几步要衔接紧凑。起跳的动作可细分为起跳、脚着地缓冲和蹬伸三个阶段。助跑到倒数第二步结束,摆动腿支撑地面后,在摆动腿迅速有力地后蹬,推动身体快速前移的作用下,起跑腿迅速以髋关节带动大腿积极向前迈进,起跳脚顺弧线的切线方向踏上起跳点,以脚跟外侧领先着地并迅速滚动到全脚掌。同时两臂要配合摆动腿迅速向前上方摆起,重心快跟,上体积极前移,使起跳腿缓冲。此时身体由倾斜转为垂直,身体重心轨迹与足迹重叠,以便为最后的用力蹬伸腾起创造有利条件。当身体重心移至起跳点上方时,起跳腿迅速而有力地蹬伸,完成起跳动作(如图7-9)。

起跳时,起跳腿的髋、膝、踝关节必须充分伸直,这是直立腾起的关键,同时身体应尽量与地面保持垂直。使身体转为水平姿势的动作不是靠双肩倒向横杆所形成的,而是骨盆比肩更迅速地上升的结果。

图7-9 起跳

3. 过杆和落地

由于起跳时摆动腿屈膝向异侧肩前上方的积极摆动,使身体腾空后逐步转为背对横杆的姿势,这时不要急于做过杆动作,而要努力保持身体的上升趋势。当肩和背高于横杆时,两肩迅速后倒,充分展髋,小腿放松,膝部自然弯曲,身体呈反弓形,背部与横杆呈交叉状态,反弓仰卧在横杆上方,髋部的伸展动作要延续到臂部过横杆。当膝盖后部靠近横杆时,两小腿积极地向上举。含胸收腹,自然下落以肩背领先落垫

（如图 7-10）。

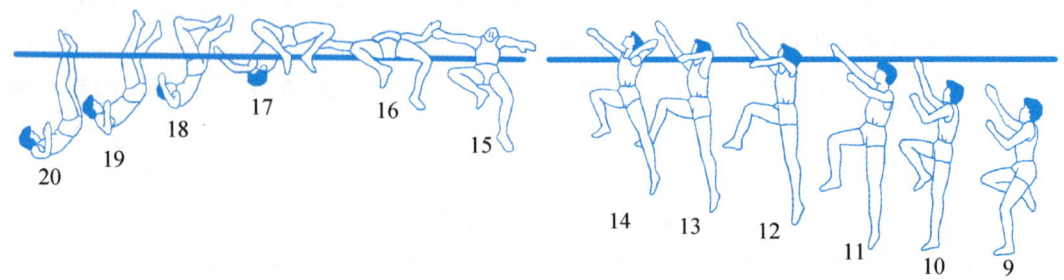

图 7-10 过杆和落地

四、投掷类项目

田径运动中的投掷类项目包括铅球、铁饼、链球、标枪等。其中最为人们所熟知的，也是在各级学校中经常见到的就是铅球了，它甚至成为检验学生身体素质水平的一个测验项目。因此，我们就将铅球作为田径投掷类项目中的代表来具体介绍。

（一）铅球的握法和持球

握球时（以右手为例，下同），五指自然分开弯曲，手腕背屈（如图7-11）；把球放在食指、中指和无名指的指根处，拇指和小指自然地扶在球的两侧。握好球后，把球放在锁骨窝处，贴近颈部，手腕外转，掌心向外，手臂肌肉放松，握球要稳（如图7-12）。

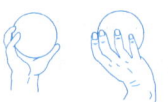   

图 7-11 握球　　　　图 7-12 持球

（二）预备姿势

推铅球的技术有侧向滑步投、背向滑步投和旋转投三种方式。下面着重介绍背向滑步的预备姿势。

1. 高姿势

持球背对投掷方向，右脚尖贴近圆圈，脚跟正对投掷方向，重心在右脚上。左脚在后，并以脚尖或前脚掌着地，距右脚20—30厘米。上体正直放松，左臂自然上举或前伸，两眼看前下方 3—5 米处（如图7-13）。这种姿势较为自然放松，能协调地进行滑步动作，有利于提高速度。

2. 低姿势

背对投掷方向，两脚前后开立 50—60 厘米，右脚跟正对投掷方向，左脚以脚尖或前脚掌着地，左臂自然下垂或前伸，两腿自然弯曲，上体前俯，重心落在右腿上。两眼看前下方 2—3 米处。这种姿势容易维持平衡。

图 7-13 高姿势

（三）滑步

滑步是为了使人体和铅球获得一定的预先过渡，并为最后用力创造良好的条件。掌握好滑步技术可提高成绩1.5—2.5米。下面着重介绍背向滑步技术。

可做1—2次预摆。当摆动腿向后上方摆出，上体自然前俯，左臂自然地伸于胸前。然后左腿回收，同时弯曲右腿，当左腿回收到接近右腿时，身体重心略向后移，紧接着左腿向投掷方向拉出，右腿用力蹬伸，当脚跟离地后，迅速收回小腿，右脚向内转扣，并用前脚掌着地，落在圆圈中心附近与投掷方向约成130°角。这时左脚要积极下落，以前脚掌内侧迅速地落在直径线左侧靠近抵制板处。两脚落地的时间越短越好，并能迅速地过渡到最后用力。

（四）最后用力和投掷后维持身体平衡

投掷方法的不同导致最后用力维持身体平衡的方法不同，下面就背向滑步技术最后用力后的身体平衡做一介绍。

最后用力是当左脚积极着地的一刹那开始的。在滑步拉收右腿的过程中，右膝和右脚就向投掷方向转动，右脚着地后还要不停地蹬转，并推动右髋向投掷方向转动。上体也逐渐向上抬起。在右髋的不断前送中很快地向左转体，挺胸抬头，左臂摆至身体左侧制动，两脚积极蹬伸，同时右臂将铅球积极推出，在铅球快离手时，手腕和手指迅速向外拨球。当球离手后，立即将右腿换到前面，屈膝降低重心，以便于维持身体平衡（如图7-14）。

图7-14　最后用力

享受乐趣

"十字"接力

1. 游戏目的

提高奔跑速度，培养学生互相合作的精神。

2. 游戏准备

准备接力棒，画一个直径10—15米的圆圈，通过圆心再画两条互相垂直的线组成一个"十"字，十字线延长到圈外1米，作为起跑线（如图7-15）。

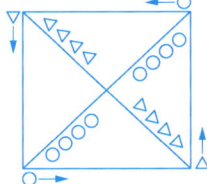

图7-15　接力路线图

3. 游戏方法

将游戏者分成人数相等的四队,在圆内成单行站在十字线上,各自面向圈外的起跑线。各排头手持接力棒站在起跑线后。教师发令后,各队第一人沿圆圈按逆时针方向奔跑,各队第二人在第一人将要跑完一圈回到起跑线时,即站到起跑线后等待接棒。第一人将棒交给第二人后,自己站在本队队尾。依次进行,以先跑完的队为胜。

4. 游戏规则

(1) 跑时不得跨进圆圈或踏线。

(2) 接力棒如掉在地上,必须拾起再跑。不允许抛棒。

(3) 超越别人时,必须从外侧(右边)绕过,不得推人、撞人。

(4) 完成递棒后,必须迅速离开跑道,不得妨碍别人。

第三篇 专项运动技能篇

篮球运动

学习目标

了解篮球运动的起源与发展,熟悉篮球技战术的运用,掌握篮球运动的基本技术,提高篮球运动的欣赏能力。

任务描述

掌握篮球运动的一般理论知识,对篮球运动有一个概括的了解;使学生初步掌握篮球运动的基本技术和简单配合,对学生的篮球专项素质和比赛常识有一定的培养;具备对初学者进行正确参加篮球活动的指导能力;使学生初步掌握一些篮球竞赛规则裁判法,具备从事组织一般篮球比赛活动的基本能力。

任务分析

熟练掌握篮球技、战术运用能力,积极提高篮球技、战术水平,掌握篮球运动中常见运动损伤的处置方法,在篮球比赛中表现出较高的运动才能,并能代表学校参加各类篮球的竞赛活动。

课程思政

1. 健全人格:通过学习掌握篮球运动的基本技能,建立乐观向上的心态,通过自觉参与篮球的各类竞赛活动,扩大交往,改善心理状态。

2. 锤炼意志:培养良好的生活和工作态度,形成一种积极健康的人生价值观,提高抗挫折能力,在具有挑战性的运动环境中表现出勇敢顽强的意志品质。

任务一 了解篮球运动基本概述

一、篮球运动的起源

1891年,在美国马萨诸塞州斯普林菲尔德市基督教青年会国际训练学校(现为春田学院)任教的詹姆斯·奈史密斯博士从当地儿童喜欢用球投向桃子筐的游戏中得到启发,创编了篮球游戏。为了怀念这位篮球运动先驱,国际篮联于 1950 年将世界男子篮球锦标赛的金杯命名为"奈史密斯杯"。

二、篮球运动的发展

1904 年,在第三届奥林匹克运动会上首次举行了篮球表演赛。1932 年,国际业余篮球联合会宣告成立。1936 年第 11 届奥运会上,男子篮球被列为正式比赛项目。1976 年第 21 届奥运会上,女子篮球被列为奥运会的正式比赛项目。自 1992 年第 25 届奥运会开始,职业篮球运动员被允许参加奥运会的篮球比赛。美国"梦之队"的参赛使世界篮坛更为精彩纷呈。

篮球运动以其特有的魅力,深受世界各国人民的喜爱,国际篮球联合会成为单项体育人口最多的国际单项运动协会。奥林匹克运动会篮球比赛、世界篮球锦标赛、美国 NBA 职业联赛,这三大赛事代表着世界篮球运动的最高水平。

任务二 教会篮球运动基本技术

篮球技术分为进攻和防守两大部分,进攻技术有传球、接球、运球、持球突破、投篮等,防守技术有抢球、打球、断球、盖帽等。此外,移动、抢篮板等技术攻防含义皆有。

一、移动

进攻者运用急起、急停、转身、变速变向跑等动作,摆脱防守去完成进攻任务。防守者则运用跑、停、滑步、后撤步、交叉步等动作阻止进攻。这些争取比赛主动权的行动都离不开快速灵活的脚步动作。

移动技术

二、投篮

按照持球的方法不同,可分为双手投篮和单手投篮;依据投篮前球置于身体部位的不同,可分为胸前、肩上、头上等不同的投篮动作;就运动员投篮时的移动形式而言,又可分为原地、行进间和跳起投篮。

投篮技术

(一)原地双手胸前投篮

如图 8-1 所示,两脚左右或前后站立,两膝微屈、两脚脚跟略离地面,上体稍向前倾,两手手指自然张开,握球两侧略后的部位,两拇指相对成"八"字形,掌心空出,持球于胸前、屈肘靠近身体。投篮时,两脚蹬地,身体伸展,同时两臂向前上方伸出,拇指向前上方用力推送,手腕稍外翻,使球从拇指、食指、中指指尖投出,球向后旋转飞行。

图 8-1　原地双手胸前投篮

（二）原地单手肩上投篮（以右手为例）

如图 8-2 所示，右手五指自然分开，手心空出，用指根以上部位持球，大拇指和小拇指控制球体，左手扶球的左侧，右手屈肘，肘关节自然弯曲，置球于右肩上方。投篮时，下肢蹬地发力，右臂向前上方伸直，手腕前屈，食、中指用力拨球，通过指端将球柔和地送出。球出手的同时，身体随投篮动作向前伸展。

图 8-2　原地单手肩上投篮

（三）行进间单手低手投篮（以右手为例）

如图 8-3 所示，在跑动中接球或运球突破上篮时，应先跨右脚接球或拿球，接着第二步跨左脚起跳，左脚跨的步子稍小一些（已能掌握基本动作者，其左脚跨出的步子大小，可根据对方防守的情况和进攻的需要选择），右腿屈膝上抬，身体上升到最高点时，右臂向上伸或向前上方伸，掌心向上，用手指和手腕的力量将球上拨。

图 8-3　行进间单手低手投篮

(四)运球急停跳投(以右手为例)

如图 8-4 所示,在快速运球中,用一步或两步的方式接球停步,两膝微屈,身体重心下降,迅速蹬地起跳,同时两手迅速举球于右肩上。当身体接近最高点处于稳定的一刹那,迅速向上伸臂,用右手手腕和手指的力量将球投出。

图 8-4 运球急停跳投

三、传、接球

(一)传球基本技术

1. 双手胸前传球。如图 8-5 所示,两手五指自然分开,拇指相对成"八"字形,用指根以上部位握球的两侧后下方,掌心空出,两臂自然弯曲于体侧,将球置于胸前。肩、臂、腕肌肉放松,两眼注视传球目标,身体成基本姿势。传球时,后脚蹬地,身体重心前移,同时两臂前伸,手腕由下向上翻转,同时拇指用力下压,食、中指用力弹拨,将球传出。双手胸前传球是一种最基本、最常用的传球方法,具有准确性高、容易控制、便于变化的优点。

传接球技术

图 8-5 双手胸前传球

2. 单手肩上传球(以右手为例)。如图 8-6 所示,原地右手肩上传球时,两脚前后开立,左脚在前,侧对传球方向,右手肩上托球于头侧,掌心空出,以转体、挥臂、甩腕以及手指拨球的力量将球传出。单手肩上传球是一种中远距离的传球方法。其特点是传球力量大、速度快、距离远,在长传快攻和突破起跳分球时经常采用。

图 8-6 单手肩上传球

3. 单手体侧传球(以右手为例)。如图 8-7 所示,两脚开立,两腿微屈,双手持球于胸前。传球时,左脚向左跨步的同时将球移至右手引到身体右侧,出球前一刹那,持球手的拇指在上,掌心向前,手腕后屈,出球前臂向前做弧线摆动,当球摆过身体右前方时,迅速收前臂,用手腕、手指的力量将球传出。特点是隐蔽、动作快而幅度小。

图 8-7 单手体侧传球

4. 反弹传球。反弹传球是一种近距离较隐蔽的传球方法,是小个子队员对付高大防守者的有效传球手段。方法很多,如单(双)手胸前、单手体侧、单手背后等反弹传球,都可通过地面反弹传球给同伴。所以动作方法与各种传球相同,但运用反弹传球时要掌握好球的击地点,一般应在传球者距离接球者 2/3 的地方。如防守自己的对手距离自己较远,而传球的距离又较近时,可向防守者的脚侧击地传出。球弹起的高度一般在接球人的腰部为宜。

(二) 接球基本技术

接球时眼睛要注视来球,肩、臂都要放松,手臂应迎球伸出,手指自然分开。当手指触球时,屈肘,臂后引,缓冲来球的力量,两手握球,保持身体平衡,以便做下一个动作。

1. 接反弹球。掌心要向着来球反弹的方向,屈膝弯腰并向前下方伸手迎球,五指自然分开成上、下手接球动作。在球刚刚离地弹起时,手指触球将球接住。接球后手腕迅速向上翻,持球于胸腹前保持身体平衡,成基本站立姿势。

2. 接球后急停。安全接球后急停已成为进攻技术的基础。要点是正确运用转入下次进攻的衔接点,不要犯带球走违例的错误。

3. 摆脱接球。摆脱接球是抢先一步接球的动作。为了安全准确地接球,无球队员以切入、策应等配合创造接球机会。

四、运球

运球不仅是个人摆脱防守进攻的有力手段,还是组织全队进攻战术配

运球技术

合的重要桥梁。下面介绍几种主要运球技术。

（一）身前换手变换方向运球

如图8-8所示，右手运球向左侧做变向时，右手拍球的右侧上方，使球从右侧反弹向左侧，同时右脚向左侧前方跨步，侧右肩向前，并迅速用左手拍球的正后方继续运球前进。左手运球向右变向时，则与右手动作相反。特点是便于结合假动作，变化突然，易造成防守者错误判断，伺机运、传，从左至右、从右至左改变方向地运球。娴熟的左、右假动作和反弹高运球突然降低至30—50厘米低运球来控制身体重心是诀窍。

（二）胯下运球

如图8-9所示，这是使球穿过两腿之间来改变运球方向的运球技术。近来有更多使用胯下运球技术的倾向。其理由是两腿可以保护球，且可以安全转换方向，防守者的手难以够着。

图8-8 身前换手变换方向运球

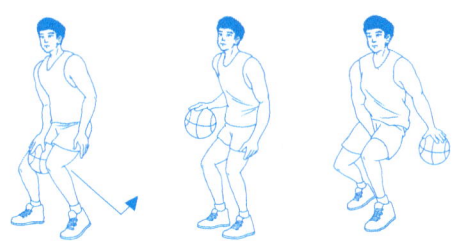

图8-9 胯下运球

（三）后转身运球

如图8-10所示，身体左侧对防守者，左脚在前做中枢脚，右手左右后侧运球或向后运球，同时做后转身，换左手拍球的后上方运至左侧，右脚落地贴近防守者的右侧（脚尖向前），然后运球继续前进。特点是转身时便于保护球，球的改变路线幅度大，攻击力强，灵活多变。

图8-10 后转身运球

（四）运球急停急起

如图8-11所示，可两步急停，两腿屈膝前后开立，跨出第一步时，身体稍后仰。同时，按拍球的上方，降低球的反弹高度，使球在原地反弹，同时降低身体的重心，用腿和异侧臂护球。急起时，拍球的后上方。身体重心移至前脚掌，同时后脚迅速蹬地跨出，超越防守者，迅速向前推进。特点是动作突然、起动快、线路多变、攻击力强、易摆脱防守。

图 8-11　运球急停急起

五、抢篮板球

抢篮板球分为抢进攻篮板球和防守篮板球两种。

（一）抢进攻篮板球

当同伴或自己投篮时，处在近篮的进攻队员首先应判断球的反弹方向，然后先向相反方向的侧前方跨步，利用身体虚晃的假动作，诱开身前的防守队员，绕跨挤到对手的前面或侧前方，抢占有利位置，借助跨步或助跑起跳，跳至最高点补篮或抢篮板球。

（二）抢防守篮板球

如图 8-12 所示，当对方投篮出手后，首先应注意对手的动向，并根据当时与进攻队员所处的位置和距离的远近，运用上步、撤步和转身抢占有利位置，把进攻队员挡在身后，与此同时还要判断球的落点准备起跳。

图 8-12　抢防守篮板球

六、防守

（一）防守无球队员

防守队员应站在对手与球篮之间的内侧，与对手保持适当的距离和角度，做到以人为主，人球兼顾，使对手和球处于自己的视野之内，随对手的动作积极跟进移动，调整防守位置，堵截其移动和接球的路线，手臂配合做

防守技术

出伸出、挥摆、上举等动作,干扰对手接球,争取抢、断球。

(二)防守持球队员

当对手接球后,迅速调整防守位置和距离,占据对手与球篮之间的有利位置,还要与对手保持适当的距离(一臂左右),并根据对手的特点(投篮或突破)而有所调整。防守持球队员在离球篮近时采用贴近的攻击步防守,离球远时则采用平步防守,无论采用哪一种防守,都要积极移动,阻截和干扰对方传球、投篮,同时伺机抢、断球。

任务三　勤练篮球运动基本战术

一、基础配合

(一)进攻基础配合

进攻基础配合,是指两三名进攻队员,为了创造投篮机会,合理运用技术而组成的合作方法。

1. 传切配合。传切配合有两种,分别为一传一切配合和空切配合。

2. 突分配合。有球队员持球突破后,主动地或应变地利用传球与同伴配合的方法。其要求是突破动作要突然、快速,在突破过程中,要随时观察场上攻、守队员行动和位置的变化,既要做好投篮的准备,又要及时、准确地传球给同伴。其他进攻队员要掌握时机及时跑到有利于进攻的位置上接球。

3. 掩护配合。掩护配合是掩护队员采用合理的行动,用自己的身体挡住同伴的防守者的移动路线,使同伴得以摆脱防守,或利用同伴的身体和位置使自己摆脱防守的一种配合方法。掩护配合的形式根据掩护的位置和方向不同,分为前掩护、后掩护、侧掩护三种。

(二)防守基础配合

防守基础配合,是指两三名防守队员,为破坏对方进行配合,或当同伴防守出现困难时,及时互相协作行动的方法。以下是几种常用的配合。

1. 关门配合。"关门"是两个防守队员靠拢协同防守突破的配合方法。关门配合的要求是防守队员应积极堵住进攻者的突破路线;临近突破一侧的防守队员要及时向同伴靠拢进行"关门",不给突破者留有通过的空隙。关门配合也运用于区域联防。

2. 夹击配合。指两个防守队员积极防守一个进攻队员的配合方法。夹击配合要正确地掌握夹击的时机和区域。行动要果断,出其不意。在形成夹击时要用身体和腿部限制进攻队员的活动,用手臂封堵传球或接球,但要防止不必要的犯规。

3. 补防配合。指防守队员在同伴漏防时,立即放弃自己的对手,去补防那个威胁最大的进攻者,而与漏人的防守队员及时换防的一种协同防守方法。

防守应特别注意整体配合,包括配合的位置、距离、路线和时机,其中以配合时机尤为关键。此外,还要注意保持攻守平衡。

二、快攻与防守快攻

（一）快攻

快攻是由防守转入进攻时,乘对方未站稳阵脚之前,抓住战机以最快的速度、最短的时间,果断而合理地发动攻击的一种速决性战术配合。发动快攻的时机是在抢获后场篮板球、抢球、断球和跳球获球后。快攻的形式有长传快攻、短传和运球快攻相结合等。

1. 抢后场篮板球长传快攻。
2. 断球长传快攻。
3. 短传与运球结合快攻：指队员在后场获球后,利用快速的短传球和运球推进相结合的方法迅速推进到前场进行攻击的一种配合。其特点是参加人数多、机动灵活、层次清楚、容易成功,但对队员配合的技巧要求较高。

（二）防守快攻

篮板球是发动快攻的主要先决条件之一,积极地与对方争抢前场篮板球是防止发动快攻的重要步骤。

1. 有组织地积极地堵截对方发动快攻的第一传,是防守快攻的关键。
2. 防守快下队员。快下队员是对方长传快攻的主要成员,如果快下队员接到球,将给防守造成极大的困难。因此,当对方抢获篮板球时,外线队员要迅速退守,在退守过程中,控制好中路,堵截快下路线,紧逼沿边线快下的进攻队员,切断对方长传球的路线。
3. 提高以少防多的能力。当对方发动快攻并迅速地向前场推进时,防守队往往来不及全部退防,出现以少防多的局面。提高一防二、二防三的能力,重点防篮下,为同伴回防赢得时间,这就必须提高个人防守能力,以及同伴之间的相互补防能力。

三、攻防半场人盯人

（一）人盯人防守战术

该战术是在由攻转守时,放弃前场的防守,全队迅速退回后场,每人盯住自己对手的配合方法。它是以个人防守为基础,综合运用挤过、穿过、交换、关门、夹击等几个人之间的防守基础配合所组成的全队战术。

防守要点：人盯人防守要从由攻转守时开始。此时,每个队员都要快速退向自己的后场,立即找到对手,形成集体防守；要根据对手、球、球篮选择有利位置,做到球、人、区兼顾,与同伴协同防守。

防守原则："以球为主,人球兼顾""有球紧,无球松""近球紧,远球松",积极移动,抢占有利位置。

运用时机：半场扩大人盯人防守主要用于对付外围远投较难、突破与篮下进攻能力和后卫控球能力相对较差的队,而本队需要扩大战果,争抢时间时；半场缩小人盯人防守用于对付中远距离投篮不准、突破和篮下攻击能力较强的队,本队得分已占优势,需要保持体力再扩大战果时。

(二)进攻人盯人防守战术

进攻人盯人防守是根据人盯人防守战术的特点,从每个队员的具体实际出发,综合运用传接球、投篮、运球、突破等个人技术动作和传切、掩护、策应等几个人之间的战术基础配合所组成的一种全队进攻战术。

防守要点:由守转攻后,要迅速到位。

任务四 熟悉篮球运动主要规则

一、篮球比赛通则与细则

表8-1 通则与细则

通则	细则
如何打球	在比赛中,球只能用手来打,并且球可向任何方向传、投、拍、滚或运,但受本规则的限制,队员不能带球走,故意踢或用腿的任何部分阻挡球或用拳击球。然而,球意外地接触到腿的任何部分,或腿的任何部分意外地触及球,不是违例
比赛时间	比赛由4节组成,每节10分钟。在第1节和第2节(第一半时)之间,第3节和第4节(第二半时)之间以及每一决胜期之前有2分钟的比赛休息时间;两个半时的比赛休息时间为15分钟,以全场得分多者为胜
暂停与换人	比赛中每队的换人次数不限。但是,要登记的暂停在第一半时的任何时间每队可准予2次;在第二半时任何时间每队可准予3次;每一决胜期的任何时间每队可准予1次
开始与结束	在跳球抛球中,当球离开主裁判员的手时第1节开始。所有其他节比赛,当掷球入界队员可处理球时,该节开始。如果某一队在比赛场地上准备比赛的队员不足5名,比赛不能开始

二、违例与罚则

表8-2 违规与细则

违规	细则
带球走	当持活球的队员用同一脚向任何方向踏出一次或多次,其另一脚(称为中枢脚)不得离开与地面的接触点,如果中枢脚离开了这个接触点就构成带球走违例
非法运球	队员在运球后,用双手同时触及球或允许球在一手或双手中停留时,运球即完毕。运球结束后,除非失去控球权后又重新控制球,否则不得再次运球;如果再次运球,则为非法运球违例
球回后场	在比赛中,前场控制球的队,不得使球再回到后场,否则为球回后场违例。具体判定球回后场有三个条件:①该队必须控制球;②球进入前场后,在球又回到后场前该队队员最后触及球;③球回后场后,该队队员在后场最先触及球。这三个条件必须依次连续发生
3秒违例	当某队在前场控制活球并且比赛计时钟正在运行时,该队队员在对方的限制区内持续停留的时间不得超过3秒钟
24秒违例	每当一名队员在场上获得控制活球时,该队必须在24秒钟内尝试投篮

三、犯规与罚则

表8-3 犯规与细则

犯规	细则
接触	圆柱体原则,一名站在地面上的队员占据一个假想的圆柱体内的空间,包括该队员上面的空间。合法防守位置,当一名防守队员面对对手,并且双脚着地时,他就占据了最初的合法防守位置。他可将他的双臂和双手举过头或垂直跳起,但是他必须在假想的圆柱体内使双手和双臂保持垂直的姿势
侵人犯规	队员与对方队员的接触犯规。无论球是活球还是死球,队员均不应通过伸展其手、臂、肘、肩、髋、腿、膝或脚来拉、阻挡、推、撞、绊、阻止对方队员行进;以及不应将其身体弯曲成"反常的"姿势(超出其圆柱体);也不应放纵任何粗野或猛烈的动作
技术犯规	包含(但不限于)下列行为性质的队员的非接触犯规。如不顾裁判员警告;没有礼貌地触犯裁判员、技术代表、记录台人员或球队席人员;使用冒犯或煽动观众的语言和举止;戏弄对方队员或在对方队员的眼睛附近摇手妨碍其视觉;在球穿过球篮后,故意触及球以延误比赛;阻碍迅速地执行掷球入界以延误比赛;假摔以伪造一次犯规等
违反体育道德的犯规	根据裁判员的判断,一名队员不是在规则规定的范围内合法地试图去直接抢球,发生的接触犯规是违反体育道德的犯规。应给犯规队员登记1次违反体育道德的犯规。判给对方罚球2次

思政教育

习近平给中国冰雪健儿的回信

中共中央总书记、国家主席、中央军委主席习近平2月24日给中国单板滑雪运动员苏翊鸣回信,向他和中国冰雪健儿取得优异成绩表示祝贺,并提出殷切期望。

习近平在回信中说,你和中国冰雪健儿在冬奥赛场奋勇拼搏、超越自我,取得了优异成绩。我向你们表示祝贺!为你们点赞!

习近平表示,你在信中说,出生在一个伟大的国家,成长在一个最好的时代,通过努力实现了自己的梦想,感到很幸运。新时代是追梦者的时代,也是广大青少年成就梦想的时代。希望你们心系祖国,志存高远,脚踏实地,在奋斗中创造精彩人生,为祖国和人民贡献青春和力量。

近日,苏翊鸣给习近平总书记写信,汇报了牢记总书记教诲,刻苦训练、突破自我、实现梦想的奋斗历程,表达了继续努力、健康成长、报效祖国的坚定决心。

——新华网,2022年2月24日

排球运动

学习目标

了解排球的起源、发展及重要赛事,掌握排球运动的基本技术和基本战术,了解排球比赛的基本规则。

任务描述

排球运动具有竞技与娱乐并存的特点,不同年龄、不同性别、不同技术水平的人都能参与,或活动、或比赛。通过经常参加排球运动,产生对排球运动的热爱,改善人体中枢神经系统和内脏器官的功能。

任务分析

通过学习,熟练掌握排球运动的基本技术和基本战术,并能应用到比赛中,了解排球比赛的基本规则,能组织起排球比赛。

课程思政

1. 健全人格:通过本章的学习,体会排球运动的乐趣,培养相互团结、相互协作的良好人际关系。

2. 锤炼意志:通过学习掌握排球运动的基本技能,能科学地进行体育锻炼,提高自己的运动能力,培养勇于拼搏、永不放弃的精神。

任务一 了解排球运动基本概述

一、排球运动的起源

排球运动始于1895年,创始人是美国人威廉·摩根。第一部规则发表在1896年7月出版的美国《体育》杂志上。最初排球比赛没有人数规定,赛前由双方临时商定,只要双方人数相等即可。

在美国,排球很快受到教会、学校和社会的广泛重视,同时也被列为军事体育项目。

1896年美国开始举行排球比赛。1947年国际排球联合会成立,1949年第一届世界男子排球锦标赛举行,1964年排球运动被列为第十八届奥运会正式比赛项目。世界级排球比赛主要包括世界锦标赛、世界杯赛、奥运会排球赛、世界沙滩排球锦标巡回赛、残疾人奥运会排球赛等。

20世纪50年代初,东欧各国主要依靠高点强攻和个人进攻战术的变化取胜,并一直处于世界领先地位。20世纪60年代,日本女排在国际排坛崛起,创造了垫球、滚翻救球、勾手飘球等技术。1965年,排球规则进行了重大修改,允许伸手过网拦网。

二、我国排球运动的发展

排球运动1905年传入我国时,仅在广东等地开展。1914年第二届全国运动会时排球正式被列为比赛项目。其后,经历了16人制、12人制、9人制和6人制的演变过程。

中华人民共和国成立后,我国排球运动有了较快的发展,形成了一套以快球为中心的快攻掩护战术,此后男排在掌握"盖帽"拦网技术的基础上,创造了"平拉开"扣球新技术,发展了我国排球快攻打法的特点。20世纪70年代中期,我国首创了"时间差"打法。男排创造的前飞、背飞、拉三、拉四等技术,丰富了快中有变的自我掩护打法,在世界比赛中取得了良好的效果。1979年,中国男、女排获得亚洲冠军的光荣称号,实现了冲出亚洲的愿望。1981—1986年,中国女排五次连获世界冠军,在国际排坛上撰写了辉煌的纪录。

任务二　教会排球运动基本技术

发球、垫球、传球、扣球、拦网是排球的五项基本击球动作,这种直接触球的动作技术称为有球技术。而各种准备姿势、移动、助跑、起跳、倒地等没有直接触及球的配合动作,称为无球技术。

一、准备姿势

如图9-1所示,按照身体重心的高低,准备姿势可分为半蹲准备姿势、低蹲准备姿势和稍蹲准备姿势三种。

准备姿势和移动

图9-1　发球准备姿势

（一）半蹲准备姿势

两脚开立略比肩宽,两膝弯曲,脚跟自然提起,上体前倾,重心靠前,膝部的垂直线应在脚尖前面,两臂放松,自然弯曲置于腹前,两眼平视,注意来球,两脚始终保持微动。

（二）低蹲准备姿势

身体重心比半蹲准备姿势更低更靠前,两脚左右、前后的距离更宽一些,膝部弯曲的程度大于半蹲准备姿势。身体重心要更靠前,肩部垂直线过膝,膝部垂直线超过脚尖。两手臂置于胸腹之间。

（三）稍蹲准备姿势

两脚左右开立与肩同宽,一脚在前,两膝微屈,身体重心位于两脚之间,并稍靠近前脚,后脚跟稍提起,上体稍前倾,两臂放松,自然弯曲置于腹前。两眼注视球并兼顾场上各种情况,两脚保持微动状态。

二、移动

移动由起动、移动步法和制动三个环节构成。

（一）起动

起动是移动发力的开始,它的快慢是移动的关键,起动的速度取决于正确的准备姿势、反应能力和腰腿部的速度力量。

（二）移动步法

起动后应根据临场技战术的需要,灵活地采用各种移动步法进行移动。

1. 并步与滑步。并步如向前移动,则后腿蹬地,前脚向来球方向跨出一步,后腿迅速跟上做好击球准备。连续并步就是滑步。

2. 跨步与跨跳步。跨步如向前移动,则后腿用力蹬地,前脚向来球方向跨出一大步,膝部弯曲,上体前倾,身体重心移至前腿上。跨步过程中有跳跃腾空即为跨跳步。

3. 交叉步。以向右交叉步为例,上体稍向右转,左脚从右脚前面向右交叉迈出一步,然后右脚再向右跨出一大步,同时身体转向来球方法,保持击球前的姿势。

4. 跑步。跑步时两臂要配合摆动,如球在侧方或后方时应边转身边跑。

5. 综合步。以上各种步法的综合运用。

（三）制动

在快速移动之后,为了保持稳定的击球姿势和克服身体惯性的冲力,必须运用制动技术。

1. 一步制动法。一步制动时,最后跨出一大步,同时降低重心,膝和脚尖适当内转,全脚掌横向蹬地,抵住身体重心继续移动的趋势,并用腰腹力量控制上体,使身体重心的投影落在两脚所构成的支撑面内。

2. 两步制动法。两步制动时,以倒数第二步做第一次制动,接着跨出最后一步做第二次制动,同时身体后仰,重心下降,双脚用力蹬地,使身体处于有利于做下个动作的姿势。

三、发球

发球是1号位队员在发球区内自己抛球后,用一只手将球直接击入对方场区的一种击球方法。发球是排球技术中唯一不受他人制约的技术。

(一) 正面上手发球

如图9-2所示,队员面对球网,两脚前后自然开立,左脚在前,用手托球于身前,用抬臂和手掌的平托上送,将球平稳地垂直抛于右肩前上方,高度适中。在左手抛球的同时,右臂抬起,屈肘后引,肘与肩平,上体稍向右转。击球时,利用蹬地、转体和收腹带动手臂挥动,在右肩前上方伸直手臂的最高点,以全手掌击球的中下部。击球时,手指自然张开吻合球,手腕要迅速主动地做推压动作,使击出的球呈上旋飞行。为了加强发球的力量和攻击性,还可采用一步、两步或多步的助跑发球方法。

图9-2 正面上手发球

(二) 正面上手发飘球

正面上手发飘球是采用正面上手的形式,发出的球不旋转、不规则地飘晃飞行的一种发球方法。由于面对球网,这种发球方式便于观察对方接发球情况。

如图9-3所示,准备姿势同正面上手发球,但抛球比正面上手发球稍低、稍靠前。击球前,手臂自后向前做直线挥动。击球时,五指并拢,手腕稍后仰,用掌根平面击球的中下部,作用力通过球体重心。击球瞬间手指、手腕紧张,手型固定,不加推压动作,手臂有突停动作。

图9-3 正面上手发飘球

(三) 正面下手发球

正面下手发球是正面对网,手臂由后下方向前摆动,在腹前将球击入对方场区的发方法。

如图9-4所示,面对球网,两脚前后开立,左脚在前,两膝微屈。上身稍前倾,重心偏后脚。左手持球于腹前,将球轻轻抛起在体前右侧,离手高约20厘米,在抛球的同时右臂伸直以肩为轴向后摆动,借右腿蹬地力量,身体重心随着右手向前摆动击球而移至前脚上。在腹前以全手掌、掌根或虎口击球后下方。

图9-4 正面下手发球

(四)勾手飘球

发勾手飘球采用侧面对网站位,可利用身体转动和腰部力量带动手臂的快速挥动去击球,比较省力。勾手飘球是目前排球比赛常用的一种发球方法,男女队员均可采用。

发球队员应左肩对网,左手将球平衡抛向左肩前上方,抛至相同于击球点的高度。在抛球的同时,右臂伸直向身体右侧后下方摆动,身体重心移至右脚。当球开始上升到最高点时,右脚蹬地,身体向左侧转动,带动手臂沿弧线轨迹挥动,在右肩前上方以掌根或半握拳拇指根部的坚硬平面击球后中下部,击球一瞬间,手腕稍后仰并保持紧张,用力集中,作用力要通过球体的重心。击球后,可做突停或下拖动作,但不能有推压的动作。

无论采用哪种发球动作,都必须做到以下三点:一是平稳抛球,二是击球要准,三是手法要正确。

四、垫球

垫球在比赛中主要用于接发球、接扣球、接拦回球以及防守和处理各种困难球。现将几种常用的垫球技术做如下介绍。

垫球

(一)正面双手垫球

正面双手垫球是双手在腹前垫击来球的一种垫球方法,是各种垫球技术的基础,是最基本的垫球方法,适合接各种发球、扣球和拦回球,在困难时也可以用来组织进攻。

如图9-5所示,正面双手垫球的基本手形有抱拳式、叠掌式和互靠式。

图9-5 正面双手垫球基本手形

正面双手垫球在垫轻球、垫中等力量来球和垫重球时,其动作方法是有一定区别的。

1. 垫轻球。如图9-6所示,采用半蹲准备姿势,当球飞来时,双手成垫球手形,手腕下压,两臂外翻形成一个平面,当球飞到腹前一臂距离时,两臂夹紧前伸,插到球下,向前上方蹬地抬臂,迎击来球,利用腕关节以上10厘米左右处的桡骨内侧平面击球的后下部,身体重心随击球动作前移。击球点保持在腹前一臂距离。

图9-6 垫轻球

2. 垫中等力量来球。动作方法与垫轻球相同,由于来球有一定力量,因此击球动作要小,速度要慢,手臂适当放松。

3. 垫重球。根据来球的高低和角度,采用半蹲或低蹲准备姿势,击球时采用含胸、收腹的动作,帮助手臂随球屈肘后撤,适当放松,以缓冲来球力量。在撤臂缓冲的同时,用微小的小臂和手腕动作控制垫球方向和角度。

(二) 体侧垫球

体侧垫球简称侧垫,是在身体侧面垫球的一种垫球方法。其特点是控制面宽,但较难把握垫击的方向、弧度和落点。

如图9-7所示,左侧垫球时,以右脚前脚掌内侧蹬地,左脚向左跨出一步,身体重心随即移至左脚,并保持左膝弯曲,两臂夹紧向侧伸出,左臂高于右臂,右肩向下倾斜,再用向右转腰和收腹的力量,配合两臂在体侧截击球的后下部。

图9-7 左侧垫球

(三) 跨步垫球

队员向前或向侧跨出一步的垫球方法称为跨步垫球。当来球的速度较快、弧线低、距身体1米左右时,可采用跨步垫球的方法。如图9-8所示,跨步垫球时,在判断来球的落点后,迅速

图9-8 跨步垫球

向来球方向跨出一大步,屈膝深蹲,臀部下降,两臂夹紧伸直插入球下,用两前臂的内侧平面击球的后下部,对准垫出方向,将球平稳垫起。

(四) 单手垫球

当来球较远、速度快、来不及或不便用双手垫球时,可采用单手垫球。单手垫球动作快,垫击范围大,但触球面积小,不易控制。单手垫球可采用各种步法接近球,如采用虎口、半握拳、掌根、手背以及前臂内侧击球。

五、传球

传球是排球运动的一项重要技术,是组织进攻战术的基础。传球主要运用在第二传,用于衔接防守和进攻。

按照传球的方向,传球动作基本上可分为正面传球、背传球和侧传球,上述三种传球技术都在原地完成。跳起在空中完成传球动作的,称为跳传。下面就正面传球、背传球和跳传展开介绍。

传球

(一) 正面传球

面对出球方向的传球动作,称为正面传球。正面传球是最基本的传球方法,是其他一切传球技术的基础。

如图9-9所示,采用稍蹲准备姿势,当来球接近额头时,开始蹬地、伸膝、伸臂,两手微张,经脸前向前上方迎球。击球点在额头前上方约一球距离处。当手触球时,两手自然张开成半球形,手腕稍后仰,两拇指相对成"一"字或"八"字形,两手间有一定距离,用拇指内侧、食指全部以及中指的二、三指节触球的后下部,无名指和小指在球两侧辅助控制传球方向。两肘适当分开,两前臂之间约成90°夹角,传球时主要靠蹬地伸臂和手指、手腕力量,以及球的反弹力将球传出。

(二) 背传球

背对传球目标的传球动作叫背传。如图9-10所示,身体背面要对正传球目标,上体保持正直或稍后仰,身体重心在两脚之间,双手自然抬起,放松置于脸前。迎球时,抬上臂、挺胸、上体后仰。击球点保持在额上方,比正传稍高、稍后。触球时,手腕后仰并适当放松,掌心向上,击球的下部,手形与正面传球相同。背传用力要靠蹬地、展腹、抬臂、伸肘和手指、手腕的弹力,把球向后上方传出。

图9-9 正面传球

图9-10 背传球

（三）跳传

跳传是当一传弧线较高而又接近球网时，所采用的跳起传球技术。目前在比赛中运用比较广泛，一般用于二传。跳传可起到加快进攻速度和迷惑对方的作用，并且可使进攻战术多样化，扩大进攻的范围，减少二传环节中的失误。

如图9-11所示，起跳时，首先选好起跳点和掌握好起跳时间。起跳后，两臂屈肘抬起，两手置于脸前，击球点保持在额上方，在身体跳至最高点时，用伸臂动作及手指、手腕的弹力将球传出。由于人在空中，无法用上伸腿蹬地的力量去传球，因此，要加大伸臂的幅度和速度。

图9-11 跳传

六、扣球

扣球是攻击性最强最有效的进攻手段，在比赛中占有非常重要的地位。

（一）正面扣球

正面扣球是扣球技术中的一种重要方法，是比赛中运用得最多的一项进攻性技术，适合近网和远网扣球。

扣球

1. 准备姿势。扣球助跑前采用稍蹲姿势，两臂自然下垂，站在离网3米左右处，身体转向来球方向，观察来球，做好向各个方向助跑起跳的准备。

2. 助跑。助跑开始时，左脚先向前迈出一步，紧接着右脚再快速跨出一大步，左脚及时并上，踏在右脚之前，两脚尖稍向右转。两臂绕体侧向上引摆。

3. 起跳。在助跑跨出最后一步（即第二步），左脚并上踏地制动的同时，两臂自后积极向前摆动，随着双腿蹬地向上起跳，两臂配合起跳有力地向上摆动。

4. 空中击球。起跳后，挺胸展腹，上体稍向右转，右臂向后上方抬起，身体呈反弓形。挥臂时，以迅速转体、收腹动作发力，依次带动肩、肘、腕各部位关节向前上方成鞭甩动作挥动。击球时，五指微张，以掌心为主，全掌包满球，在手臂伸直的最高点的前上方击球的后中部，同时主动用力屈腕屈指向前推压，使扣出的球呈上旋。

5. 落地。落地时，以两脚前脚掌先着地再迅速过渡到全脚掌着地，同时顺势屈膝、收腹，以缓冲下落的力量，立即做好下一个动作的准备姿势。

（二）调整扣球

调整扣球是指在接发球或后排防守垫球不到位时，二传队员从后场区将球传到网前所进行的扣球。调整扣球技术动作与正面扣球相同，但由于二传球来自后场区，有近网球，也有远网球，还有拉开球和集中球，与球网有一定的角度并且弧线不固定，扣球队员难以判断，所以扣这种球难度较大。因此，扣球队员要准确判断来球的方向、弧线、速度和落点，调整好人和球的关系，选择好起跳点，掌握好起跳时间，根据人和球网的距离，合理地采用不同的扣球方法，控制好扣球的力量、速度、方向、路线和落点。

（三）扣快球

扣快球是扣球队员在二传队员传球前或传球的同时起跳，并迅速将二传队员传出的球击入对方场区的扣球。快球在时间上争取主动，起着攻其不备、突然袭击的作用，可使对方拦网和防守产生判断错误。这种扣球的特点是速度快、力量大、时间短、落点近、突然性强、牵制能力大。快球技术动作方法较多，有近体快球、半快球、短平快球、平拉开快球、背快球、背平快球、调整快球等。

（四）自我掩护扣球

1. 时间差扣球。扣球队员利用起跳时间的差异迷惑对方拦网的扣球，为时间差扣球。这种扣球可在近体快、背快、短平快等扣球中运用。扣球时，按快球的助跑、摆臂节奏佯作起跳，以诱使对方起跳拦网。待对方拦网队员下落后，扣球队员立即原地起跳扣半高球。

2. 位置差扣球。扣球队员按原来扣球的时间助跑，在助跑后佯作踏蹬动作逼真、下蹲与摆臂动作明显的起跳扣球，但助跑后不起跳，待对方队员拦网起跳时，突然变向侧跨出一步，动作幅度、挥臂幅度要小，速度要快，用双足或单足错开拦网人的位置起跳扣球，即为位置差扣球，或称错位扣球。

3. 空间差扣球。扣球队员利用助跑的冲力和专门的踏蹬技术，使身体向前上方跃出，把正面取位盯人拦网的对手甩开，使扣、拦在空中出现误差，即为空间差扣球，也叫冲飞扣球。常用的空间差扣球有：佯扣短平快球突然向前冲跳到二传手向前扣半高球的"前飞"，佯扣快球而冲跳向二传手背后小弧度球的"背飞"，佯扣前快球而侧身向左起跳追击扣球的"拉三"，以及佯扣短平快球而侧身向左起跳追击扣球的"拉四"。

七、拦网

（一）单人拦网

单人拦网是集体拦网的基础。如图 9-12 所示，其动作结构分为准备姿势、移动、起跳、空中动作和落地五个互相衔接的部分。

1. 准备姿势。队员面对球网，两脚左右开立，约与肩同宽，距网 30—40 厘米。两膝微屈，两臂屈肘置于胸前。

2. 移动。常用步法有一步、并步、交叉步、跑步等。无论采用哪种移动步法，都要做好制动动作，以保证向上起跳，避免触网和冲撞同队队员。

3. 起跳。原地起跳时，两腿屈膝，重心降低，随即用力蹬地，两臂以肩

单人拦网

发力,于体侧近身处,做画弧或前后摆动,帮助身体迅速跳起。移动后的起跳,其起跳动作与原地起跳一样,但要注意制动并使移动与起跳动作紧密衔接。

4. 空中动作。起跳时,两手从额前沿球网向上方伸出,两臂伸直并保持平行,两肩上提。拦网时,两臂应伸过网去接近球。两手自然张开,屈指屈腕成半球状。当手触球时,两手要突然收紧,手腕下压盖在球的前上方。

5. 落地。拦球后,要做含胸动作,以保持身体平衡。手臂要先后摆或上提,从网上收回至本方上空,再屈肘向下收臂,以保持身体平衡。与此同时屈膝缓冲,双脚落地,随即转身面向后场,准备接应来球或做下一个准备动作。

图 9-12 单人拦网

(二)双人拦网

由前排两个队员互相靠近,同时起跳组成的拦网,称双人拦网。双人拦网是集体拦网的一种,是比赛中最常用的一种拦网形式,主要在对方大力扣球时采用。

双人拦网时,应以一人为主拦队员,另一人为配合队员。但主拦队员不是固定的,一般情况下距对方扣球点近的队员应为主拦队员。主拦队员必须抢先移动到对正扣球点的位置,做好起跳准备,配合队员则迅速移动靠近主拦队员准备同时起跳。两队员之间的距离一定要合适,距离太远,跳起后将出现"空门";距离太近,起跳时互相干扰,致使双方都跳不高。双人拦网起跳时,两人的手臂应该在体前画小弧向上摆伸,都要尽量垂直向上起跳,要防止互相碰撞或干扰。手臂在空中既不能重叠,造成拦击面缩小,又不能间隔太宽,造成中间漏球。扣球靠近边线时,靠边线近的拦网队员外侧的手应适当内转,以防打手出界。

(三)三人拦网

三人拦网也是集体拦网的一种形式。它多用在对方扣球进攻力强、路线变化多时,但很少在轻扣和吊球时采用。三人拦网的动作方法与双人拦网相同,关键在于移动迅速,取位恰当,配合密切。无论对方从哪个位置进行扣球,一般都以3号位队员为主拦队员,2号和4号位队员为配合队员。由于三人拦网对配合的要求高,加之减弱了防守、保护的力量,故要在很有必要的情况下才采用。

拦网队员要在瞬间从防守转为进攻,从被动转为主动,而完成这些都要在空中进行,所以难度较大,这就要求拦网应积极主动,判断准、起动快、跳得高、下手狠。

任务三　勤练排球运动基本战术

排球运动是一项集体竞赛项目,因而不仅要求每个队员有比较熟练的基本技术,而且要求全队密切配合,运用得当的战术,发挥全队每个队员的特长,这样才能取得比赛的胜利。

一、阵容配备

(一)"三三"配备

由三名进攻队员和三名二传队员组成。站位时,一名进攻队员间隔一名二传队员。目前采用这种配备形式的队伍比较少。一般适用于初学者和水平较低的球队。

(二)"四二"配备

由四名进攻队员(主攻和副攻队员各两名)和两名二传队员组成,他们分别站在对角的位置上。目前,在水平一般的球队中采用这种配备形式的比较多。

"四二"配备的优点是每一轮次前排都有一个二传队员和两个进攻队员,便于组织"中二三""边二三"进攻,战术配合有一定的稳定性。缺点是前排进攻点相对较少,隐蔽性差,不能适应高水平球队的要求。

(三)"五一"配备

由五名进攻队员和一名二传队员组成。位置的安排与"四二"配备基本相同,只是由一名进攻队员站在与二传对应的位置上作为接应二传,其目的是弥补在主二传来不及到位传球时所出现的被动局面,但主要还是承担进攻任务。这种阵容配备在水平较高的球队中普遍采用。

"五一"配备的优点是加强了拦网和前排进攻力量,使全队的进攻队员只需适应一名二传队员的技术特点,有利于统一指挥、相互配合,能够更好地控制比赛的进行,使进攻战术富于变化。缺点是当二传队员轮转到前排时,有的前排只有两名进攻队员,影响了前排整体进攻的威力。

二、进攻战术

进攻战术主要有以下三种形式:"中一二"进攻阵形、"边一二"进攻阵形、"插上"进攻阵形。

(一)"中一二"战术形式特点

容易组织,但战术变化少,只能两点进攻,战术意图容易被识破,战术的突然性和攻击性小。其变化形式有:扣球队员通过二传队员传出集中、拉开、背传和平快等各种球,采用斜线助跑、直线助跑和跑动中变步起跳扣球等。

(二)"边一二"战术形式特点

形式简单,容易掌握,也是基本战术形式之一。其变化形式有:除"中一二"战术形式变化外,还可组织"快球掩护拉开""前交叉""围绕""快球掩护夹塞""梯次""短平快掩护拉开""掩护活点进攻"等战术变化。

(三)"插上"战术形式特点

保持前排三人进攻,能充分利用网的全长,发挥每个队员的特点,组成快速多变的各种战术变化。进攻的突破点多,突然性大,使对方难以有效地组织集体拦网和防守。

三、防守战术

主要介绍"心跟进"和"边跟进"两种防守战术。

(一)"心跟进"防守形式

在本方拦网能力强、对方采取打吊结合时采用。当甲方4号位队员进攻时,乙方2号和3号位队员拦网,后排中心的6号位队员在本方拦网时跟在拦网队员之后进行保护,其余三名队员组成后排弧形防守。其优点是加强了前区的防守能力,缺点是后排防守队员之间的空档较大。

(二)"边跟进"防守形式

多在对方进攻较强、吊球较少时采用。当甲方4号位队员进攻时,乙方2号和3号位队员拦网,其他四个队员组成半圆弧形防守。如遇甲方吊前区,由边上1号位队员跟进防守。其优点是加强了拦网,缺点是边上的队员既要防直线,又要跟进防前区,比较困难。

任务四　熟悉排球运动主要规则

一、排球比赛通则与细则

表9-1　通则与细则

通则	细则
比赛场地	比赛场地长18米、宽9米,以中线及在中线上空垂直于地面的球网(网高:男子2.43米,女子2.24米)将球场分隔为两个相等的场区,由两队场上队员各据一个场区进行比赛
比赛方法	比赛采用每球得分制。 (1) 胜一球:有发球权的队胜1球得1分,并继续发球;接发球队胜1球得1分,同时获得发球权。 (2) 胜一局:前4局比赛先得25分并同时超出对方2分的队胜一局。当比分为24∶24时,比赛继续进行至某队领先2分(如26∶24,27∶25)为止。 (3) 正式比赛采用5局3胜制,胜3局的队胜一场。如果2∶2平局时,决胜局打至15分并领先对方2分获胜

(续表)

通则	细则
暂停与换人	每队每局仅有一次暂停。另外,第1—4局增加两次技术暂停,每当领先队达到8分和16分时自动执行。所有暂停时间限30秒。国际排联世界性比赛采用:第1—4局,每队每局仅有一次暂停,时间为60秒。另外每局增加两次技术暂停,每当领先队达到8分和16分时自动执行,时间亦为60秒。决胜局(第5局)无技术暂停,每队在该局中可以请求两次30秒的暂停。暂停时,比赛队员必须离开比赛场区到球队席附近的无障碍区。在一局比赛中,每队最多有6人次换人,可同时替换1人或多人。每局开始上场的队员被替换下场后只有一次再上场的机会,而且只准换下替换他的替补队员。换人时,持续时间仅限于记录员登记和队员进出场必需的时间
自由防守队员规定	(1) 每队可以在12个队员中选择一个专门防守的队员为"自由防守队员"。其号码必须登记在第1局的上场位置表上。 (2) 自由防守队员的服装必须与其他队员颜色(或样式)区别开来。 (3) 自由防守队员不得发球、拦网或试图拦网。 (4) 自由防守队员仅限为后排队员参加比赛,在任何地区都不得将高于球网的球直接击入对方场区,完成进攻性击球。 (5) 自由防守队员没有换人次数限制,但两次替换之间必须经过比赛过程。替换他的队员必须是由他替换出场的队员。 (6) 自由防守队员在鸣哨后、发球击球前进入场地,裁判此时不宜中断比赛,而是在比赛中断后给予口头警告,如再次发生则进行判罚。 (7) 经第一裁判同意,场下任何一名队员都可以替换受伤的后排自由防守队员,本场比赛他不能再次上场。替换他的队员须按照后排自由防守队员之规定完成本场比赛

二、违例与罚则

表9-2 违规与细则

违规	细则
"4次击球"	一个队连续触球4次
"借助击球"	队员在比赛场地内借助同伴或任何物体的支撑进行击球
"持球"	没有将球击出,造成接住或抛出
"触网"	队员击球时或干扰比赛的情况下触及球网。但由于球击球网而造成的球网触及队员,不算犯规
"过网击球"	对方进行进攻性击球前或击球时,在对方空间触及球或队员
"进入对方场区"	从网下穿越进入对方空间并妨碍对方比赛。除手、脚外,队员身体的任何其他部位都不允许接触对方场区
"进攻性击球"	(1) 后排队员在前场区(脚触及或者越过进攻线或进攻线的延长线)完成进攻性击球,并且击球时球的整体高于球网上沿。 (2) 在前场区对球的整体高于球网上沿的发球完成攻击性击球。 (3) 后排自由防守队员在比赛场地上完成对高于球网上沿的球的攻击性击球。 (4) 队员在高于球网处对同队自由防守队员在前场区用上手传出的球完成进攻性击球

（续表）

违　规	细　则
"位置错误"	当发球队员击球时,如果队员不在其正确位置上,则构成位置错误犯规
"轮转错误"	没有按照轮转次序进行发球
"发球犯规"	(1) 发球队员没有在第一裁判员鸣哨 8 秒内将球击出。 (2) 发球队员在击球时或击球起跳时,踏及场区(包括端线)或发球区以外地面。 (3) 发球时,发球队员个人或者集体挥臂跳跃或左右移动,或集体密集站立遮挡发球员,而且发出的球从其上空飞过。 (4) 球被抛起或持球手撤离后,没有在球落地前,用一只手臂的任何部位将球击出(允许有一次抛球)。但所有发球,触及球网上沿而进入对方场区为好球,继续进行比赛

思政教育

弘扬女排精神　为中华崛起而拼搏

广大人民群众对中国女排的喜爱,不仅是因为你们夺得了冠军,更重要的是你们在赛场上展现了祖国至上、团结协作、顽强拼搏、永不言败的精神面貌。女排精神代表着一个时代的精神,喊出了为中华崛起而拼搏的时代最强音。

——习近平总书记在会见中国女排代表时的讲话,2019 年 9 月 30 日

足球运动

学习目标

了解足球的起源、发展及特点,掌握足球运动的基本技术和基本战术,了解足球比赛的基本规则。

任务描述

足球运动是以脚支配球为主,两个队在同一场地内进行攻守的体育运动项目。它是世界上最受人喜爱、开展最广泛、影响最大的体育运动项目。通过学习,体会足球运动的乐趣,并能灵活运用。

任务分析

通过学习,熟练掌握足球运动的基本技术和比赛规则,并能应用到实战比赛中。

课程思政

1. 健全人格:通过本章的学习,体会足球运动的乐趣,培养团结协作、乐观向上的良好品质。

2. 锤炼意志:通过学习掌握足球运动的基本技能,不仅能全面发展人的身体素质,提高学生的力量、速度、灵敏度、耐力、柔韧性,还能提高学生心理素质和抗压能力。

任务一 了解足球运动基本概述

一、足球运动的起源

现代足球运动诞生于英国。1863年10月26日,剑桥大学、牛津大学和凯尔波里特专科学校与伦敦周围地区11个最主要的俱乐部和学校,举行联席会议,创立了英格兰足球协会。这一天被称为现代足球的诞生日。两个月后,英格兰足球协会制定出世界上第一个统一的足球规则。

二、足球运动的发展

1872年,足球运动史上的第一次正式比赛在英格兰和苏格兰之间进行,即泛英足球比赛。此后,足球运动逐渐风靡英国和欧美各国。1900年,足球首次在奥运会上露面。1908年,足球被正式批准为奥运会比赛项目。1930年,乌拉圭成功举办了第一届世界足球锦标赛。1904年5月21日,国际足球联合会在法国巴黎成立,总部设在瑞士苏黎世。这标志着足球作为一项世界性的体育项目登上了国际体坛,足球运动在更加广泛的范围内开展起来,影响也愈来愈大。国际足联从最初的7个会员国,发展到现在的190多个,是世界上最大的国际单项体育组织。其举办的重大比赛包括:四年一届的世界杯足球赛、奥运会足球赛、世界青年足球锦标赛和女子世界杯足球赛,此外还有许多洲际比赛。

知识链接

蹴 鞠

足球起源于东周时期的齐国,当时名为"蹴鞠"。汉代蹴鞠是训练士兵的手段,制定了较为完备的体制。如专门设置了球场,规定为东西方向的长方形,两端各设六个对称的"鞠域",也称"鞠室",各由一人把守。场地四周设有围墙。比赛分为两队,互有攻守,以踢进对方鞠室的次数决定胜负。

经过汉代的初步流行,唐宋时期蹴鞠活动达到高潮,甚至出现了按照场上位置分工的踢法。唐代蹴鞠已有多种方式,有比赛颠球次数的"打鞠",有场地中间挂网、类似网式足球的"白打",有多人参与拼抢的"跃鞠",还有了设立球门的比赛,这种方式每队有一定人数和固定位置,规定队员只能在自己的位置上踢,不能移动。同时蹴鞠和佛教一起传到了日本,日语及韩语中称足球为"蹴球"的用法,便是受到了中国的影响。

《武林旧事》列出了"筑球三十二人"竞赛时两队的名单与位置:"左军一十六人:球头张俊、跷球王怜、正挟朱选、头挟施泽、左竿网丁诠、右竿网张林、散立胡椿等;右军一十六人:球头李正、跷球朱珍、正挟朱选、副挟张宁、左竿网徐宾、右竿网王用、散立陈俊等"。这被认为是历史上的第一份足球"首发名单"。

从东周时期到明朝,蹴鞠经历了从发展到高潮的过程,但到了清朝,这项活动却走向了衰落。

任务二　教会足球运动基本技术

一、踢球

踢球指运动员有目的地用脚把球击向预定目标的技术。踢球是足球技术中最重要的技术，主要用于传球和射门。

踢球的方法很多，主要有脚内侧踢球、脚背正面踢球、脚背内侧踢球、脚背外侧踢球、脚尖踢球和脚跟踢球。这些动作结构完全一致，均由助跑、支撑脚站位、踢球腿摆动、脚触球、踢球后的随前动作五个环节组成。

踢球

（一）脚内侧踢球（又称脚弓踢球）

1. 脚内侧踢定位球。如图 10-1 所示，直线助跑，支撑前的最后一步稍大些，支撑脚站在球的侧面约 15 厘米处，脚尖正对出球方向，支撑腿膝关节微屈。在支撑脚着地时，踢球腿大腿带动小腿由后向前摆动，在前摆的过程中大腿外展，当膝关节摆动至接近球的正上方时，小腿做爆发式摆动，在触球前将脚跟送出使得脚内侧部位所形成的平面与出球方向垂直，踢球脚脚尖微微翘起，脚底与地面平行，踝关节功能性地紧张使脚型固定，触（击）球后身体跟随向前移动。

图 10-1　脚内侧踢定位球

2. 脚内侧踢空中球。如图 10-2 所示，根据来球速度和运行轨迹及时移动到位，踢球腿的大腿抬起并外展，小腿绕额状轴后摆，而后小腿由后向前摆动，当摆至额状面时与球接触，击球的中部。

图 10-2　脚内侧踢空中球

(二)脚背正面踢球(又称正脚背踢球)

1. 脚背正面踢定位球。如图10－3所示,直线助跑,最后一步稍大些,支撑脚积极着地支撑,在球的侧面10—12厘米处,脚尖正对出球方向,膝关节微屈,踢球腿随跑动向后摆动,小腿弯曲,支撑的同时踢球腿以髋关节为轴,大腿带动小腿由后向前摆动。当膝关节摆至接近球的正上方时,小腿做爆发式的摆动,脚趾屈,以脚背正面部位击球的后中部。击球后身体及踢球腿随球前移。

图10－3　脚背正面踢定位球

2. 脚背正面踢反弹球。根据来球的速度、运行轨迹、落点,支撑脚踏在球落点的侧面。在球落地时,踢球腿爆发式前摆,在球刚弹离地面时,用脚背正面击球的中部,并控制小腿的上摆(送髋、膝关节向前平移),出球则不会过高。

3. 凌空踢倒钩球。根据来球的速度、运行轨迹,选好击球点,及时移动到位,以踢球腿为起跳腿蹬地起跳,同时另一腿上摆,身体后仰腾空,眼睛注视来球,蹬地腿在离地后迅速上摆的同时,另一腿则向下摆动,以脚背正面击球的后部。踢球后,两臂微屈,手掌向下,屈肘,然后背、腰、臀部依次滚动式着地。

(三)脚背内侧踢球(又称内脚背踢球)

1. 脚背内侧踢定位球。如图10－4所示,斜线助跑,助跑方向与出球方向约成45°,最后一步稍大,以支撑脚积极着地,脚尖指向出球方向,距球内侧后方20—25厘米,膝关节微屈。在支撑的同时,踢球腿已完成后摆,并开始以髋关节为轴,大腿带动小腿由后向前摆动,当大腿摆至与支撑腿接近同一平面时,小腿做爆发式摆动,此时脚尖外转、脚背绷直,以脚背内侧部位触击球。击球后踢球腿及身体继续随球向前。

图10－4　脚背内侧踢定位球

2. 脚背内侧转身踢球。助跑结束前倒数第二步应向球的侧前方跨出(即与出球方向在支撑脚一侧的侧前方),最后一步略跳动并伴随转身支撑,脚尖对准出球方向,膝关节微屈,身体向支撑脚一侧倾斜,其余各环节与踢定位球相同。

3. 脚背内侧踢反弹球。根据来球的落点及时移动到位,在球离地(反弹)的瞬间踢球,其他的动作要求与踢定位球相同。这种踢球方法多用于踢侧方或侧前方来的由空中落下的球。

(四)脚背外侧踢球(又称外脚背踢球)

由于踢这种球的脚踝灵活性较大,摆腿方向变化较多,且助跑时又是正常的跑动姿势,故其出球隐蔽性较强。足球比赛中各种距离的弧线球及非弧线球均可使用。

1. 脚背外侧踢定位球。助跑、支撑脚站位及踢球腿摆动均与脚背正面踢球技术的三个环节相同,脚触球是用脚背外侧部位。此时要求膝关节和脚尖内转,脚背绷紧,触(击)球后身体随踢球腿的摆动前移。

2. 脚背外侧踢地滚球。可用于踢正前方、侧前方及侧后方来的地滚球。踢球的动作、规格要求与踢定位球相同,但支撑脚站位时应考虑球的滚动速度,以保证在脚触球的瞬间支撑脚与球的相对位置符合规格要求。

3. 脚背外侧踢反弹球。与脚背正面踢反弹球的方法相同,只是接触球时用脚背外侧部位触(击)球。

(五)脚尖踢球(又称脚尖捅球)

由于脚尖踢球时出球异常迅速,雨天场地泥泞时多使用这种踢法。球员还可以借助踢球腿的最大长度,踢那些距离身体较远的球。具体方法是用支撑脚跳跃上步,踢球腿屈膝前跨,髋关节尽量前送,两臂上摆协助身体向前,小腿前伸,在踢球脚落地前用脚尖踢球的后中部。

(六)脚跟踢球

这是用脚跟(跟骨的后面)接触球的一种踢球方法。球在支撑脚外侧时,踢球脚在支撑脚前面交叉摆到支撑脚外侧,用脚跟击球。球在支撑脚内侧时,踢球脚后摆用脚跟踢球。虽然人体结构的特点决定了这种踢球方法(大腿微伸小腿屈)产生的力量小,但其出球方向向后,故有隐蔽性和突然性。

二、接球

接球是指运动员有目的地用身体的合理部位使运行中的球停下来,控制在所需要的范围内,以便更好地衔接下一个技术动作。接球的方法有多种,常用的有脚内侧、脚背正面、脚底、大腿、胸部、头部等部位的接球。

接球(停球)

(一)脚内侧接球

由于脚触球面积大,动作简单,较易掌握,比赛中经常使用这种技术接各种地滚球、反弹球、空中球。

1. 接地滚球。如图10-5所示,身体正对来球,判断来球的速度和方向,选好支撑脚位置,膝关节微屈。接球脚根据来球的状态相应提起,膝、踝关节旋外,脚趾稍翘,用脚内侧对准来球,触球刹那,接球部位做相应的引撤或变向接球动作,将球控制在所需要的位置上。

2. 接反弹球。如图10-6所示,接球腿小腿应与地面形成一定的夹角,向下做压推动作时,膝要领先,小腿留在后面。

图10-5 接地滚球　　　　　图10-6 接反弹球

3. 接空中球。如图10-7所示,接球腿要屈膝抬起,可根据需要采用引撤或切挡动作,接球落地后应立即将球在地面控制住。

图10-7 接空中球

(二)脚背正面接球

此方法多用于接有较大抛物线的来球。如图10-8所示,根据球的落点,及时移动到位,脚背正面上迎下落的球,当球与脚面接触的一瞬间,接球脚与球下落的速度同步下撤,此时接球腿膝关节、踝关节、脚趾均保持适度的紧张,脚尖微翘将球接到需要的地方。

图10-8 脚背正面接球

(三)脚底接球

由于脚底接球技术便于掌握,易于将球接到相应位置,故常被用来接各种地滚球和反弹球。

1. 脚底接地滚球。身体正对来球方向,移动前迎,支撑脚站在球的侧面(或前或后均可),脚尖正对来球方向,膝关节微屈。同时接球腿提起,膝关节微屈,脚背略屈,使脚底与地面约小于45°(且脚跟离开地面),一般以前脚掌接触球的上部为宜。在触球瞬间,接球脚可轻微趾屈将球停住,也可根据需要在接球的同时将球推向前方或拉向身后。

2. 脚底接反弹球。根据来球落点,及时前移迎球,支撑脚站在落点侧后方,脚尖正对来球方向,球落地瞬间,用前脚掌去触球的中上部,微伸膝,用脚掌将球接在体前。若需接球到身后则应在触球瞬间继续屈膝,回拉球,并伴随支撑脚以前脚掌为轴旋转90°以上。

(四) 大腿接球

大腿接球一般可以用来接抛物线较大的高空球和略高于膝的低平球。

1. 接抛物线较大的下落球。如图10-9所示,面对来球方向,根据球的落点迅速移动到位,接球腿大腿抬起,当球与大腿接触的瞬间大腿下撤将球接到需要的位置上。

图10-9 大腿接球

2. 接低平球。面对来球方向,根据来球高度,接球腿大腿微屈,送髋前迎来球,当球与大腿接触瞬间收撤大腿,使球落到所需要的位置上。

(五) 胸部接球

由于胸部接球部位较高,加之胸部面积大、肌肉较丰满等特点,动作易于掌握,故是接高球的一种好方法。胸部接球包括挺胸式、收胸式两种方法。

1. 挺胸式接球。接球时,身体正对来球,两腿自然开立,膝微屈,两臂在体侧自然屈抬,上体稍后仰与来球形成一定的角度。触球刹那,胸部主动挺送,使球触胸后向前上方弹起落于体前。一般用于接有一定弧度的高球。

2. 收胸式接球。面对来球,两脚左右或前后开立,两臂自然张开,挺胸迎球,触球瞬间收胸、收腹、臀部后移将球接在体前。若需将球接在体侧,则触球瞬间转体将球接在转体后相应的一侧。多用于接齐胸高的平直球。

(六) 头部接球

高于胸部的来球可用头部接球。根据球的运行路线,面对来球,用前额正面接触球的中下部。下颌微抬,两臂自然张开,提踵伸膝。触球瞬间全脚掌着地,屈膝、塌腰、缩颈,全身保持上述姿势下撤将球接在附近。

三、运球

运球是运动员在跑动中用脚连续推拨球,使球处于自己控制范围内的动作。常用的运球技术有脚内侧、脚背正面、脚背外侧、脚背内侧运球。

运球

（一）脚内侧运球

运球前进时支撑脚位于球的侧前方，肩部指向运球方向，支撑腿膝关节微屈，重心放在支撑腿上，另一条腿提起屈膝，用脚内侧推球前进，然后运球脚着地。由于肩部指向运球方向，身体侧转，虽然移动速度较慢，但身体前倾有利于将对方与球隔开，因而这种技术多用于运球中做配合传球，或有对方阻拦需用身体做掩护时。

（二）脚背正面运球

运球时身体持正常跑动姿势，上体稍前倾，步幅不宜过大，运球腿提起，膝关节稍屈，髋关节前送，提踵，脚尖下指，在着地前用脚背正面部位触球后中部将球推送前进。

由于脚背正面运球时身体保持正常跑动姿势，故可以发挥出较快的速度，因而这种技术多用在运球前方一定距离内无对手阻拦时。

（三）脚背外侧运球

如图 10-10 所示，运球时身体持正常跑动姿势，上体稍前倾，步幅不宜过大，运球腿提起，膝关节稍屈，髋关节前送，提踵，脚尖绕矢状轴向内旋转，使脚背外侧正对运球方向，在运球脚落地前用脚背外侧推拨球的后中部。

图 10-10　脚背外侧运球

脚背外侧运球时，身体姿势与正常跑动时相同，因而可以发挥出较快的速度，故与脚背正面运球有相同的用途。另外，利用脚踝关节的动作可以很快改变脚背外侧面所正对的方向，故在运球脚一侧改变方向时也多采用这种运球方法。这种方法能用身体将对手与球隔开，故掩护时也常使用。

（四）脚背内侧运球

身体稍侧转并协调放松，步幅小，上体前倾，运球腿提起外展，膝微屈外转，提踵，脚尖外转，使脚背内侧正对运球方向，在运球脚落地前用脚背内侧推拨球，使球随身体前进。

脚背内侧运球由于身体稍侧转，不能采用正常跑动姿势，因而不适用于高速运球。但由于接触部位和支撑位置的特点，易于完成向支撑脚一侧的转动，故多用于向支撑脚一侧的变向运球。

四、头顶球

头顶球技术是传球、射门、抢断的有效手段，特别是争高空球时头顶球技术更为重要。顶球技术的特点是争取时间，不需要等球落地就可以在空中直接处理来球。因此，它可以争取时间上的优势和主动。

头顶球

顶球一般分为正额顶球和额侧顶球两种。具体方法有原地、助跑跳起（单脚和双脚）和鱼跃式顶球等。

（一）正额原地顶球

面对来球，两脚前后开立，膝微屈，重心放在两脚上。顶球前，上体先后仰，重心移到后脚上，两臂自然摆动，维持身体平衡，两眼注视来球。顶球时，两腿用力蹬地，迅速伸直，上体由后向前快速摆动，借助腰、腹和颈部力量，用前额正面将球顶出。顶球过程中，身体重心从后脚移到前脚，再单脚跳起顶球。

（二）助跑单脚跳起顶球

起跳前要有 3—5 步的助跑。最后一步踏跳时要用力，步幅要稍大些，踏跳脚以脚跟先着地再迅速移到脚掌，同时另一腿屈膝上提，两臂向上摆动。身体腾起后上体随之后仰。顶球时，上体由后向前摆动，借助腰、腹和颈部力量将球顶出。然后两脚自然落地。

（三）鱼跃式头顶球

对于离身体较远的低空球来不及移动到位处理，必须抢点击球时（如抢救险球、射门等）可使用鱼跃式头顶球技术。当判断好来球的路线和选择好顶球点后，以单脚或双脚用力向前蹬地，身体接近水平状态向前跃出，同时两臂微屈前伸，手掌向下，眼睛注视来球，利用身体向前跃出的冲力，以额头正面顶球。顶球后，两手先着地，手指向前，接着胸部、腹部和大腿依次着地。

五、抢断球（抢截球）

抢断技术是一种积极有效的防守手段。抢断是防守技术的综合体现，是用争夺、堵截、破坏等方式延续或阻拦对方进攻的一种技术。一旦把球争夺过来，就意味着组织进攻的开始。

抢截球

（一）正面抢断

在对方带球队员迎面而来时，便可采用这种抢断方式。

两脚前后稍开立，两膝稍屈，身体重心下降，并均匀落在两脚上，面向对手。当对方带球或者触球即将着地或刚刚着地时，立即抢球。抢球脚的脚弓正对球，并跨出一步，膝关节弯曲，上体前倾，身体重心移至抢球脚上。如对方已有准备，在双方脚同时触球时，脚触球后要顺势向上提拉，使球从对方脚背滚过，身体迅速跟上，把球控制住。双方上体接触时，抢球人可用合理部位冲撞对方，使之失去平衡，从而将球控制在自己脚下。

（二）侧面抢断

当防守队员与带球进攻的队员并肩跑动，或二人争夺迎面来球时，双方都可采用这种抢断方式。

当与对方平行跑动争球时，身体重心要降低，两臂贴紧身体。在对方靠近自己的脚离地时，可用肩和上臂做合理的冲撞动作，使对方身体失去平衡，从而把球抢过来。

（三）后面抢断（铲球）

这是抢断技术中较困难的一种，一般是在用其他方法抢不到球时才采用。

铲球有两种方法：一种是脚掌铲球，另一种是脚尖或是脚背铲球。

当防守人追至离运球人右后方 1 米左右时,可用右脚掌或左脚尖(脚背)进行铲球。在运球人的左侧时,则用左脚掌或是右脚尖(脚背)进行铲球。如用右(左)脚掌铲球,可在运球人刚刚将球拨出时,先蹬左(右)腿,跨右(左)腿,膝关节弯曲,以脚外侧从地面滑出,用脚掌将球踢出。然后小腿、臀部、上体依次着地,身体随铲球动作向前滚动。

铲球脚离地面超过球的高度,易伤害对手造成犯规。

六、假动作

假动作是指运动员在比赛中为了隐藏自己真实动作的意图,利用各种动作的假象,来迷惑对方,使对方对其动作产生错误的判断或失去身体重心,造成对自己有利的形势,从而取得时间、空间位置的优势,达到自己真实动作的意图。

假动作

(一)踢球假动作技术

如图 10-11 所示,运动员已控制球或正准备控制球,准备与同伴配合及接球时,对手前来堵抢,挡住其路线时,可向一方做假动作,当对手去封堵假动作路线时,突然改变踢球脚法将球传或接向另一方。

图 10-11 踢球假动作技术

(二)头顶球与胸接球假动作技术

当队员面对胸部以上的高空来球准备接时,对手迎面逼近准备抢截,此时接球的队员做出胸或头、接或顶的假动作诱使对手立定,在其封堵接、传路线时,突然改变动作,用头或胸将球顶出或接住。

(三)运球假动作技术

运球假动作技术在比赛中是很常见的,它不仅可以用来突破正面的对手,而且可以用来摆脱来自侧面和后面的对手。

如图 10-12 所示,对手迎面跑来抢截球时,可用左(右)脚的脚背内侧扣拨球动作结合身体的虚晃动作,诱使对手的重心发生偏移,然后用左(右)脚的脚背外侧向同侧方向拨运球越过对手。

对手从侧面来抢截球时,先做快速向前运球动作,诱使对手紧追,这时突然减速并伴做停球假动作,当对手上当时,再突然起动加速推球向前甩掉对手。

当对手从身后来抢截球时,运球者用左(右)脚掌从球的上方擦过,做大交叉步,身体也随动作前移,诱使对手向运球者的移动方向堵截,再突然向右(左)后方转身,再用右

（左）脚脚背内侧将球扣回，把对手甩掉。

图 10-12 运球假动作技术

任务三　勤练足球运动基本战术

一、比赛阵形

为了适应攻守战术的需要，全队队员在场上的位置排列和职责分工被称为比赛阵形。比赛阵形是本队攻守力量搭配和分工的形式。

根据队员的职责和排列的层次分为后卫线、前卫线和前锋线。阵形的人数排列原则是从后卫数向前锋的，守门员不计算。

目前，世界上普遍采用的阵形有"4-3-3""4-4-2""4-1-2-3""3-5-2"等。在以上阵形中，除"4-4-2"阵形以防守为主、反击为辅，其他阵形均以进攻为主。尤以"3-5-2"阵形更为突出。

选择阵形要以本队队员的特长、技能、技术水平与赛队的特点为依据。此外，阵形绝不是僵化的规定，每个队员都应在明确基本位置和主要职责的前提下，进行创造性的活动。

二、局部配合进攻战术

（一）"二过一"战术配合

"二过一"战术配合是指两个进攻队员在局部地区通过两次或两次以上的连续传球配合，越过一个防守队员的战术行动。"二过一"是集体配合的基础，可以在任何场区、任何位置上运用以摆脱对方的抢断或突破防线。"二过一"是进攻的两个队员之间相距 10 米左右，进行一传一切的配合。要求传球平稳及时，一般多用"脚内侧""脚外侧"等脚法，以传地平球为主。传球的位置，尽可能是接球人脚下或前面二三步远的地方。

（二）"三过二"战术配合

"三过二"是在比赛场地中的局部地区，通过三个进攻队员的连续配合突破两个防守队员的防守的战术行动。由于这种配合有两个同队队员可以同时接应传球，因此持球人的传球路线更多，且进攻面也更大。

三、整体进攻战术

整体进攻战术是指在比赛中一方获得球后，通过队员之间的传递配合达到射门的目的而采用的配合方法。与局部进攻战术相比较，整体进攻战术具有进攻面更加扩大，进攻和反击速度更加快速等特点。

（一）边路进攻

边路进攻一般是围绕边锋进行的配合方法，因此边锋的速度要快，个人突破能力要强，传中技术要突出。其方法是由守转攻时，获球队员将球传给边锋或其他边路上的队员，从边路发起进攻，经过局部配合突破后，一般采用下底和回扣传中方式，将球传到中央，由其他队员包抄射门。

（二）中路进攻

中路进攻时，必须要求边锋拉开，借以牵制对方的后卫，诱使对方中间区域出现较大的空隙，为中路进攻创造有利条件。前场和中场队员要机动灵活地跑位，以有效调动来拉开对方的防线。进攻的推进应有层次和梯队。传球要准确，技术动作应在跑动中准确简练地完成。

（三）快速反击

比赛中当攻方进攻时，后卫线往往压至中场附近，防守人数也由于插上进攻和助攻而相对减少，此时如防守方能抓住对方防区空隙较大和回防速度较慢的机会，乘攻方失球之机发动快速反击，往往能取得良好的效果。但其难度较大，既要冒险，又要有准确、快速的传切配合技能。

四、局部配合防守战术

（一）补位

补位是足球比赛中在局部地区队员集体进行配合的一种方法。当防守过程中，一个防守队员被对手突破时，另一个队员应立即上前进行封堵。

（二）围抢

围抢是足球比赛中在某局部位置上，防守一方利用人数上的相对优势（通常是两三个队员）同时围堵对方的持球队员，以求在短时间内达到抢断球或破坏对方进攻（防守）的目的。

（三）造越位战术

造越位战术是利用规则而设计的一种防守战术，是一种以巧制胜的省力打法，因而成为一种重要的防守手段。由于该战术配合难度较大，搞不好会适得其反，让对手钻空子，因此，往往为水平较高的球队所采纳，但也不宜过多运用。

五、整体防守战术

整体防守战术主要有盯人防守、区域防守和综合防守三种。

（一）盯人防守

盯人防守是指被盯防的对手跑到哪个位置就盯防到哪里。盯人防守分为全场盯人和半场盯人。这种防守方法是对口盯人,分工明确,但体力消耗大,一旦被突破,很难补位,会使整个防线出现很大的漏洞。因此在比赛中,单纯采用人盯人防守方法是不利的。

(二)区域防守

由攻转守时,根据场上位置的分布,每个防守队员负责防守一定的区域,当对方队员跑到本区域时,就负责盯防,离开这个区域,就不再跟踪盯防。这种战术较为省力。但是,对方可以任意交叉换位,容易造成局部以少防多的被动局面。因此,目前在比赛中已很少采用这种防守方法。

(三)综合防守

综合防守是指盯人防守与区域防守相结合的防守方法。综合防守是目前比赛中普遍采用的一种防守方法,它集中了盯人防守和区域防守的优点,从而在防守中能根据场上情况进行逼抢、盯人、保护与补位,以达到防守的目的。

任务四　熟悉足球运动主要规则

一、足球比赛通则与细则

表 10-1　通则与细则

通则	细则
比赛场地	足球比赛场地必须是长方形,地面平整。场地长 90—120 米,宽 45—90 米。国际比赛场地长 100—110 米,宽 64—75 米
比赛时间	正式比赛时间为 90 分钟,分为相等的上、下两半场(各 45 分钟),上、下半场之间休息 5—10 分钟
扣除时间情况	(1) 队员受伤需要在场内护理; (2) 观众进入场内无法进行比赛; (3) 球破裂跑气需要更换新球; (4) 球出界飞出的距离过远; (5) 受天气影响,如遇狂风暴雨,暂停比赛; (6) 死球时,队员故意延误时间
平局情况	竞赛规定延长 30 分钟为决胜时间,应在决胜时间开赛前休息 10 分钟,并重新选择场地及开球权。决胜时间分为相等的上、下两个半时,各为 15 分钟,中间只交换场地不再休息。决胜期中谁先入球,则谁为胜方。如在决胜时间内都无入球,则互罚点球决定胜负

二、违例与罚则

表 10-2　违规与细则

违规	细则
任意球	任意球分直接任意球和间接任意球两种。直接任意球,直接射门得分有效。在比赛中队员凡违反规定时,在队员犯规地点执行。如在本方罚球区内违反,则被判罚"点球"。间接任意球俗称"两脚球",直接射门得分无效

（续表）

违规	细则
界外球	球越出边线时，由出界前最后触球队员的对方在球出界处外掷界外球。掷界外球时，可以将球掷向场内任何方向。掷球时，任何一脚不得全部离地，但允许在地上滑动，双脚可以踏在边线外或边线上，但脚不得完全踏入场内
点球	队员在本方罚球区域内被判罚"直接任意球"时，即罚"点球"。 执行罚"点球"时，裁判员鸣哨后球未滚动一周前，守门员两脚必须站在球门线上，不得移动（上体可以摇动）。罚"点球"时，除主罚人和守门员外，双方其他队员都必须退到罚球区和罚球弧线以外的场地内
球门球	队员将球踢出或接触后出对方端线，则由对方踢球门球。守门员或其他队员均可踢球门球。球从球门的左侧出底线时，球应放在球门区的左半区踢出；球从右侧出界，放在球门区的右半区踢出。踢球门球，必须直接把球踢出罚球区域，才算进入比赛。否则，则重踢
角球	当球的整体由地面或空中被本方队员踢出本方端线时，由对方队员踢角球。踢角球时不得移动旗杆。球的整体必须放在角球区内。 踢角球时，对方队员应距离球9.15米以外。踢角球可以直接胜球得分

三、犯规与罚则

表 10－3　犯规与细则

犯规	细则
直接任意球	（1）踢和企图踢对方队员； （2）绊摔或企图绊摔对方队员（在对方身前或身后，伸腿或屈体绊摔或企图绊摔）； （3）跳向对方队员； （4）猛烈的或带有危险性的冲撞动作和从后面冲撞对方队员（除对方正在阻挡外）； （5）打或企图打对方队员，或向对方吐唾沫； （6）用手或臂部拉扯、推对方队员； （7）用手或臂部触球（守门员在本方罚球区内除外）
间接任意球	（1）越位时应由对方罚间接任意球； （2）中圈开球、球门球、角球、任意球、界外球、点球等，踢球后未经其他队员触及前，而主罚队员连踢； （3）队员的动作和踢球方式（如蹬踏、抬脚过高等）有伤及对方队员的危险时，或影响对方队员的动作时，应判为危险动作犯规； （4）队员的目的不是去控制球，而球又不在其控制范围内，这时即使进行合理冲撞，仍为犯规行为； （5）队员不去控制球，而是故意阻截、阻挡对方队员者； （6）在球门区内守门员手中无球，也没有阻碍对方队员的行为时，冲撞守门员违例； （7）守门员六秒内未将手中的球罚出，或故意延误时间

(续表)

犯规	细则
黄牌警告	(1) 比赛开始后,队员进场或重新进场加入比赛,或在比赛进行中离场事先未得到裁判员示意允许者; (2) 屡次违反规则者; (3) 用语言或行动对裁判员的判决表示不满者; (4) 有不正当行为者
红牌警告	(1) 有恶劣行为或严重犯规; (2) 用粗言秽语或辱骂性语言; (3) 经警告后,仍坚持其不正当行为; (4) 背后铲球犯规

思政教育

高红:讲不完的足球故事(奥运·人生)

高红1967年出生于江苏泰兴,前中国女足运动员。作为中国女足门将,高红随队获得1996年亚特兰大奥运会和1999年女足世界杯亚军。2013—2017年,高红出任国家U16(16岁以下)女子足球队主教练。

做球员,稳守中国女足球门,随队获得两次世界大赛亚军;做教练,针对女足国少队特点,提升球员认同感和战术理念。1996年亚特兰大奥运会,是中国女足距离奥运会金牌最近的一次。关于"铿锵玫瑰"的记忆,门将高红总能以其英姿飒爽的身姿和舍我其谁的豪气添上浓墨重彩的一笔。2000年悉尼奥运会之后,高红踏上出国踢球之路,此后的20年,她的人生故事里一直有体育相伴。

"人生最大的乐趣?应该是在球队里,或者是在球场上。"经历人生的兜兜转转、起起伏伏,高红发现,女足仍是她心底最难割舍的部分。

——人民网,2020年6月9日

乒乓球运动

学习目标

了解乒乓球运动的起源与发展概况,掌握乒乓球的基本技术和战术,熟悉乒乓球比赛规则。

任务描述

乒乓球是中华人民共和国国球,也是一种世界流行的球类体育项目。它集健身、竞技、娱乐性为一体。经常打乒乓球能提高学生视觉的敏锐性和神经系统的灵活性,使人心情舒畅,想象力丰富,有利于提高学习和工作效率。

任务分析

通过学习,熟练掌握乒乓球运动的基本技术动作及常用战术,能运用到锻炼实践中,了解乒乓球比赛的基本规则,具备组织基层比赛的能力和裁判工作能力。

课程思政

1. 健全人格:通过本章的学习,体会乒乓球运动的乐趣,可以提高人体各项机能指标,可以提高心理素质,促进交流,增加友谊。
2. 锤炼意志:通过学习,培养学生团结合作精神和集体荣誉感;体验"国球"乒乓球运动的魅力所在,发扬"国球"运动的拼搏精神。

任务一 了解乒乓球运动基本概述

一、乒乓球运动的起源与发展

乒乓球运动始于英国,英文译为 Table Tennis,直译为"桌上网球"。19 世纪末,网球运动在整个欧洲非常流行,英国也不例外,但受到场地和天气的限制,英国有些大学生便把网球移到室内,找来桌子和书作为球台和球网,用羊皮纸做球拍,在桌上打来打去。当时,此项活动的名称、球台大小和球网的高低均无统一规定,发球的方法也无严格限制,可以把球先击到本方台面再落到对方台面,也可以将球直接发到对方台面,只是要求在本方球台后方,并保持台面以上高度。大约在1890年,有位名叫詹姆斯·吉布的英格兰人到美国旅行时,偶然发现了一种用赛璐珞制成的空心玩具球,弹跳力很强。于是,他就将这种球稍加改进后,逐步在英国和世界各地推广起来。也许是因为此球在桌上打来打去发出"乒乒乓乓"的声音,英国一家体育用品公司首先使用"乒乓"(Ping-Pong)一词,就这样,乒乓球才得此绘声之名。

1959年,容国团获得了第二十五届世界乒乓球锦标赛男子单打冠军后,中国运动员开始登上国际乒坛。20世纪70年代以来,由于国际交流加强,国际性大赛逐步开展,乒乓球技术得到了更快地发展和提高。比如,中国近台快攻、直拍快攻结合弧圈球、横拍快攻结合弧圈球等打法和技术,均有所发展和创新,在国际比赛中取得了优良的成绩。乒乓球在我国被誉为"国球",广大民众普遍习惯我国运动员在国际比赛中包揽冠亚军的优良表现,甚至一度认为全世界没有几个国家开展乒乓球运动,但根据国际乒乓球联合会公布的数据,截至2019年国际乒联的成员已达到226个国家和地区,也就是说全世界所有有登记的国家和地区,都加入了国际乒联。这个数字不仅是对乒联全球推广工作的肯定,更是让广大人民群众深深体会到了我国乒乓健儿在国际赛场取得优异成绩的不易。

二、乒乓球运动的锻炼价值

乒乓球运动可以有效地提高人体各项机能指标。长期参加乒乓球运动,机体的速度素质、力量素质和身体的灵敏性、协调性都会明显增加,而且乒乓球运动可使肌肉发达、结实、健壮,关节更加灵活稳固。

乒乓球运动可以调节改善神经系统的灵活性,增强中枢神经系统对其他系统与器官的调节能力,提高反应速度。打乒乓球时,球在空中高速来回飞行,在这样短暂的时间内,要求运动员对高速运动的来球方向、旋转、力量、落点等进行全面观察,迅速做出判断,并及时采取对策,迅速移动步法,调整击球的位置与拍面角度,进行合理的还击。而这一切活动都是在大脑指挥下进行的。经常参与乒乓球运动,可大大提高神经系统的反应速度。

乒乓球运动可以提高心理素质。乒乓球是竞技运动。由于激烈的竞争,成功和失败的条件经常转换,参赛者情绪状态也非常复杂。参赛者经受这些变幻莫测、胜负难料的比赛局面,必须在短时间内做出心理调整,从容面对。这使得乒乓球爱好者们在生活中出现困难局面,能够冷静面对,找出解决问题的办法,对我们当代大学生来说是一个非常好的锻炼平台。

乒乓球运动可以促进交流,增进友谊。通过参加乒乓球运动,人们可以相互交流经验,切磋球技,以乒乓球为媒介相互学习、共同提高,达到建立良好人际关系的目的。历史上的"乒乓外交"就是典型的成功案例。

任务二　教会乒乓球运动基本技术

一、基本站位

站位动作要点：站位的范围指运动员离球台端线的远近距离和左右距离。

不同类型打法及个人的打法特点不同，基本站位也不同，站位应与其打法相适应；打法类型不同，则基本站位的范围大小也不相同。站位正确，有利于保持稳定的击球姿势和向任何一个方向迅速移动。比如：基本站位在中间偏左的打法为左推右攻；基本站位在近台中间的打法为两面攻；基本站位在中台偏左的打法以弧圈球为主；基本站位在中台附近的打法以横拍攻削结合；基本站位在中远台附近的打法以削球为主。

基本站位与
准备姿势

二、准备姿势

准备姿势指准备击球或还击球时的身体各部位姿势。规范的姿势有利于脚、腿蹬地用力，及腰、躯干各部位的协调配合，保持正确的发力点及击球姿势。两脚开立，比肩稍宽，左脚稍前，右脚稍后，前脚掌内侧着地，脚后跟略提起，两膝自然微屈，重心在两脚之间，含胸收腹，身体略前倾，肩关节放松，执拍手位于身前偏右处，球拍略高于台面（如图11-1）。

图11-1　准备姿势

三、握拍技术

（一）直握拍法

1. 快攻型直握拍法。拍柄贴在虎口上，拇指的第一指节压住球拍左肩，食指的第二指节压住右肩，拇指第一指节和食指第一、二指节位于球拍前面成钳形，两指尖距离1—2厘米，其他三指自然弯曲叠置于拍后（如图11-2）。

握拍技术

2. 弧圈型直握拍法。食指扣住拍柄与拇指共同形成环状，其他三指自然微伸叠置于拍后（如图11-3）。

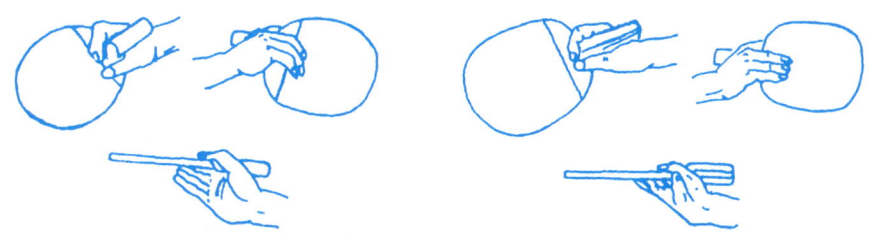

图 11-2 快攻型直握拍法　　　　图 11-3 弧圈型直握拍法

3. 削球型直握拍法。拇指弯曲紧贴拍柄左侧，稍用力下压，其余四指分开并自然伸直托住球拍的背面（如图 11-4）。

（二）横握拍法

1. 攻击型横握拍法。拇指自然斜伸，贴于拍面。食指自然斜伸，贴于球拍背后，用第一指节顶住球拍，顶点略偏上（如图 11-5）。

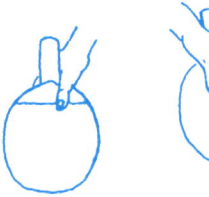 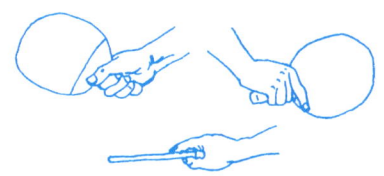

图 11-4 削球型直握拍法　　　　图 11-5 攻击型横握拍法

2. 削攻型横握拍法。拇指在前自然弯曲贴于拍柄，食指在拍后自然斜伸贴于拍面，其他各指自然握住拍柄（如图 11-6）。

图 11-6 削攻型横握拍法

四、基本步法

（一）单步

以一脚为轴，另一脚向前、后、左、右不同方向移动，重心随之跟上。其特点是移步简单、灵活，重心平稳。它适用于来球速度快，在离身体不远的小范围内击球，如接近网球、搓球、推挡球、离身体不远的削球等。

（二）并步

先以来球异方向的脚向同方向的脚迈一步，然后同方向的脚再向来球的方向迈一步，重心随之交换。其特点是身体不腾空，重心起伏小且很稳定。并步一般为攻球、削球选手在左右移动时采用。

（三）换步（即跟步）

先以来球同方向的脚向来球方向跨出一步，另一只脚跟着移动一步，重心随之交换。其特点基本上同并步。一般运用于来球稍远的情况，还运用于侧身攻球。

（四）跨步

以一脚蹬地，另一只脚向来球方向腾空跨出一大步，身体重心随即移到摆动脚上，另一只脚跟着移动。其特点是速度快,比单、并、换步移动范围大。进攻型选手多用于扑打正手球,削球选手多用于对对方的突然攻击。

(五)跳步

以来球异方向的脚用力蹬地为主,使两脚同时或几乎同时离地向来球的方向跳动。蹬地用力大的脚先落地,另一只脚紧跟着落地,可以原地或向左、右、前、后跳动。其特点是快速、灵活,移动幅度比单、并、换步大,有短暂的腾空时间,靠膝关节和踝关节的缓冲来减少重心的起伏。快攻打法用跳步侧身抢攻较多,弧圈球打法在中台左右移动或侧移动时常用,搓球、削球时用跳步调整位置较多。

(六)交叉步

先以靠近来球方向的脚作为支撑脚,远离来球方向的脚向来球方向移动,并超过另一脚,然后另一脚随即向来球方向再迈一步。其特点是移动幅度比上述步法的移动幅度都大。主要用于来球离身体较远的情形,如快攻、弧圈球打法在侧身进攻后扑右空当或削两边大角度来球时,常用此种步法。

(七)小碎步

它是在原位高频率的小垫步或在小范围内的小跑动。可用于原地的重心调整、小范围的取位移动、击球后的还原、不同步法间的衔接、回击中路追身球的取位移动,以及离台很远进行大范围步法移动前的预动。

基本步法的练习方法如下:

1. 徒手的设想性练习,熟练各种步法。

2. 采用多球训练法,一组球单个步法或多种步法组合练习,逐渐加大攻球速度和难度。

3. 与身体素质练习相结合,如各种姿势的突然性起跑、加速跑、折返跑、变速跑、双摇跳绳、抬腿跳绳等。

4. 练习某一种步法时,规定组数和次数,或要求在规定时间内完成。

五、发球与接发球

乒乓球比赛是从发球和接发球开始的,两者的好坏都能直接得分或失分,因此要重视发球和接发球技术的练习。

发球是比赛的开始,它不受对方来球的制约和限制。在比赛中,发球可以直接得分,可以为发球抢攻创造条件,充分发挥自己的技术风格和特点,限制对方技术特长发挥,破坏对方的战术;造成对方心理恐惧,增强自己比赛的信心。

发球基本技术

(一)平击发球

正手发球时左脚在前,身体稍向右转,左手掌心托球,置于身体右侧,右手持拍也置于身体右侧。持球手将球向上抛起,同时右臂稍向后引拍,在球略低于网时,持拍手从身体右后方向前挥拍,拍形稍前倾,撞击球的中部靠上。击球后,前臂和手腕继续随势向前挥动,身体重心移至前脚。击出的球应先落在本方台面的中区。反手发球时,右脚在前,球向上抛起后,右手持拍从身体左后方向前挥动,拍形稍前倾,击球中部靠上,身体重心移至前脚。这种方法球速一般,基本不转或略带上旋。

(二) 反手发急上旋长球

右脚稍前,持拍手位于身前,球向上轻轻抛起,同时持拍手向后引拍。上臂自然地靠近身体右侧,当球从高点下降到低于球网时,持拍手以肘为中心,前臂向右前方横摆发力击球。触球时拍面稍向前倾,摩擦球的中上部,使球快速前进并具有一定的上旋。球离拍后,第一跳要落在球台端线附近。这种方法球速快、弧线低、前冲力大,是快攻型打法常用的发球技术。

(三) 反手发轻短球

手臂先向后上方引拍,当球下降至比网稍高时,前臂向前下方轻微用力送出,拍面后仰,接球中下部并向底部摩擦。球离拍后,第一跳要在本方台面近网区弹起,越网落到对方近网区的地方。这种方法动作小、出手快、力量轻,落点靠近球网,使对方不易发力还击,可牵制对方。

(四) 反手发急下旋长球

拇指要用力压拍的左肩,使拍面稍后仰。发球前前臂先向后上方引拍,当球下降到低于球网时,前臂迅速向前下方用力推切球,拍面触球的中下部使球快速前进并具有一定的下旋。手腕在球拍触球一刹那,要略加一点弹击动作,以加快急下旋球的速度。球离拍后,第一跳要落在球台端线附近。这种方法球速较快,带有一定的下旋,对方接球时不易借力。

(五) 正、反手发转与不转球

球拍触球时,拍面较平,摩擦球的中下部或偏底部,并向前下方发力为加转球。触球时拍面稍立,不是摩擦球体而是将球推送出去为不转球。这种方法动作相似,出手迅速,线路短,不出台。

(六) 正手发右侧上旋急球(奔球)

持拍手向右后上方引拍,上臂向后引拍时手腕要放松,拍面较垂直。当球从高点下降时,上臂带动前臂由右后方向左前方挥摆,同时腰髋也由右向左转动。拍面触球的一瞬间,拇指用力压迫拍子左肩,手腕同时从后向前使劲抖动,球拍沿球的右侧中部向中上部摩擦球。这种方法球速快、角度大、突然性强,并向对方右侧偏拐。

发球时应注意:抛球要稳定,击球部位要准确。

发球技术的练习方法如下:

1. 徒手做抛球、引拍与挥拍击球模仿练习。
2. 先发斜线,后发直线;先发不定点,后发定点。
3. 练习发各种旋转性能的球。
4. 用同一动作发单一速度、线路、落点、旋转的球。
5. 用近似动作发不同速度、线路、落点、旋转的球。
6. 采用多球训练法,结合个人技术特点,练1—2套质量高的特长发球。

接发球的特点是处于被动地位,它的难度主要是分析判断对手的发球意图及旋转、速度、落点等因素从而决定自己的回接方法。接发球既是受控于对手的发球,又是反控制对手的一板抢攻。接发球技术的优劣对比赛胜负起着重要的作用。回接球的质量,直接影响自己技术、战术的发挥和是否能将对手控制在被动状态,同时也直接影响自己的心理状态。接发球技术运用得好,可直接得分或为抢攻创造有利条件。

接发球技术包括点、拨、搓、拉、攻、推、削、摆短、撇侧旋球等。具体采用哪一种方法接发球,应根据对方发球的旋转、落点及双方打法特点等因素而定。首先是站位的选择,站在球台左半台,在离球台端线的远近距离视来球的落点而定,便于前后移动接长、短球。其次是对来球的判断,判断是接好发球的前提。如何才能准确无误地判断出对方发球的旋转性质、旋转程度,或缓、急、落点变化,这主要依据对方球拍在接触球的瞬间的挥动方向,通过击球的部位与用力方向来判断球的旋转性能。

接发球技术的练习要点:

首先是接好台内短球,可采用快搓摆短、快捅底线长球、快挑多种落点、撇大角、拧搓左右侧旋、拧挑左右侧旋、推送下沉球等技术手段;其次是要突出"快"和"变",以快为主,如点球快、拉球快、挑球快,运用搓球、推挡球也要快。变就是落点、速度、旋转的变化。落点和速度的变化包括拉、挑、拨斜直线、推两角、压中路、快搓短球、快捅底线长球等。旋转变化包括撇侧旋、拉小弧圈、拧挑左右侧旋、拧搓左右侧旋、搓转与不转球等。接发球要力争做到有拉、有攻、有点、快摆、快捅、时长时短、忽左忽右等多种旋转变化,给对方制造难度,使其不能随心所欲,要力争变被动为相持,甚至转为主动,为第四板创造进攻机会。接发球后,应迅速还原成准备姿势。

六、推挡球技术

推挡球是推球和挡球的总称,是初学者首先学习的一项基本技术,推挡球站位近、运作小、速度快、落点变化多,也有一些旋转变化。推挡是左推右攻型打法的主要技术之一,也是其他类型打法不可缺少的技术。各种推挡技术配合使用时,能利用速度、落点和旋转变化争取主动和创造进攻机会。在被动或相持时可起到积极防守的作用,并可变被动、相持为主动。推挡球可分为平挡、反手快推、加力推挡、减力挡、推下旋、推挤等。

(一)平挡

拍面近半垂直,略高于台面,手指手腕控制拍形,在上升前期击球,触球中部靠上,借助来球反弹力,前臂和手腕向前上挥动,将球平挡过网。这种方法借力还击,力量轻,速度慢,线路短。

(二)反手快推

上臂、前臂向后下方稍引拍(动作要小),手臂迅速迎前,在球的上升期击球。击球一刹那手腕外旋用力,使拍面触球的中上部,手臂要向前稍微向上辅助用力快推。这种方法速度快,变化多,灵活,命中率较高,一般运用于相持、接弧圈球、拉球和中等力量的突击来球。

(三)加力推挡

前臂提起,上臂后收,肘部贴近身体,在上升后期或高点期击球,适当运用伸髋转腰动作,加大手腕发力,并用中指顶住拍背向前用力,身体重心同时向前移动。这种方法力量大、速度快,并有落点变化。主要运用于助攻,常迫使对方离台处于被动,为抢攻创造条件。还可适当用于对付速度较慢、旋转较弱的上旋来球或力量较轻的攻球和推挡球。

(四)减力挡

力量轻、动作小,能减弱来球的反弹力,故落点近、不旋转、前进力极弱。多半在对方来球力量大或上旋强烈(特别是在对方站位较远)的情况下使用,能调动对方前后奔跑,取得主动权。

(五)推下旋

身体离台约40厘米,站位在球台中间或偏左。两脚平站或左脚稍前,两膝微屈,收腹含胸,身体向前或略向左转。右上臂和肘关节靠近身体右侧,前臂略内旋并提起,引拍至身前或偏左,与球网同高或略高,拍面微微后仰。来球从台面弹起后,前臂和手腕向前下方挥拍迎球。在来球的上升后期或高点前期推击球的中部。球拍击球瞬间,上臂、前臂和手腕用力使球拍向前下方摩擦球。击球后,手和臂顺势向前下方挥动,并迅速还原成准备姿势。动作过程中,身体重心放在双脚上。

(六)推挤

球台中间或偏左站立,身体离台约40厘米。两脚平站或左脚略前,两膝微屈,收腹含胸,身体向前,右上臂和肘关节靠近身体右侧。手臂自然弯曲,前臂上提并外旋,引拍至身前,使拍面稍前倾。来球从台面弹起后,前臂和手腕向左前下方挥拍迎球。在来球的上升前期,以稍前倾的拍形推击球的中上部,球拍击球瞬间,前臂和手腕向左前下方发力。击球后,手和臂顺势向左前下方挥动并迅速还原成准备姿势。动作过程中,身体重心在两脚之间。

推挡球技术的练习要点:

首先教师应该先做各种推挡技术的完整示范,使学生初步建立完整的动作概念。学生在原地徒手模仿动作已初步掌握的基础上,结合下肢步法,在移动中做徒手动作练习。由于推挡动作引拍受身体阻碍,在准备击球时,一定要向前探腰收腹加大引拍距离,以便发力。推挡练习时移动范围较小,但不能忽视步伐的重要性。虽然推挡动作是上肢动作,但要利用腰、髋的转动和身体重心的移动来获得更大的力量。推挡后迅速还原是下一步动作实施的有力保障。

七、攻球技术(击球技术)

攻球技术分为正手攻球、反手攻球和侧身攻球三大类,包括快攻、快点、快拉、突击、扣杀、快带、杀高球、中远台攻球、攻打弧圈球等各种技术,它们的特点不同,所起的作用与运用方法也不一样。

(一)正手快攻

右脚稍后,两膝微屈,身体略向右转,重心在右脚。前臂在腰的带动下横摆引拍(忌大臂后拉抬肘,引拍过大或过小),前臂与台面略平行。拍形与台面垂直或略前倾,手腕手指持拍自然放松,球拍呈半横状(忌手腕上翘或下吊)。击球

击球基本技术

时，右脚稍用力蹬地，膝、髋稍向前挺，腰向左转，带动手臂向前挥动迎球。击球点在体前右侧，触球瞬间前臂快速用力收缩，向前打为主，略有摩擦。在来球的上升或高点期击球，触球的中上部。手腕手指调节好拍形辅助发力，触球瞬间有一摩擦球的动作。这种方法站位近，动作小，速度快，进攻性强。

（二）正手快拉

击球前的准备动作和引拍动作与正手快攻相似，不同之处是身体重心稍下降，前臂略下沉，球拍略低于球。拉球时，前臂发力为主，在来球的高点期或下降前期击球，手腕同时向前、向上用力转动球拍摩擦球，以便制造弧线。应注意判断好来球下旋的强弱，若来球下旋强，球拍向上摩擦球的力量要大些，弧线要高些；反之，向上摩擦球的力量要小些，弧线应低些。拍面角度和触球部位也要根据来球下旋的强弱来调节。这种方法速度较快，动作较小，线路较活，并与突击动作较接近。用它快拉不同落点，配合拉大小力量和旋转变化等，伺机进行突击、扣杀。

（三）正手扣杀

站位视来球长短而定，若来球较短，站位应靠近球台；当来球较长时，应稍向后移位；左右来球，应向左右移位。击球前，整个手臂应随步法、重心、腰髋转动向后引拍，要适当加大引拍距离，便于提高触球瞬间的挥拍速度。击球时，主要靠腰髋的转动及腿的蹬力，带动手臂向前发力。手腕手指除控制落点外，还应辅助手臂一起向前下爆发用力，在来球高点期击球，亦可在上升期击球。扣杀一般来球，拍面稍前倾，击球中上部；扣杀强烈下旋球时，拍形与台面垂直，高点期击球中部，发力以撞击为主，略带摩擦。若来球高且近网，可直接将球向下稍前扣杀。这种方法力量大，球速快，威力大，攻击性强，常用于还击各种机会球。

（四）正手中远台攻球

站位中远台，上臂带动前臂向左前上方发力为主，手腕控制拍面角度。右脚蹬地，上体左转，重心前移，在来球高点期或下降前期击球的中上部或中部。手臂挥动要快，用力要集中，适当运用腰、腿的力量。这种方法力量较大，进攻性较强，常用于侧身后扑正手球和正手打回头。

（五）正手攻打弧圈球

高手引拍，拍形稍前倾，相对固定。发力以大臂和腰髋的转动为主，触球瞬间前臂有一收缩动作。击球点一定要在身前，发力方向为向前、向下，击球时间在上升后期。这种方法速度快，力量大，威胁性强。

（六）反手攻球技术

1. 直拍反手攻球时，两脚开立，身体略向左侧，右髋和腰右侧略向左后方压转重心，两膝微屈，前臂稍向后摆，引拍稍高。髋关节略向右转，前臂向右前方用力，肘部内收，左肩稍向后拉，击球中部稍偏左侧，手腕辅助发力，稍带摩擦球，食指掌握好拍形，拍后中指决定发力方向。

2. 横拍反手攻球时，腰髋部略向左转的同时，带动前臂略向后引拍，手腕稍后屈。在腰髋部略向右转的同时，前臂和手腕向右前方发力，触球的中部或中上部。前臂和手掌背部的运行方向决定击球的方向，拇指控制拍形和击球弧线。

这种方法出手快,突然性强,能快拉、快攻,也能发力。

攻球时应注意正手攻球时不要抬肘,手腕不要下垂;反手攻球时,拍面角度要调节好,不要过于前倾或后仰。

攻球技术的练习要点:

由于攻球技术内容很多,所以在教学中,教师应注意掌握循序渐进的教学原则。示范讲解各种攻球技术动作,着重动作要领的讲解,以及该技术在比赛中的应用时机与作用。先做各种攻球技术的完整示范,使学生初步建立完整的动作概念。攻球是在快速运动中进行的,所以动作方法难以定型,初学时一定要按动作结构反复进行台下徒手模仿练习。加强步法移动的练习,在走动中击球。扭转只注意上肢动作,忽视下肢移动的偏向。在击球时,不但要注意上肢手法和下肢步法的运用,同时还要加强腰、髋、身体重心移动等辅助力量的运用。

八、搓球技术

搓球类似削球的动作,又称为"小削板",它是过渡性技术。其特点是站位近、动作小、出手快。回球多在台内进行,用它对付下旋来球是一种比较稳妥的方法,也是学削球的入门技术。搓球可分为快搓、慢搓、快摆(摆短)、搓侧旋等。

(一)快搓

站位近台,两脚开立,左脚在前。拍面稍后仰,手臂要迅速前伸迎球。在上升前期击球。若来球下旋强,拍触球的底部,前臂和手腕向前用力摩擦要大些;若来球下旋弱,拍触球的中下部。根据来球旋转强弱调节拍形。这种方法击球时间早,回球速度快,可以变节奏。主要用于对付近网下旋球,可以回搓近网球和底线长球。

(二)慢搓

击球时间为下降前期,触球中下部,拍形稍后仰,前臂配合手腕动作向前稍下切摩用力。正手搓球以拇指和中指用力为主,横拍以靠近虎口处的肌肉和拇指、食指的协调用力为主。根据来球旋转程度,调节拍面角度和用力方向。若来球旋转强,则触球靠近底部,向前摩擦用力大;若来球旋转弱,则触球中下部,向下向前切摩用力。搓加转球时,用球拍的下部触球,前臂和手腕手指向前下用力摩擦击球,以摩为主;搓不转球时,用球拍的上部或中部触球,前臂和手腕手指向前下撞推送用力,以撞为主。这种方法击球时间晚,回球速度慢,利于加转,同快搓结合运用可改变击球节奏。

(三)快摆

站位近台,身体迎前,重心前移,在上升前期击球。拍面后仰,触球的下中部或底部。击球时动作幅度很小,前臂向前伸的动作和快搓相似,触球时手臂和手腕用力很小,可借助来球的反弹力,有时还有一定的减力动作。这种方法速度快,落点短,弧线低。主要是对付近网下旋球,限制对方抢拉或抢攻。

(四)搓侧旋

1. 反手搓右侧旋时,在高点期或下降前期击球,球拍先迎球,触球的中下部,手臂向右发力摩擦球,同时手腕辅助用力。直拍手腕向右做拧挑动作,也可向右上拧挑出右侧上旋球。

2. 正手搓左侧旋时，手臂略提起，右脚和身体迎前，在高点期或下降前期击球。击球时手腕要略后屈，触球的左侧中下部，手臂向左侧发力摩擦球体，同时手腕辅助用力。直拍选手的手腕向左有一勾挑动作，也可向左上勾挑出左侧上旋球。

这种方法使回击过去的球向两侧拐弯，会造成对方回球弧线较高。

搓球时应注意动作不要太大，要充分利用前臂和手腕转动的力量；搓转与不转球时，其动作要力求相似。

搓球技术的练习要点：

搓球多在台内进行，常受台面阻碍，所以动作不宜过大，发力要集中，要多用前臂和手腕。搓球虽然移动范围较小，但一定要做到每球必动，击球到位。这样不但能够提高搓球质量，而且能够随时发动进攻。练习搓球，一方面要认识到它是一项为进攻服务的过渡技术，另一方面又要认识到，只有提高搓球质量，才能达到主动过渡，真正为进攻服务。

九、弧圈球技术

弧圈球是一种上旋力非常强的进攻技术。弧圈球可分为加转弧圈球、前冲弧圈球、侧旋弧圈球和反手弧圈球。

（一）正手拉加转弧圈球

左脚在前，两膝微屈，身体略向右转，球拍低于来球。右脚掌内侧蹬地，以腰、髋扭转带动手臂由后向前挥动，快速收缩前臂，在高点期或下降前期，向前上方摩擦球的中部或中上部。拍形与台面垂直或稍前倾，触球瞬间甩动手腕。

（二）正手前冲弧圈球

持拍手引至腰部右侧与台面同高，手腕相对固定，拍面前倾。击球时，上臂带动前臂向左前方挥拍，上体随势转动，触球瞬间，手腕略微转动发力，在高点期擦击球的中上部直至顶部。

（三）正手侧旋弧圈球

持拍手向右后下引拍，手腕内屈、固定。击球时，上臂带动前臂由右侧后方向左前上方挥出，上体随势向内扭转，在下降前期擦击球的右侧中部偏下。

（四）反手弧圈球

拍形前倾，引至腹下。当球弹起时，以肘为轴，前臂迅速向上挥动，结合手腕向上转动的力量，在下降期摩擦球的中部或中上部，在击球过程中，两腿向上蹬伸。

拉弧圈球时应注意击球的时机和部位以及发力方向。

弧圈球技术练习要点：

引拍的幅度大，尽可能增大挥拍的动作半径。加快挥拍速度，在球拍达到最大速度时触球。单纯地用上肢发力，向前的冲击力不够，因此需要利用腿、髋、腰的配合移动来获得更大的冲力。摩擦力要大于撞击力。

任务三　熟悉乒乓球运动主要规则

一、场地和器材

表 11－1　场地和器材

通则	细则
比赛场地	比赛场地不应小于长 14 米、宽 7 米、高 4 米的范围,赛区应用 75 厘米高的深色挡板围起
球台	球台的上层表面叫作比赛台面,球台由两个台桌子组成,每张桌子长为 1.37 米（总长为 2.74 米）,宽为 1.525 米,台面与地面的高度为 0.76 米,台面应该无光泽,沿台面四边有 2 厘米的白线。与球网垂直的叫边线,与球网平行的叫端线,在台面中间有一条与边线平行的线叫中线,宽为 3 毫米
球网装置	球网装置包括球网、悬网绳子、网柱及其固定在球台上的夹钳部分。球网应该悬挂在一根绳子上,绳子的两端系在高 15.25 厘米直立的网柱上。球网长为 183 厘米,高为 15.25 厘米
球和球拍	球应用赛璐珞或类似的塑料制成,呈白色、橙色,无光泽,直径为 40 毫米。球拍的大小、形状和厚度不限制,底板厚度至少应有 85% 的天然木料制成,厚度均匀,平整坚硬。海绵和胶皮的厚度加起来不得超过 4 毫米,普通颗粒胶的厚度不得超过 2 毫米。球拍两面不论是否有覆盖物,必须无光泽,且一面为鲜红色,另一面为黑色。比赛中不得用木板击球,要更换球拍时,必须向对方和裁判员展示将要更换的球拍,并且允许他们检查

二、竞赛通则与细则

表 11－2　通则与细则

通则	细则
发球	（1）发球时,球应放在不执拍手的手掌上,手掌张开和伸平。球应是静止的,在发球方的端线之后和比赛台面的水平面之上。 （2）发球员须用手把球几乎垂直地向上抛起来,不得使球旋转,并使球在离开不执拍手的手掌之后上升不少于 16 厘米,并且在击球前球不能碰到任何物品。 （3）当球下降时,发球员方可击球,使球首先触及本方台区,然后越过或绕过球网装置,直接触及接发球员的台区。在双打比赛中,球应该触及接发球员的右半区。 （4）从抛球前静止的最后一瞬间到击球时,球和拍应该在比赛台面的水平面之上。 （5）击球时,球应该在发球方的端线之后,但不能超过发球员身体（手臂、头和腿除外）离端线最远的部分。 （6）运动员发球时,有责任让裁判员或副裁判员看清他是否按照合法发球的规定发球。 （7）无论是否第一次或任何时候,只要发球员明显没有按照合法发球的规定发球,无须警告,应判接发球员得一分。 （8）在运动员发球时,没有击中处于比赛状态的球即失一分。
还击	对方发球或还击后,本方运动员必须击球,使球直接越过或绕过球网装置,或触及球网装置后,再触及对方台区

(续表)

比赛次序	(1) 在单打中,首先由发球员发球,再由接发球员还击,然后两者交替还击。 (2) 在双打中,首先由发球员发球,再由接发球员还击,然后由发球员的同伴还击,再由接发球员的同伴还击,此后,运动员按此次序轮流还击。 (3) 在两名由于身体伤残而坐轮椅的运动员配对进行的双打中,发球员应先发球,接发球员应还击,此后伤残双打中的任何一名运动员可还击
重发球	(1) 如果发球员发出的球,在越过或绕过球网装置时,触及球网装置,此后成为合法发球或被接发球员或其同伴阻挡。 (2) 如果接发球员或同伴未准备好时,球已发出,而且接发球员或同伴均未企图击球。 (3) 由于发生了运动员无法控制的干扰,而使运动员未能合法发球、合法还击或遵守规则。 (4) 裁判员或副裁判员暂停比赛
一局比赛	一局比赛中,先得 11 分的一方为胜方;比赛比分出现 10 平以后,多得 2 分的一方为胜方
一场比赛	(1) 一场比赛应采用七局四胜制。 (2) 一场比赛应连续进行,局与局之间,任何一名运动员都有权要求不超过 2 分钟的休息时间
轮换发球	(1) 如果一局比赛到了 15 分钟仍没有结束,应该实行轮换发球法。 (2) 时间到了 15 分钟,球处于比赛状态,裁判员应暂停比赛,由被暂停回合的发球员发球,继续比赛。球未处于比赛状态,应由前一回合的接发球员发球继续比赛。此后,每个运动员都轮发一分球,一直到该局结束。如果接发球方进行了 13 次合法还击(包括接发球),则判发球方失一分

思政教育

历经 69 年,"国球"如何炼成

这是一支开创辉煌的队伍,1959 年,新中国第一个世界冠军在此诞生;这是一支满载荣誉的队伍,迄今为止在世界三大赛(奥运会、世界杯、世乒赛)上共斩获 244 枚金牌;这支荣耀之师,始终走在世界乒坛前列,令国人为之自豪——中国乒乓球队。

自 1952 年成立以来,国乒队驰骋赛场,在千锤百炼中把小小银球技术锤炼得炉火纯青,演绎得出神入化,也让乒乓球有了"国球"之誉。令人瞩目的成绩背后,是一代代国乒人顽强拼搏、接续奋斗的精神,融为队魂,历久弥新,化作行动,闪耀赛场。

——《人民日报》,2021 年 4 月 30 日,有删改

羽毛球运动

学习目标

了解羽毛球的起源和发展历程,掌握羽毛球的基本技术与基本战术,了解羽毛球比赛的基本规则。

任务描述

羽毛球运动是老少皆宜的运动项目,它不受场地限制,运动量可自我调节,个人或集体都能进行,已成为社会体育活动的一项重要内容。通过羽毛球运动,可以改善学生呼吸系统和心血管系统的功能,起到增进健康、抗病防衰、调节精神的作用。

任务分析

通过学习,熟练掌握羽毛球运动的基本技术和比赛规则,基本掌握羽毛球比赛方法。掌握羽毛球各个技术动作,做到有效训练,并加以运用。

课程思政

1. 健全人格:通过本章的学习,感悟羽毛球运动的乐趣,激发羽毛球技术学和练的兴趣,建立掌握技术动作的信心。

2. 锤炼意志:通过学习,培养参与体育运动的习惯,逐步形成终身体育的意识。培养顽强拼搏的意志品质及良好的人际交往能力。

任务一 了解羽毛球运动基本概述

一、羽毛球运动的起源

现代羽毛球运动一般被认为源于英国。1873 年,相传在英格兰格拉斯哥郡的伯明顿镇鲍费特公爵举办的社交聚会上,有位从印度退役的军官向大家介绍了一种用拍隔网来回打毽球的游戏。游戏趣味横生,引人入胜,此后,这项游戏活动便不胫而走,并逐步发展成为当今人们所熟悉和喜爱的羽毛球运动。伯明顿庄园的英文名称 Badminton 也成了羽毛球的英文名称。

二、羽毛球运动的发展

1893年,世界上最早的羽毛球协会——英国羽毛球协会成立,并于1899年举办了全英羽毛球锦标赛。1934年,国际羽毛球联合会成立,通过了第一部国际公认的羽毛球竞赛规则。1978年,世界羽毛球联合会于中国香港成立。1981年5月,国际羽毛球联合会和世界羽毛球联合会正式合并。

1988年,在第二十四届汉城奥运会上,羽毛球运动被国际奥委会列为表演项目。1989年5月,在印尼雅加达举办了首届苏迪曼杯羽毛球大赛。1992年,在第二十五届巴塞罗那奥运会上,羽毛球运动被正式列为比赛项目,设男、女单打和男、女双打4个项目。1996年,第二十六届亚特兰大奥运会又增设了男女混合双打。从此,羽毛球运动进入了新的发展阶段。

知识链接

羽毛球届的几大天王

陶菲克以细腻的技术闻名,最经典的是反手吊对角,反手杀球。他将双打中使用的平球技术运用到单打中,大大加快了比赛的节奏,使单打比赛也像双打一样紧张激烈、扣人心弦。陶菲克的这一技术特点使他很容易将比赛节奏抓在手中,调动对手前后场的跑动。陶菲克潇洒随性,反拍杀球,甚至反手起跳杀斜线,网前控制后场大力跳杀,非常暴力。

盖德年轻时主要打进攻,后来更多打控制球,最经典的是他的假动作技术和头顶大对角技术。盖德最突出的是对羽毛球的执着,而且脸上总挂着纯真的笑脸。假动作做得非常好,被誉为羽毛球界的常青树。

李宗伟是公认防守最强的对手,首先他已有接近于陶菲克的网前,平抽、反手、过渡都很稳定,进攻也很强。他攻守全面,整体技术没有明显的短板。他的劈杀、劈吊、各种假动作、弹簧腿、恐怖的速度和加速杀上网都是主要得分手段。

任务二　教会羽毛球运动基本技术

一、握拍

羽毛球的握拍一般分为正手握拍法和反手握拍法。

(一) 正手握拍法

右手虎口对准拍柄窄面内侧斜棱,小指、无名指、中指自然并拢,食指和中指稍分开,大拇指的内侧和食指贴在拍柄的两个宽面上将球拍柄握住。握拍时掌心不要贴紧拍柄,要使掌心与拍柄保持一定的空隙。

握拍法

(二) 反手握拍法

在正手握拍的基础上,将大拇指伸直,用其第一指节内侧顶贴在拍柄内侧的宽面上,食指收回,与拇指同(或略)高,用大拇指和食指将球拍稍向外转,中指、无名指、小指紧握拍柄,拍柄端紧靠小指根部。握拍手心与拍柄之间留有空隙,以便能充分利用手腕力量和大拇指的内侧压力击球。

二、发球

羽毛球运动的发球技术,按其动作分为正手发球和反手发球两种。按球在空中飞行的弧线可分为发高远球、平高球、平快球和网前短球四种(如图12-1:①网前短球,②平快球,③平高球,④高远球)。

发球

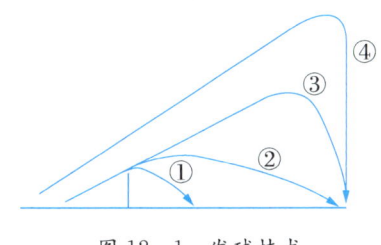

图 12-1　发球技术

(一) 正手发高远球

所谓高远球,主要是把球发得又高又远,使球飞行到对方底线上空时,几乎垂直下落。

如图 12-2 所示,发球时,重心由后脚前移至前脚,带动转腰,同时右手持拍以自下而上的弧线自然地沿着身体向前上方挥摆。球拍触球前一刹那,小臂带动手腕向前上方闪动发力,手紧握拍柄,利用手腕、手指爆发力以及球拍的前半部击球。击球瞬间,拍面正对出球方向,击球点在发球员的右前下方。

(二) 正手发网前短球(如图 12-3)

发网前短球是把球发至对方发球区内前发球线附近。球的飞行速度较慢,飞行弧度较低,使球贴网而过。它是双打比赛最常用的发球方法,在单打比赛中,用于对付接网前

图 12-2　正手发高远球

球较差的对手,有时也可以作为过渡性的发球,或发球抢攻战术的手段。在发球时,挥拍幅度较小,击球瞬间不需紧握拍柄,而是利用手腕和手指的力量从右向左横切推送,将球轻轻发出,使球贴网而过。

图 12-3　正手发网前短球

(三) 正手发平快球

又称发平球,是把球发得又平又快,使球快速落在对方场内端线附近。平快球突袭性强,往往能使对手措手不及而造成被动或失误。准备姿势同发高远球,站位稍靠后些。击球瞬间紧握球拍柄,利用小臂挥动力量带动手腕、手指力量快速向前击球。

(四) 反手发网前短球

如图 12-4 所示,准备击球时手腕内屈,击球瞬间利用小臂带动手腕、手指力量向前横切推送,将球击出。发球时,挥拍较慢,力量较轻,球的落点近网,当球贴网而过后即往下坠落在对方发球区内前发球线附近。

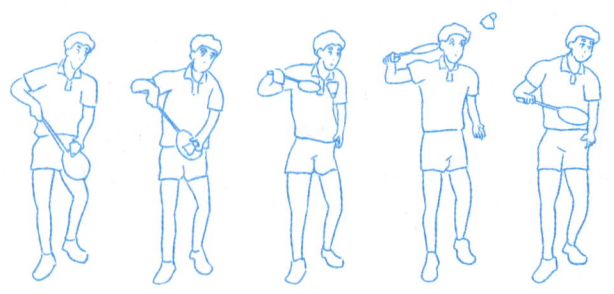

图 12-4　反手发网前短球

三、接发球

单打站位一般是在离发球线 1.5 米处,在右发球区站在靠近中线的位置;在左发球区则站在中间的位置。双打发球多以发网前短球为主,所以双打的接发球站位要在靠近前发球线的地方。

(一)接平高球/高远球

可以用平高球、吊球或扣杀球进行回击(如图 12-5:①平高球,②吊球,③扣杀球)。一般来说,接高远球是一次进攻的机会,回击得好就能掌握主动权。因此,初学羽毛球者必须努力提高后场进攻的能力。

接发球

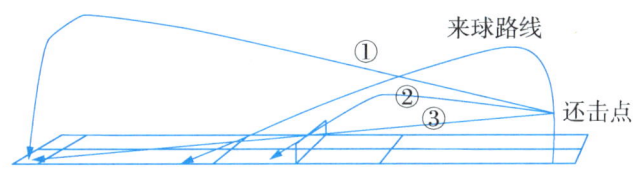

图 12-5　接平高球/高远球

(二)接网前短球

可以用平高球、高远球、放网前短球或平球进行回击(如图 12-6:①虚线为发网前短球,②平球,③平高/高远球,④网前短球)。如果对方发球的质量不高,或球离网顶较高过网,则可采用扑球进攻。若对方企图发球抢攻,而自己防守能力较差,则以放网前短球或平推球为宜,落点要远离对方站位,控制住球,不让对方进攻。

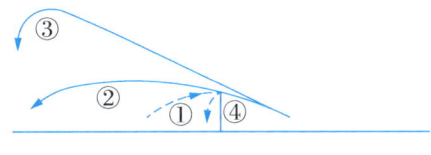

图 12-6　接网前短球

四、后场击球

后场击球主要由高远球、平高球、扣杀球和吊球等几项技术及相应的后退步法组成。其特点是击球点高、力量大、速度快、威力大。

后场击球

(一)高远球

高远球飞行弧度高、速度慢,主要是迫使对方离开中心部位去击球;或者是当自己位置错乱时,击这种球来争取回位时间,所以比赛中在被动情况下常采用这种球进行过渡。

1. 正手击高远球。如图 12-7 所示,用后场退步法迅速向来球方向移动,调整好身体与来球间的位置,使球恰好在右肩稍前方上空。当球落到一定的高度时,右手肘上抬,手臂后倒引拍,以肩为轴做回环动作,同时身体左转,前臂充分向后下方摆动并外旋,手腕充分伸展。击球时,前臂迅速内旋带动手腕加速向前方挥动,手腕屈,收手指屈指发力,将球击出。

图 12-7　正手击高远球

2. 反手击高远球。准备击球前,右脚在前(先不着地,与击球动作完成的瞬间同时着地),身体背向球网,持拍臂向上抬举,身体稍向左转,含胸收腹,左腿微屈,同时手臂回环内旋引拍,握拍手尽量放松,手腕稍向外展。当球下落至右肩前上方一定高度时,以上臂、前臂迅速外旋带动手腕加速,由左下方经胸前向右前上挥动。击球时快速屈指发力,用反拍面将球击出。

(二) 平高球

平高球与击高远球一样,也可分为正手、头顶和反手三种击球技术,是一种进攻性的击球技术。其技术动作与击高远球基本相同,所不同的是引拍、击球动作较高远球小而快,击球的瞬间运用前臂内旋带动手腕,向前快速发力击球。

(三) 扣杀球

扣杀球从动作结构上可分为重杀、点杀、劈杀,从击球点距身体的位置可分为正手扣杀、头顶扣杀和反手扣杀三种。而正手扣杀球是各种扣杀球的基础,初学者必须首先掌握好这一扣杀技术。

杀球

正手扣杀球如图12-8所示,准备姿势、击球动作与正手击高球大致相同,不同的是在击球瞬间需用全力,充分利用右腿的蹬力、腰腹力、手臂腕力及重心的转移,快速将球向前下方击出。球拍触球时拍面前倾向前下方用力,手握紧球拍,击球点在右肩稍前上方。

图 12-8　正手扣杀球

（四）吊球

吊球技术按球的飞行弧线和击球动作的不同分为劈吊、轻吊和拦截吊。其准备姿势与击高球、扣杀球相似，只是击球时用力不同。击球瞬间前臂突然减速，快速闪动手腕击球托的偏右侧（头顶吊球及反手吊球击球托的偏左侧）。打对角吊球时，如对方来球较高，则手腕向下切削的角度要大些，力量稍大些；如对方来球较平，则手腕向前推的动作要大些，向下切削的力量要小一些。吊直线球时，拍面正对前方，向前下压。

不论劈吊还是轻吊，都要注意手腕灵活闪动，即注意爆发力的运用，同时还要注意掌握好击球点和控制好击球力量，将球吊准。拦截吊球和假动作配合运用便具有一定的威力。拦截对方击来的半场球或弧线较低的平高球能出其不意地达到进攻的效果。

五、前场击球

前场击球包括网前的放、搓、推、勾、扑、挑球等。因球飞行距离较短，落地快，常使对手措手不及而直接得分。即使不能直接得分，也能迫使对方被动回球，创造下一拍的机会。现介绍几种常用的前场击球技术。

前场网前击球

（一）放网前短球

1. 正手放网前短球。如图12-9所示，准确判断来球路线和落点，快速上网，最后一步右脚在前左脚在后成弓箭步，上体前倾重心在右脚，侧身对网。右手正手握拍向前下方伸臂，小臂外旋展腕，左臂自然后伸，起平衡作用，拍面几乎朝上迎击来球。击球瞬间，手腕稍内屈轻轻闪动，食指和大拇指控制拍面角度和用力大小，球拍向前上方轻轻一托，把球轻击送过球网。

图12-9 正手放网前短球

2. 反手放网前短球。快速向前左侧上网，右脚前跨成弓箭步，侧背对网，上体前倾重心在右脚。右手反手握拍向前下方伸臂，小臂内旋展腕，左臂自然后伸，起平衡作用，拍面几乎朝上迎击来球。击球瞬间，伸腕轻闪动，食指和拇指控制拍面角度和用力大小，球拍向前上方轻轻一托，把球轻击送过球网。

（二）搓球

网前搓球是羽毛球技术中动作较细腻的一种，是网前技术中的高难度击球动作。

1. 正手搓球。用正手上网步法迅速向来球方向移动，当右脚向前跨出时，持拍手向来球方向伸出，争取高的击球点。左手于身后拉举与右手对称，以保持身体的平衡。挥拍时，手腕动作由展腕至收腕发力，由右向左以斜拍面切击球托的右后侧部位，此时球下旋翻滚过网；或者手腕动作由收腕至展腕发力，由左向右以斜拍面切击球托的左后侧部位，球则上旋翻滚过网。

2. 反手搓球（如图12-10）。用反手上网步法迅速向来球方向移动，其余动作与正手网前搓球相同。反手网前搓球也有两种击球方式：一种是手腕动作由展腕至收腕发力，由左至右切击球托左后侧部位；另一种是手腕动作由收腕至展腕发力，由右向左切击球托的右后侧部位。

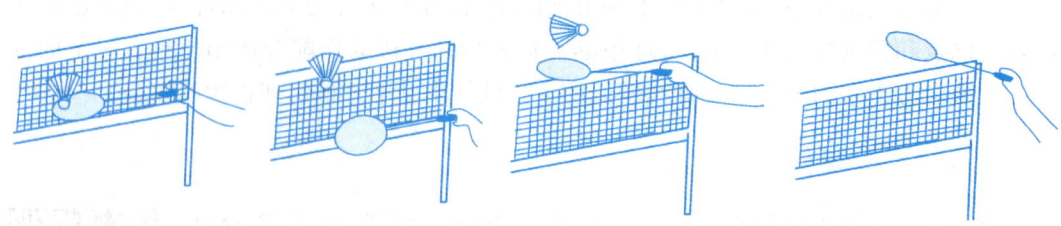

图12-10 反手搓球

（三）扑球

扑球是在对方回球刚越过网顶上空时，运用跨步或蹬跳步迅速上前，利用前臂、手腕和手指的力量，快速地由高向下将球击回对方场区的击球方法。

1. 正手扑球。如图12-11所示，对方来球距网较高时，快速蹬步上网，身体向右前倾，手臂充分伸展，同时迅速变换握拍手法，使拍面与球网平行正对来球。击球时，主要利用中指、无名指、小指突然紧握拍柄和手腕闪动，将球向前下方击出。击球后，随前动作甚微，右脚落地制动。

图12-11 正手扑球

2. 反手扑球。反手握拍于左侧前，当身体向左侧前方跃起时，持拍手小臂前伸上举，手腕外展，拍面正对来球。击球时，手臂伸直，手腕由外展到内收闪动，手握紧拍柄，拇指顶压，加速挥拍扑击球。击球后即刻屈肘，球拍回收，以免球拍触网违例。

（四）挑球

挑球是指将对方击来的网前区域低手位的球以较高的弧线向上击至对方端线附近上空。它是在被动情况下运用的一种过渡球。

1. 正手挑球。如图12-12所示，右脚向网前跨出一大步，左脚在后，侧身向网，重心在右脚上。同时右臂向后摆，自然伸腕，使球拍后引。以肘关节为轴，屈臂内旋，并捏紧球拍。用食指及手腕的力量，从右下向右前方至左上方挥拍击球，将球向前上方击出。

图 12-12 正手挑球

2. 反手挑球。如图 12-13 所示,右脚跨步向前成弓箭步,重心在右脚,侧身背对网。反手握拍,手臂向左前方伸出,小臂内旋屈肘屈腕,左臂自然后伸起平衡作用。击球时,以肘关节为轴,小臂带动手腕、手指快速由左下方向前上方成半圆形挥拍击球。

图 12-13 反手挑球

六、中场击球

中场击球技术主要包括接杀球、平抽、平挡技术。它要求判断反应快,出手击球快,引拍预摆动作弧度小和由防转攻或由攻转防的意识要强。

(一)接杀球

把对方扣杀过来的球还击回去,称为接杀球。接杀球主要由挡网前、挑后场和平抽球三种技术组成。

接杀球的站位一般在中场,两脚屈膝平行站立。右侧来球用正手挡,身体重心移向右脚。右手向右侧伸出,放松握拍,拍面略后仰对准来球。左侧来球用反手挡,身体重心移向左脚,右脚向左前方跨出一步,换成反手握拍,拍面略向后仰对准来球回击。

(二)平抽

平抽球是指击球点在肩以下,以较平的弧度、较快的球速、接近球网的高度,还击到对方场区的一种进攻性技术。击球时,应借助腰部的转体带动前臂、手腕和手指的力量快速协调地发力。击球点尽可能地在身体的侧前方,这样有利于转动腰部和前臂旋内、旋外地发力。如果来球正对自己而又来不及闪让时,一般不要用正手击球。因为当来球靠近自己身体时,即使击球点在自己右侧腋下,反手也比正手容易发力还击。

(三)平挡

平挡和平抽的动作结构基本相同,其区别主要在于:发力较小,通常无须身体部位发力,当对方来球力量较大时,还应有所缓冲;由于发力较小,通常击球时不要握紧球拍,以免影响击球时对力量和出球方向的精确控制;羽毛球的飞行路线较短,一般落在对方前半场。

七、基本步法

羽毛球步法一般分为起动、移动、到位配合击球和回位四个环节。根据场上移动的方向和场区的位置,可以将羽毛球步法划分为:上网步法、后退步法和两侧移动步法。

移动步法

1. 上网步法。从中心位置移动到网前击球的步法,称为上网步法。上网步法可根据各人习惯采用交叉步、并步、垫步或蹬跨步。不论正手或反手,根据来球远近,上网步法可采用三步、两步或一步上网击球。

（1）右边上网步法。可采用两步或三步交叉步加蹬跨步移动的方法,也可采用垫一步再跨一大步移动的方法上网（如图12-14）。

（2）左边上网步法。同右边上网步法,只是移动方网是朝左边网前,如两步跨步上网（如图12-15）。

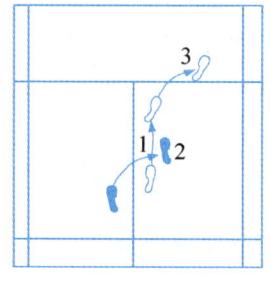

图12-14　右边上网步法

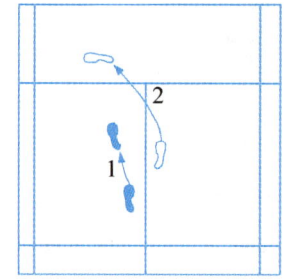

图12-15　左边上网步法

2. 后退步法。从中心移动到后场各个击球点的位置上击球的步法,称为后退步法。

（1）正手击球后退步法（如图12-16）。分为侧身并步后退和交叉步后退两种。主要动作方法:在对方击球的刹那,判断来球,迅速调整重心至右脚。接着右脚蹬地快速向右后撤一小步,上体右转侧身对网,以交叉步或并步移动到接近击球点的位置。在移动的同时必须完成举拍准备动作,最后一步利用右脚（或双脚）蹬地起跳并在空中转体,击球后左脚后撤落地缓冲,右脚前跨以利于迅速回动。

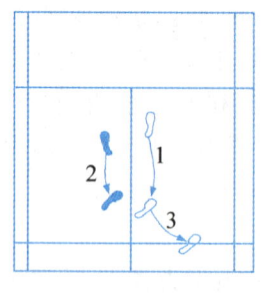

① 三步并步后退

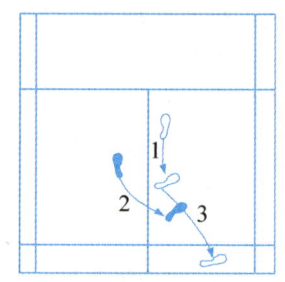

② 三步交叉步后退

图12-16　正手击球后退步法

（2）反手击球后退步法（如图12-17）。调整重心后，右脚后撤一步，接着上体左转，左脚随即向左后退一步，右脚再跨出一步，背对网，做底线反手击球。反手击球后退步法应根据来球距离的远近调整步法。如离来球较近，可采用两步后退步法，上体向左后转，左脚同时后撤一步，右脚再向左后跨一步，做底线反手击球。如距来球较远，则采用三步或五步后退步法：右脚先垫一步，而后左脚向后方跨一步，再按右、左、右向后退。但无论是几步，反手击球后退步法最后一步应右脚在后，重心在右脚上。

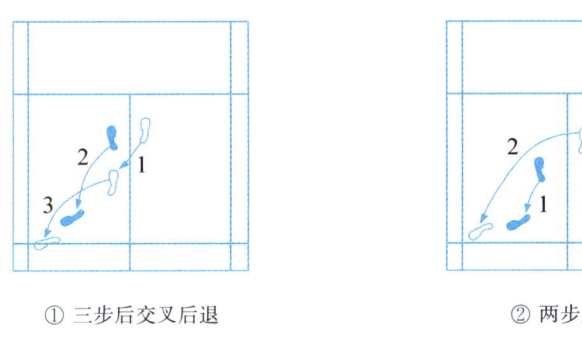

① 三步后交叉后退　　　　　　② 两步后退

图12-17　反手击球后退步法

3. 两侧移动步法。两侧移动步法多用于接对方的杀球和击来的半场低平球。其站位和准备姿势与上网步法基本相同。

（1）向右侧移动步法。两脚左右开立脚跟稍提起，根据来球，调整重心，上体稍倒向左侧，左脚掌内侧用力起蹬，右脚同时向右侧转跨大步。如距来球较远，左脚向右垫一小步再起蹬，右脚同时向右侧转跨大步。

（2）向左侧移动步法。根据来球，调整重心，上体稍倒向右侧，右脚掌内侧用力起蹬，左脚同时向左侧转跨大步。来球较远时，左脚先向左侧移半步，上体向左转身的同时右脚向左前交叉跨大步。

任务三　勤练羽毛球运动基本战术

一、单打战术

1. 发球抢攻战术。运动员利用发球使对方被动，为自己创造进攻的一种战术。这种战术一般用发网前短球结合平快球、平高球，争取第三拍的主动进攻。运动员使用这一战术，可以打乱对方的整个战略部署，造成对方措手不及。运用此战术时，要求运动员应具有高质量的发球，否则难以成功。

2. 攻前击后战术。这种战术是先以吊球、放网前球、搓球吸引对方到网前，然后用推球、平高球或杀球突击对方的后场底线。它一般用于对付上网步法较慢或网前球技术较差的对手。采用此战术，要求运动员首先具有较好的网前击球技术。

3. 打四方球战术。这种战术是以快速、准确的落点攻击对方场区的四个角落，逼迫对方前后奔跑、被动应付，并在其回球质量下降或露出破绽时乘虚而攻之。它用于对付体力差、反应和步法移动慢的对手。

4. 打对角线战术。这种战术无论是进攻还是防守均以打对角线为主。从而迫使对方在移动中多做转体，多走曲线。它用于对付身体灵活性差、转体较慢的对手。

二、双打战术

（一）攻人战术

攻人战术是双打比赛中常用的一种战术。攻人战术，即"二打一"或避强击弱战术。对方两个队员的技术水平一般是不均衡的，集中力量攻击对方较弱的队员，尽量使对方的特长得不到发挥，充分暴露对方的弱点，是此战术的目的。两个人对付对方的强者，消耗其体力，减弱其进攻威力，伺机突击空当，这也是"二打一"。

（二）攻中路战术

当对方队员分边站位时，要尽可能将球攻到对方两人之间的空隙区，以造成对方争夺回击或相互让球而出现失误。这对于一些配合较差的对手，比较有效。当对方成前后站位时，将球还击到两人之间靠边线的位置上。

（三）软硬兼施战术

软硬兼施战术先用吊网前球或推半场球迫使对方被动防守，而后大力扣杀进攻。若硬攻不下，则重吊网前球，待对方挑球欠佳时，再度强攻。此时，攻击对象最好是选择对方刚后退而立足未稳者。

（四）后压前封战术

当本方取得主动欲采取攻势时，站在后场者见高球则强攻杀球或吊网前球，迫使对方被动还击；站在前场者则应立即积极移位，准备封网扑杀。这种战术要求打法比较积极，前半场技术要好，步法移动要快，配合要默契。

任务四　熟悉羽毛球运动主要规则

一、羽毛球比赛通则与细则

表 12－1　通则与细则

通则	细则
比赛场地	球场应是一个长方形，其长度为 13.4 米，单打场地宽 5.18 米，双打场地宽 6.10 米，所有场地线均用宽 20 毫米的线画出。场地线的颜色最好是白色、黄色或其他容易辨别的颜色。这些标记的宽度均包括在所画的尺寸内
计分方法	（1）采用 21 分（每球得分）制，即双方分数先达 21 分者胜，3 局 2 胜。每局双方打到 20 平后，一方领先 2 分，即算该局获胜；若双方打成 29 平后，一方再领先 1 分，即算该局取胜

（续表）

通则	细则
计分方法	(2) 比赛中除特殊情况（如地板湿了、球或球拍打坏），球员不能提出中断比赛的要求。但是每局一方以11分领先时，可进行1分钟的技术暂停，允许双方比赛队员擦汗、喝水等。 (3) 在第三局比赛中，当一方分数先达到11分时，双方交换场区
单打	(1) 发球员的分数为0或双数时，双方球员均应在各自的右发球区发球或接发球。 (2) 发球员的分数为单数时，双方球员均应在各自的左发球区发球或接发球。 (3) 球发出后，双方运动员就不再受发球区的限制，站位可以在本方场区的界内或界外
双打	(1) 一局比赛开始和获得发球局的一方，都应从右发球区开始发球。 (2) 只有接发球员才能接发球；如果其同伴去接球或被球触及，发球方得一分。 (3) 每局开始首先发球的球员，在该局本方得分为0或双数时，都必须在右发球区发球或接发球；得分为单数时，则应在左发球区发球或接发球。 (4) 每局开始首先接发球的球员，在该局本方得分为0或双数时，都必须在右发球区接发球或发球；得分为单数时，则应在左发球区接发球或发球。 (5) 球员不得有发球错误和接发球错误。 (6) 一局胜方的任一球员可在下一局先发球，负方的任一球员可先接发球。 (7) 球发出后就不再受发球区的限制了。球员可在本方场区自由站位和将球击到对方场区的任何位置
交换场区	(1) 以下情况运动员应交换场区：①第一局结束；②第三局开始；③第三局比赛进行至一方达到11分时。 (2) 运动员未按以上规则交换场区，一经发现立即交换，已得分数有效

二、违例与罚则

表 12－2　通则与细则

通则	细则
重新发球	(1) 不能预见或发生意外的情况。 (2) 除发球外，球挂在网上或停在网顶。 (3) 发球时，发球员和接发球员同时违例。 (4) 发球员在接发球员未做好准备时发球。 (5) 比赛进行中，球托与球的其他部分完全分离。 (6) 司线员未看清球的落点，裁判员也不能做出决定时
死球	(1) 球撞网并挂在网上，或停在网顶上。 (2) 球撞网或网柱后开始击球这一方落向地面。 (3) 球触及地面。 (4) "违例"或"重发球"
发球区错误	(1) 发球顺序错误。 (2) 在错误的发球区发球。 (3) 在错误的发球区准备接发球，且对方球已发出

（续表）

通则	细则
违例	（1）发球不合法。 （2）发球员发球时未击中球。 （3）发球时，球过网后挂在网上或停在网顶。 （4）比赛时： ① 球落在球场边线外。 ② 球从网孔或从网下穿过。 ③ 球不过网。 ④ 球碰屋顶、天花板或四周墙壁。 ⑤ 球碰到运动员的身体或衣服。 ⑥ 球碰到场地外其他人或物体（由于建筑物的结构问题，必要时可以制定羽毛球触及建筑物的临时规定）。 ⑦ 球拍或球的最初接触点不在击球者网的这一方（击球者击球后，球拍可以随球过网）。 ⑧ 运动员球拍、身体或衣服触及网或网的支持物。 ⑨ 运动员的球拍或身体以任何程度侵入对方场区。 ⑩ 妨碍对手，如阻挡对方紧靠球网的合法击球

网球运动

学习目标

了解网球运动的起源和特点,熟练掌握基本技术和基本战术;了解网球竞赛规则。

任务描述

网球运动起源于 19 世纪的英国,20 世纪开始在世界范围内快速发展,是一项具有竞争性、文化性、观赏性和参与性的极具魅力的体育项目。通过本项目,学生能够学会欣赏网球运动比赛。

任务分析

通过学习,熟练掌握网球各个技术动作,做到有效训练,掌握网球运动的实际战术,并加以运用,了解网球比赛的基本规则,能组织起基层网球比赛。

课程思政

1. 健全人格:通过本章的学习,体会网球运动带来的乐趣,锻炼自信,培养相互协作的良好人际关系。

2. 锤炼意志:通过学习和实践过程提高运动体能、激发学习兴趣,培养拼搏进取的精神,保持旺盛的精力和饱满的情绪。

任务一 了解网球运动基本概述

现代网球运动孕育在法国,诞生在英国,开始普及和形成高潮在美国,从而盛行于全世界。据考证,网球运动源于公元 10 世纪左右的一种用手掌击球的游戏。古式网球在法国十分盛行,现代网球运动起源于英国。

从网球运动游戏的成熟到现代网球竞技形式的正式形成,网球运动经历了从 14 世纪到 19 世纪漫长的 500 余年。1874 年,场地大小和球网的高低得以确定。1875 年,英国的板球俱乐部制定了网球比赛规则。1877 年 7 月由全英板球俱乐部在温布尔登举办了第一次草地网球冠军赛。目前世界上网球运动的管理体制机构是成立于

1912年的世界网球联合会,当时这个组织叫作世界草地网球联合会。当今著名的四大网球比赛是:英国(温布尔登)网球公开赛、法国网球公开赛、美国网球公开赛和澳大利亚网球公开赛。网球运动的职业化进程较早,整个20世纪是网球运动职业化发展最快的时期,进入21世纪以后,网球运动的职业化和商业化发展日益成熟,目前,网球已经成为一项世界性的热门运动。

我国的网球运动起步较晚,网球运动是在1885年前后传入我国的,先是上海、广州等几个城市的外国传教士和商人之间出现了网球运动。从1910年第一届全运会开始,我国虽也举办了多次全国及国际比赛,但参加人数较少,故运动水平较低。新中国成立后,我国的网球运动不断发展,技术水平迅速提高。近年来,参加网球运动的人数迅猛增加,在全国各地尤其在高等院校中逐步形成了"网球热"。

任务二　教会网球运动基本技术

一、握拍法

网球的握拍方法基本上分为东方式、大陆式、西方式和双手握拍四种。

(一)东方式握拍法

1. 东方式正手握拍法(如图13-1)。东方式正手握拍法,亦称"握手式"握拍法。其握法是:拍面与地面垂直,手握拍柄好像与人握手一样。准确地说,用握拍手的虎口对正拍柄右上侧棱,手掌根与拍柄右斜面紧贴,拇指垫握住拍柄的左垂直面,食指稍离中指压住拍柄右垂直面,五指握紧拍柄。这种握法能增大正手击球的力量。

2. 东方式反手握拍法(如图13-2)。从正手握拍法把手向左转动1/4即转动90°(或拍柄向右转动1/4即转动90°),使虎口对正拍柄左侧棱面上,即用手掌根压住拍柄的左上斜面,拇指直贴在拍柄的左垂直面上,食指压住拍柄右上斜面。

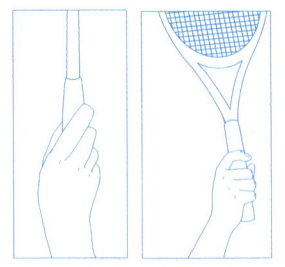
图13-1　东方式正手握拍法

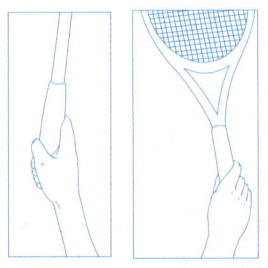
图13-2　东方式反手握拍法

(二)大陆式握拍法

"V"字形虎口对准拍柄上平面与左上斜面的交界线上,手掌根部贴住上平面,拇指直伸围住拍柄,食指下关节紧贴在右上斜面上(如图13-3)。

(三)西方式握拍法

左手持拍,使拍面与地面平行。右手从正上面握拍柄,食指和拇指都不前伸,大把握拍,而且正手、反手击球都使网拍向同一个面(如图13-4)。

(四)双手握拍法

右手是东方式反手握拍法,握在拍柄的后方,左手是东方式正手握拍法,握在拍柄的前方(如图13-5)。

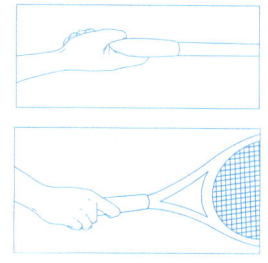
图13-3 大陆式握拍法

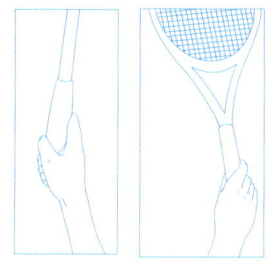
图13-4 西方式握拍法

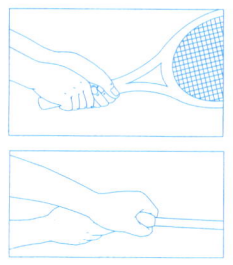
图13-5 双手握拍法

二、发球与接发球

(一)发球

发球是现代网球运动最重要的技术之一,是网球运动竞赛中唯一由自己掌握、主宰的进攻技术。另外,发球也是评价网球队员技术水平高低的重要内容。发球技术由发球姿势、抛球及抛球位置、击球、跟进动作组成(如图13-6)。

发球与接发球

1.下手发球。面对球网,两膝微屈,身体重心落在前脚掌,左手持球,右手持拍放松。上体向右后方扭转,球拍后摆,左脚向前上步,左手

图13-6 发球

将球稍向上抛,两眼始终盯着球。击球时,肩向前扭转,手腕关节微打开,在球落地前,在身体一侧的前面击球。击球后,击球手臂和球拍顶端尽可能长地向前上方随挥,重心前移,然后还原成准备姿势,准备下一次击球。

2. 发平击球。侧对球网站立,前脚与端线约成 45°,指向右侧网柱,身体重心在左脚上,左手托住球拍的拍颈,手臂放松,稍微弯曲并保持在胸部的高度。双臂同时稍下放,在其最低点抛球手臂与击球手臂分开,但以不同的速度向上摆动;在眼睛的高度将球抛出,击球臂向后、向下、向上引拍,身体重心移至右腿上;在手臂伸展到最高点时,身体重心又移到左腿上,同时,通过髋关节前移,降低身体重心;左腿支撑身体向前、向上运动。

击球时,击球肩膀转向前面,前臂旋内,充分向前、向上伸展击球臂,在最高点击球,击球瞬间,拍面几乎垂直于地面。击球后右前臂继续向外转动,球拍随挥至身体的左侧,左臂在体前的位置做相反运动。击球后随球上网或站在端线附近准备击球。

(二) 接发球

接发球的准备姿势只要能以最快的速度还击球就行。当对方发球前,可以膝盖弯曲,两腿分开;当对方抛球准备击球时,可以重心升起,两脚快速交替跳动,并判断来球迎前回击。接发球站位要根据对方的发球水平和自己的接发球水平、习惯和战术需要等来确定,一般应站在对方能发到内外角的中角线上,接第一发球时站位稍后些,接第二发球时站位略前。

接发球的击球动作一般介于底线正、反拍击球动作和截击球动作之间。对发球差的选手,可用自己的底线正、反拍动作来接对方的发球;而对发球好、速度快的选手,可用网前截击球的动作来接对方的发球,这样接出的球很有威胁。

三、击球技术

(一) 正手击球

正手击球是网球运动中最主要的击球方法,是最基本和最可靠的进攻性击球手段,也是最容易取胜的重要击球技术。正手击球由回拉转肩、击球、跟进动作组成(如图 13-7)。

正反手击球

1. 回拉转肩动作:将身体从准备姿势转向一侧,使不握拍的另一侧正对着来球方向,膝盖弯曲,将拍向后挥至击球的高度。

2. 击球动作:击球时,左腿迈向前,挥拍,在膝至腰部的高度击球。挥拍时沿臀部由下向前上挥拍,尽量伸展手臂并使肘部放松。

3. 跟进动作:击球后,动作不要立即停下来,应沿着击球的方向继续挥拍,挥到头部一侧。同时保持拍面沿球的飞行方向运动,并使拍面平稳。

图 13-7 正手击球

（二）反手击球

反手击球有单手和双手击球两种。反手击球是回击来球和进攻对方必须掌握的基本技术之一。反手击球由回拉、转体、用力、击球、跟进等动作组成（如图 13-8）。

1. 回拉动作：一手持拍朝前，一手轻握拍，肩膀完全向后转动，重心移到左脚；当球拍拉至左臂后方时，最后将背部转向球网。挥拍时，身体重心要准备前移，身体展开，右脚要跟进。

2. 转体动作：要求挥拍和脚步的跟进同时完成。挥拍时，拍面沿一个方向进行，由低向高使球在击球区掠过。

3. 用力动作：以后脚为轴，握拍（在臀部后）做好击球姿势，然后伸展身体。

4. 击球动作：放开握在拍喉上的手，让拍沿同一个方向由低往高挥动，同时脚步跟进，击球的刹那，握拍手保持稳定，最后使拍面自然朝上。

5. 跟进动作：当感觉到球拍击球后，球拍继续向上挥，手臂保持伸直，同时身体前倾，重心在前腿上。

图 13-8　反手击球

四、截击球

截击球是网前进行的一种攻击性击球方法，当球还没落地并在空中飞行时（除高压球外）被凌空打掉，称为截击，亦称拦网（如图 13-9）。在现代网球比赛中，截击球是一项重要的得分手段。掌握好网前截击技术，对单打时的发球上网、随击球上网和双打中的上网，都有很大的帮助作用，同时也能使自己的技术水平提高到一个新的高度。

截击球

图 13-9　截击球

五、高压球

同截击球一样,高压球属于上网击球技术,是用以对付对方挑高球的,其动作类似发球,在头部上空用扣杀动作还击来球(如图 13-10)。高压球堪称击球中的一门"重炮",是迅速制胜的锐利武器。采用高压球,合适的步法是前提,击球时不要迟疑。

高压球

图 13-10 高压球

六、挑高球

当一方在比赛中处于被动地位,而对手高压球水平也不很高时,可以用挑高球来破坏对方的进攻节奏,使自己赢得时间回到有利的位置;或者挑球过顶,迫使对方退回底线救球,使自己上到网前,反守为攻。业余选手掌握此技术很有必要。

挑高球

知识链接

网球场地类型

1. 草地场

草地球场是历史最悠久、最具传统意味的一种场地。其特点是球落地时与地面的摩擦小,球的反弹速度快,它对球员的反应、灵敏、奔跑的速度和技巧等要求非常高。因此,草地往往被看成"攻势网球"的天下,发球上网、随球上网等各种上网强攻战术几乎被视为在草地网球场上制胜的法宝,底线型选手则在草地网球场上难有成就。草地球场的保养与维护费用昂贵。温布尔登锦标赛是使用草地场地的最古老也最负盛名的赛事。

2. 红土场

红土场是"软性球场",其最典型的代表就是红土场地的法国网球公开赛。此种场地特点是球落地时与地面有较大的摩擦,球速较慢,球员在跑动中特别是在急停急回时会有很大的滑动余地,因此要求球员必须具备出色的体能、奔跑和移动能力,以及顽强的意志品质。在该场地比赛,球员要付出数倍的汗水及耐心在底线与对手周旋。

3. 硬场地

硬场地是最普通和最常见的一种场地,现代大部分的比赛都是在硬地网球球场上进行的。硬地网球场一般由水泥和沥青铺垫而成,其上涂有红、绿色塑胶面层,其表面平整、硬度高,球的弹跳非常有规律,但球的反弹速度很快。硬地网球更具"爆发力",硬地不如其他质地的场地弹性好,地表的反作用力强而僵硬,容易对球员造成伤害。

4. 地毯场

地毯场是一种"便携式"可卷起的网球场,其表面是塑胶面层、尼龙编织面层等,一般用专门的胶水粘接于具有一定强度和硬度的沥青、水泥、混凝土地基的地面上即可,有的甚至可以直接铺展或粘接于任何有支持力的地面上,其铺卷方便,适于运输且有非常强的适应性,室内、室外甚至屋顶都可采用,且保养简单。在该场地上,网球的速度需视场地表面的平整度及地毯表面的粗糙程度而定。

任务三　勤练网球运动基本战术

一、单打战术

(一) 发球战术

发球不受对方支配,可通过力量、速度和准确性达到得分目的;针对对方弱点,攻其薄弱环节;利用不同的发球方式,随着上网截击;运用相似手法,发不同性能的球,使对方不易捉摸;利用外界自然条件(如风向、阳光、硬地和草地等)发球,给对方接发球制造困难。

1. 发球站位。发第一区时,尽量接近中点线,发直线球逼住对方反拍;发第二区时,站位可距中点线稍远,便于以更大斜线发对方反拍区,扩大自己正拍防守区域。

2. 第一次发球。多用大力平击发球使对方难以抵挡,造成接发球失误,或用切削发球、上旋发球打落点,发至对方防守较差的区域。

3. 第二次发球。重点准确,力求凶狠,打落点。多用切削发球或上旋发球。

4. 上网的发球。大力平击发球和上旋发球后上网。大力平击发球后,对方回球快,而且身体不易掌握平衡,常来不及上网,故利用上旋发球上网的居多。

(二) 接发球战术

接发球一般是处于被动地位,但处理得好可减少被动,甚至化被动为主动。

1. 接发球站位。站在对方可能把球发到的角度的分角线上。当对方发向外或向内旋转的球时,要靠近旋转方向一点。此外,应尽量站在底线内半米左右处,压制对方上网,便于自己上网。

2. 接发球击球方法。一般采用平击抽球,将球回击到对方底线两角;也可运用旋转球拉开对方,使之左右奔跑;或运用切削球打到近网两角,运用挑高球挑过发球上网者头顶等。

(三) 上网战术

在发球或接发球后,冲到离网较近的位置,不等对方回击的球落地便进行空中截击或高压。

1. 上网时机。多用于第一次发球。发上旋球后,借球在空中飞行时间长,对方难于回击之际上网截击。若抽击球后上网,则出球要斜、要深、要重,或接近中央地带。

2. 上网站位。尽可能站到大约距离网 2 米处。近网则进攻威胁性大,封网角度小,防守控制面积大。此时,站位应在对方可能的击球角度的分角线上。

(四) 底线结合上网战术

1. 底线正反拍必须具有进攻性和较大威胁。
2. 用凶狠抽击球(如上旋球)拉开对方,及时上网。
3. 具有较好的预测、判断能力,击球果断、有力,随球上网。
4. 底线抽击球在斜、深、重的情况下使对方被动,紧跟着上步做捕杀。
5. 既考虑积极上网,又要提防对方的破网打法。
6. 上网击球的主要开口是截击球和高压球,还要熟练掌握反弹球,以落点为主,应付被动情况,争取第二次截击。

(五) 底线战术

以进攻性打法为前提,快速、准确、凶狠,使看来是防守性的打法具有攻击性。常用的有逼右攻左、逼左攻右,攻击对方弱点或打对方不喜欢打的球。

二、双打战术

双打比赛,站位一般是正拍好的站右边,反拍好的站左边,理想的是一个右手握拍一个左手握拍。双打有其特定的战术,不能用单打战术代替。

(一) 发球战术

1. 发球站位。发球者站在底线后面的中线与边线之间的一半处,比单打站位稍靠边线。因为另一边有同伴防守,同时可使发出的斜线球角度更大。
2. 第一发球。大力、凶狠、准确,掌握上网主动权。常用大力上旋球发对方反拍区,压制其进攻力量和回击角度,也可用大力平击发球,迫使对方回击高球,以便上网扣杀。
3. 同伴站位。在离网 2—3 米、离边线 3 米左右处,把守半边场区,伺机截击或高压击球。

(二) 接发球战术

1. 接发球站位。站在对方可能把球发到角度的分角线上。
2. 回击方法。平击、切削、旋转三种交替运用,使对方捉摸不透。球过网要低、角度斜、落点深。压制对方上网,利用时机自己上网。
3. 同伴站位。站在发球线附近,比发球者站得稍后一些。随时注意场上变化,攻则进,守则退。

(三) 网前比赛战术

当 4 人均上网时,要求反应灵敏,动作迅速,有较高的技术水平。
1. 站位。上网位置约在离网 2—3 米处,两人各站半场中间稍靠中线位置。这样站位,便于进退和防"中间球"。
2. 同伴之间的配合原则。来球在两人之间,由正拍击球者回击;球在两人之间,又是斜线球时,由距离近的运动员迎击;挑高球在两人之间,由正拍击球者进行高压;对方接发球回击过来的是中场球,由上网运动员争取截击,发球运动员随时准备补漏;情况复杂时,通过呼叫"我的""你的"互相照应;上网运动员左右移动时,底线同伴要移动补位。

3. 分析双方情况,制订战术,以己之长,攻彼之短。比赛中还要灵活机动地变化战术,出奇制胜。

(四)底线比赛战术

双打应争取机会上网,一旦被压在底线,只能考虑防守,伺机反攻,或诱使对方失误。可用挑高球,回击短而低的球,或打平直线球快速穿过对方中央场区,或运用侧旋直线球打对方两侧。

任务四 熟悉网球运动主要规则

一、比赛通则与细则

表 13-1 通则与细则

通则	细则
比赛场地	双打场长 23.77 米、宽 10.97 米;单打场长 23.77 米、宽 8.23 米。场地中间用球网横隔成两个等区。球场两端的界线称端线;两边的线称边线;在球网两侧 6.40 米处的场内与球网平行的横线为发球线;连接两发球线中点的与边线平行的线称中线;中线与球网成"十"字形,将发球线与边线之间的地面分成四个相等的区域,称为发球区;在端线的中点向场内画出的短线称为中点
场地或球权选择	通常的网球比赛是用掷硬币的方法决定选择场地或发球权、接发球权,得胜者有权选择或要求对方选择。选择发球或接发球者,应让对方选择场地;选择场地者,应让对方选择发球或接发球
计分方法	(1) 胜一局:比赛中球员每胜 1 球即得 1 分,记分 15,胜第 2 分,记分 30,胜第 3 分,记分 40,先胜 4 分者为胜 1 局。如遇到双方各得 3 分时,则为"平分"。"平分"后,某一方先得 1 分为"该球员占先","占先"后再得 1 分,才算胜 1 局。如一方"占先"后,对方又得 1 分,则仍为"平分"。以此类推,直到一方在"平分"后净胜 2 分,该局才为胜。 (2) 胜一盘:一方先胜 6 局为胜 1 盘。但遇双方各胜 5 局时,一方必须净胜 2 局才为胜 1 盘,也就是 7∶5。如果双方的局数打到 6∶6,就要以决胜局定胜负。 (3) 胜一场:一场比赛男子最多打 5 盘,女子最多打 3 盘,比赛双方中先胜 3 盘(男子)或 2 盘(女子)者为胜一场
交换场地	双方应在每盘的 1、3、5 等单数局结束后,以及每盘结束双方局数之和为单数时,交换场地

二、违例与罚则

表 13-2 违规与细则

违规	细则
失误	发球时发生下列任何一种情况,均为失误。 (1) 发球员违反了发球员位置的规定。 (2) 未击中球。如果发球员向上抛球,又不准备击球而用手将球接住,不算失误。 (3) 发出的球,在落地前触及固定物。 (4) 第二次发球:发球员第一次发球失误后,应在原发球位置进行第二次发球。如第一次发球失误后,发觉发球位置错误时,应按规则改在另区发球,但只能再发一次球。 (5) 脚误:发球员在整个发球动作中,脚没有按照发球方法规定站位
重发球	发球触网后球仍落在对方发球区内,接球员未做好接球准备,均判发球无效,应重发球
球触固定物	击出的球,落到对方场区地面后又触及固定物(球网、网柱、绳或钢丝绳、中心带、网边白布除外)时,判击球者得分;球在落地前触及固定物,判对方得分
失分	发生下列任何一种情况,均判失分。 (1) 在球第二次着地前,未能还击过网。 (2) 还击的球触及对方场区界线以外的地面、固定物或其他的物件。 (3) 还击空中球失败。 (4) 故意用球拍触球超过一次。 (5) 运动员的身体、球拍在活球期间触网。 (6) 过网击球。 (7) 抛拍击球

思政教育

我与共和国共成长 | 李娜 "娜"不一样的网球生涯

李娜是中国女子网球界的领军人物。1982 年 2 月 26 日生于湖北武汉,6 岁开始练习网球,1999 年转为职业选手,从网球低级别赛事一路打到四大满贯。第一个获得 WTA 巡回赛单打冠军的中国人,闯进 2008 年北京奥运会四强。李娜是我国击败世界前十强次数最多的球员,目前在 WTA 正式比赛中累计胜场达 26 次。李娜有诸多称号,例如中国第一个 WTA 女双冠军,中国第一个 WTA 单打冠军,第一个 WTA 顶级赛冠军,第一个大满贯女单决赛。据说在法网决赛当晚,有超过 1.16 亿的中国人观看了比赛——这是 2011 年中国收视率最高的单场体育比赛。央视更是史无前例地重播了两次,其中一次是在黄金时段。

——《中华儿女》,2019 年 10 月 31 日

垒 球 运 动

学习目标

了解垒球的起源、发展及特点，掌握垒球运动的基本技术和基本战术，了解垒球比赛的基本规则。

任务描述

垒球运动是一项集体的对抗运动，也是球类运动中最富有田径特色的运动项目。具有游戏性、竞赛性、灵活性和集体性等球类运动的共同特点。通过学习，体会垒球运动的乐趣，并能灵活运用。

任务分析

通过学习，熟练掌握垒球运动的基本技术和比赛规则，能应用到实战比赛中。

课程思政

1. 健全人格：通过本章的学习，体会垒球运动的乐趣，培养勇敢拼搏、灵活机敏、坚毅顽强、机智果断的优良品质。
2. 锤炼意志：通过学习掌握垒球运动的基本技能，可以发展传、投、击、跑等人体的基本活动能力，全面均衡地发展身体机能，增强体质，促进健康；树立团结友爱、互相帮助、协调一致的团队精神。

任务一　了解垒球运动基本概述

1887 年，美国芝加哥法拉格特划船俱乐部的汉考克为了严冬和风雨时能在室内打棒球，对 1839 年始见于美国的现代棒球场地、器材和竞赛规则做了某些修改。1888 年，他组织了第一次室内棒球赛。1895 年美国明尼苏达州明尼阿波利斯的消防队员罗伯特对棒球运动的场地、器材等做了部分修改，使其更加适合室内运动，将其取名为"室内棒球"。这种新项目由于场地缩小，技术难度相应降低，娱乐性和竞赛性吸引了越来越多的人参加。不久室内棒球又被搬到室外去打，并且迅速地传播到其他地方。这项运动在形成和发展的过程中,它的名称、游戏方法、场地和器材等方面也经历了混乱和反复的过程,单是球就有12种不同的尺寸。"室内棒球"后移至室外进行,1926年被定名为Soft Ball,中译为垒球。1933年美国垒球协会成立,正式确认该名,设立国际联合规则委员会,才统一了规则,后逐渐流行于世界各国。第二次世界大战结束后,垒球在美国发展很快,现在美国垒球协会每年会举办多项成年和青少年全国性比赛。

1952年9月,国际性的正式组织国际垒球联合会成立。1962年在美国举办了第一次非正式的"世界垒球锦标赛",参加者有美国、日本和加拿大等17个球队。1965年举办了首届世界女子垒球锦标赛,澳大利亚队获得冠军。1966年起举办世界男子垒球锦标赛。从1968年第二届世界男子垒球锦标赛和1970年第二届世界女子垒球锦标赛起,联合会规定以后每隔4年分别举办一届世界男子垒球锦标赛和世界女子垒球锦标赛,男女间隔两年交替进行。1980年,中国棒垒球协会被该会接纳为会员。1996年垒球被列为奥运会比赛项目,仅设女子项目。

垒球运动是一项集体的对抗运动,也是球类运动中最富有田径特色的运动项目。它的基本技术如传球、接球、击球和跑垒等,都是人类日常生活中的基本活动技能,与田径运动中的投掷和奔跑动作十分相近,动作自然舒展,比较容易掌握。完成这些技术动作,要求参加者具备速度、力量、灵敏、柔韧等身体素质。比赛时,进攻与防守截然分开,有张有弛,技术动作难度适当,具有游戏性、竞赛性、灵活性和集体性等球类运动的共同特点。比赛的设备比较简易,场地可以适当地扩大和缩小,适合各种年龄和不同性别的人参加。经常参加垒球运动,可以发展传、投、击、跑等人体的基本活动能力,全面均衡地发展身体机能,增强体质,促进健康;培养勇敢拼搏、灵活机敏、坚毅顽强、机智果断的优良品质,树立团结友爱、互相帮助、协调一致的团队精神。

任务二　教会垒球运动基本技术

一、投球

(一)投球准备动作

后摆投球、绕环投球和屈臂后摆投球在投球技术上各不相同,各有其特点和技术要求,但是在准备投球时的握球、踏板等准备动作是基本相同的。

1. 握球

投球

握球时食指和中指压在球体上部,无名指在上侧,拇指在下部,小指微屈托在球的侧下方。握球要紧一些、深一些。食指、中指和拇指要压在球的缝线上,投球时主要是这三个手指发力。无名指起保持球体稳定的作用。即使是四指握球,食指与中指也应间隔小些,以保证力量集中。两指在球体中心线两侧,如偏握一侧,投出的球就会走偏,力量也会分散。

2. 准备姿势

投手投球时两脚必须站在投手板上,可平行站立或稍前后站立,两脚之间的距离小于肩宽,约20厘米。前后站立时右脚(轴心脚)稍在前,前脚掌踏在投手板的前沿,脚尖可稍偏向三垒方向,膝关节稍屈。左脚(自由脚)在后,脚掌踏在投手板的后沿,腿自然伸直支撑身体重心。身体自然放松,两肩与一、三垒平行,面对击球员,两手合拢持球置于胸腹前,眼睛注视接手手套,准备接受接手的暗号,整个身体至少保持1秒钟的静止,然后开始投球。

(二) 后摆投球

后摆投球跨步大,要求腿部的力量大,因为下蹲支撑和蹬地前移都需要用大力,腿部力量小,支撑不住就容易使身体倾斜。投球时转腕幅度大,还要求手臂和腕部力量大,以便于控制球路变化。后摆投球的出手角度低、球速快,球出手后,产生由低向高的上升球路,使击球员很难辨别投球的变化和角度,所以威胁力强。但也因出手角度低,投某些变化球比较难。

投球时,两手分开,右手持球,右臂直臂经体侧由下向后上方摆动。在后摆的同时,上体前倾并向右转,左腿屈膝提踵,身体重心由左脚移向右脚。当摆臂至后上方最高点时(约与地面接近垂直),左脚向正前方迈出一大步,成弓箭步,利用身体的前倾(重心前移)、腰部扭转、髋关节前送和右脚的蹬地,加快手臂下摆速度,右臂由上而下向前加速挥摆,经过体侧摆至体前,最后加上手腕和手指的力量将球投出。球出手后,右臂继续前摆,右脚顺势跨出一步与左脚平行,两膝微屈,上体前倾,做好防守准备。

(三) 屈臂后摆投球

持球臂后摆的动作比较放松而自然,向下摆臂时突然用力加速,使击球员难以掌握起棒的时间。动作的幅度要比后摆投球大。完整的技术动作由踏板、后摆、最后用力、球出手四个环节组成。

1. 踏板

采用双脚前后站立的踏板方法。右手投球者用右脚的前脚掌踏触投手板的前沿,左脚尖踏于投手板的后沿,两脚间距离约10厘米。踏板时,身体重心要放在左脚上,右脚略微提踵,上体保持自然站立姿势,眼睛注视接手,两臂自然下垂于体前,两手在大腿根部合掌,手套背向击球员,隐蔽球的握法。

2. 后摆

持球手后摆之前,手臂可以有一个预摆动作。预摆后,上体前倾,两手在体前分开。持球手由下经体侧直臂向后上方摆,当摆至接近最后位置时,上体稍向右转,同时右臂屈肘摆至头上。动作要放松、连贯、协调。持球臂屈臂摆至头上时,应随同左手向前伸展,借以加大后摆的幅度。

3. 最后用力

这是投球动作的中心环节,由轴心脚的伸蹬、持球手的前摆、自由脚的伸踏等动作协调用力所构成。轴心脚的伸蹬要充分,但不可用力过猛;在持球手前摆的动作过程中,手肘的路线应保持足够的幅度和圆滑的弧线,弧线所构成的平面应与地面保持垂直。手在前摆时,应充分利用手臂绕环的惯性作用,肘关节不应弯曲,也不要用力,手腕要非常放松,这样便于控制球的变化;在轴心脚伸蹬的同时,左脚应直接向本垒方向迈出一步,并落在轴心脚与本垒间的假想连线上。当持球手摆至体侧时,整个躯干应尽可能保持正直,并正对着本垒方向,同时轴心脚应蹬直,左脚应踏稳。

4. 球出手

这是控制球运行方向和路线的关键动作,因此,球出手的位置在最后用力动作熟练而稳定的基础上力求固定。当球即将离手时,手指用力拨送,以控制球出手的角度。球出手后,身体再向出球的方向跟进。

二、击球

(一)击球的特点与任务

击球技术和投手技术一样,是最难掌握、最难教、最复杂的技术。用一根直径5—7厘米的木棒,站在距投手出手点17米左右的地方击一个运行时间只有0.4—0.5秒且球路球速多变的棒球,击球的难度可见一斑。击好球需要正确的技术、良好的时间配合、准确的空间判断力、合适的棒速等。

击球

(二)击球时的站立位置和站位方法

1. 站立位置

站立位置是指击球员进入击球区击球时两脚所站的位置。站立位置可分为远、近、前、后、中五个位置:

(1)远位与近位是指击球员两脚站立位置距本垒板中心线垂直距离的远近。

(2)前位与后位是指击球员两脚站立位置在击球区内的前后。

(3)中位则是指居于两者之间的位置。

站立位置的选择根据投球的变化和战术的要求而定,一般来说远位便于击内角球,近位便于击外角球,前位便于击慢速球,后位便于击快速球,中位比较灵活。在正常情况下,初学击球者多选择中位。

2. 站位方法

站位方法是指击球员击球时两脚相对位置的站立方法。站位方法有三种形式:

(1)平行式站位,两脚与本垒平行的站立方式。从投手的方向来看,击球员采取这种姿势后,可使投手产生难以发现其漏洞,朝什么地方投球都有可能被打出的感觉。与另外两种站位方法相比,由于这种站位方法身体没有偏向哪一侧,因此没有特别的缺点,是一种比较理想的站位方法。

(2)开立式站位,靠投手一侧的脚向后撤,或只是其脚尖向外展开的站立方式。采用这种站位方法击球时,球员身体的一半是向投手展开的,可以更好地注视来球,对打内角球很有利。转体和挥棒的距离比较短,转体和挥棒所用的时间也比较短,可以有更多的时间判断来球。但是,由于腰部从一开始就有了稍许的展开,所以在击球时几乎没有腰部的转动力量,所以很难打出远球。此外,对打外角球也很不利。对于腰部力量较弱和需要较多时间判断来球的击球员,这种站位方法是比较适合的。

(3)封闭式站位,靠接手一侧的脚向后撤的站立方式。采取这种站位方法能对投手产生一种威慑感,对于擅长打外角球的击球员有利。击球员转动髋、肩、臂的距离长,可以更有效地发挥向前转动的肌肉力量,击球时能向球施加更大的力。如果击球员的挥棒有足够大的速率,又能在合适的击球位置上击中投球,那么可以使用这种站位方法。

(三)握棒方法

球棒的把手是很重要的位置,因为它是球棒和身体的连接点所在。优秀的打击手能感觉出球棒是手臂的一部分,运用自如。握棒方法根据双手握棒的位置,可以分为正常握法、长握法、短握法三种。

1. 正常握法(以下均以右打者为例)。左手在下握棒,离棒端约5厘米,双手靠拢。这是一般人最多选用的一种握法,故称正常握法。

2. 长握法。左手在下接近球棒末端圆头处,右手在上靠拢左手。这种握法由于摆幅大,击出的球有力量,打得远。力量大,挥棒快,善于打快球的队员可以采用这种握法。

3. 短握法。左手在下,距离球棒末端圆头处10—12厘米左右,右手在上,两手靠拢。这种握法由于起棒快、摆幅小、击中率高,但力量较差,击球远度不如长握法。力量小,挥棒慢,不善于打快球的队员可以采用这种握法。

三、传接球

(一)传球

传球技术包括肩上传球、体侧传球、低手传球和下手传球。肩上传球是最主要、最基本的传球技术,传得较远且传得准,适用于中远距离传球。其余三种传球技术适合在跑动中或俯身接低球时采用,也适合在接球后保持原来的身体姿势很快地传近距离或两侧的球。

传接球

1. 握球

根据个人情况,可分为三指握法和四指握球法。

三指握法:食指和中指自然分开紧贴球的上面,大拇指第一关节扶球的左下侧,无名指微屈,以指侧托球的右下侧。

四指握法:食指、中指、无名指微屈自然分开紧贴球的上面,大拇指在左、小指在右托球。

不论用三指或四指握法,都要把食指、中指压在球上方的缝线上,拇指压在球下方的缝线上并对着球上方稍微分开的食指和中指之间,手掌与球之间以及虎口、手心都不要接触球。握球不要过松或过紧,过紧则手腕僵硬,过松则在摆臂时球易脱落或滑出,影响传球的速度和准确性。

2. 肩上传球

肩上传球动作有力,传球准确,球路平直,是垒球运动中最基本、使用最多的传球方法。从肩上出球,以肩部用力为主,动作符合人体的生理结构,肩部不易受伤。

传球前,面对传球目标,两脚开立约与肩同宽,膝部微屈,两手持球于胸前,两眼注视传球目标。传球时,臂从胸前握球姿势放松下落至提肘屈腕后引,肘关节弯曲,手腕放松提球。上体以轴心脚为轴支撑身体重心向传球方向侧转,伸踏脚也向侧前方踏出一小步。

完成引臂、伸踏、转体时的姿势应是侧对传球目标,两臂前后分展,头部保持正视目标。随着伸踏脚落地,完成引臂动作,身体重心则从轴心脚前移,并借轴心脚蹬地前送转腰,带动上体向左转。传球臂提起,肘与肩平,球高于耳。借转体转肩带动传球臂加速前挥,身体重心继续前移到前腿上并支撑住。传球臂约在右耳前上方,以鞭打动作向传球目标屈腕、拨指、出球。在整个传球过程中,头部应始终保持正视目标。出手后的球应当向自己(由下向上)旋转,使球平稳前进。远距离的传球应采用幅度较大的摆臂动作。球一离手就应放松,手臂随身体惯性送出自然落下,上体随势前倾左转,轴心脚自然前移到与伸踏脚平行成开立姿势,准备迎接新情况。两眼应始终注视场上局面。

3. 体侧传球

当接住地滚球或低于腰部的来球,在时间较紧迫、传球距离较近、来不及垫步或直起身来做肩上传球时,可以用体侧传球。

接住低球后,传球手顺缓冲动作持球后引,并根据传球方向的需要,决定髋、腰的角度和伸踏脚是否伸踏以及伸踏的方向,但重心应移到屈膝的后腿(轴心脚),上体转呈左肩对出球方向,头部保持能两眼正视目标。一般情况下,上体收腹前屈,传球臂后引到体侧转为屈臂上提,臂与手腕放松,左臂自然屈于体前。传球要用后腿蹬地使重心自后向前,带动转腰送髋和摆臂,摆臂经体侧前挥时,肘应前引,小臂伸展约与地面平行并伴以屈腕、拨指把球传向目标。球出手后,右臂随球出手的方向伸出,右脚上前一步,保持身体平衡。

4. 低手传球

这是在接获近距离膝部以下的球或地滚球时,为了能及时传球出手的一种简便的传球方法。

两脚前后或左右开立,两膝弯曲,身体重心较低,置于两脚之间,上体前倾正对传球方向。右臂伸直向后引球,持球手掌心向前,左臂置于体前,两眼注视传球目标。传球时右脚蹬地,重心平稳地移向左脚的同时,右臂垂直地将球送至体前远端轻微拨指出手。球离手时,身体重心前移,后脚跟进,全身保持自然舒展。

(二) 接球

1. 接球的准备姿势与移动

(1) 准备姿势。两膝微屈稍内扣,收腹,上体自然前倾,身体重心置于两脚之间,两手置于体前或膝上,面对来球方向,两眼向前平视。当击球员开始挥棒击球或传球队员挥臂传球时,接球者身体重心前倾,做好起动或接球准备。

(2) 移动。接球前的准备姿势是为了便于迅速移动,能及时地移动是扩大防守范围的重要因素。击球员击出球的方向、高低、快慢变化莫测,防守队员就必须做好随时向任何方向移动的准备:有时要向前跨步或急速跑动接正面或侧前方的球;有时要向两侧滑步接偏左或偏右的球;距两侧较远的球还要作交叉步移动;当来球向侧后方飞行时,要做侧转身跑或交叉步跑。

交叉滑步或交叉跑的步法是:如果是偏左侧的球,要以左脚为轴向左侧转身,右脚交叉在左脚前再接着滑步或跑动;若是偏向右侧的球则相反。特别是接较高的越过头顶的球,更要以快速的后转身在跑动中去接球。

2. 正反手接球

（1）正手接球。如果在接球手这一侧接球，通常称正手接球。接腰部以上的来球时，两手拇指相并靠，手指向上，手指自然伸展或屈指半握。接低于腰部的球时，两手应以小指并靠，手指向下，但传球手不要半握拳。

（2）反手接球。如果接传球手这一侧的球，通常称作反手接球。接球手必须先翻转手套使接球部位对准来球的路线，往往脚也要先移动到接球的恰当位置。反手接球时，球分别在腰部以上或以下部位。

不论接高低左右的球，都要尽可能双手接球，以便迅速传球。决不能使手指对着来球接球。

3. 接平直球

面对来球的方向，两脚平行开立约与肩同宽，脚尖稍内扣，两膝稍弯曲，上体稍前倾，重心放在两脚前脚掌上，两眼平视来球方向或传球人，两臂放松弯曲，两手拇指靠近并使传球手的拇指轻贴在手套大拇指的背侧部位。球即将接触手套时，两手应顺势后引——两肘轻柔而短快地后收，同时翻起手套用手套的凹兜处接住来球，并立即将手套向右肩（传球手）转腕，推送。传球手放松，手指弯曲护球，随球手套的推送动作将球握住，撤臂后引，转入传球的准备动作。

4. 接高飞球

在准备接球时，面对来球方向，两脚开立稍比肩宽，前导脚可稍前，两膝微屈，上体前倾，双手放松置于胸腹前，两眼注视来球。当球呈抛物线下落时，两脚分开站稳在落点稍后方1.2米处，正对来球，眼睛注视球的运动。随着球的下落，两手拇指靠近，指尖向上，放松上举到面部的前上方，用手套凹兜对球，两肘弯曲，球即将接触手套时，两臂及手放松后撤，右手顺势内转护球。

四、长挥

（一）准备姿势

两脚自然开立，与肩同宽或稍宽于肩，膝关节自然弯曲并稍内扣，重心在身体的中间，置于两脚掌内侧。腰部持平，上体保持正直、自然、收腹、含胸。两手持棒于好球区上部，约与右肩同高，离身体约10—15厘米，握棒不宜太紧，但中球一瞬间要握紧。左手臂自然靠近胸部，右肘自然下垂，离身体约10—20厘米，但不能与肩同高。球棒可直立或棒头指向投手、背后、体侧均可。

（二）起棒、挥棒、中球

1. 起棒

起棒是挥棒的开始部分，也是用力的开始，无论投球是坏球或好球，一般在投手出球瞬间或球飞行开始起棒，其起动用力自下而上，顺序为：右脚掌内侧蹬地→大小腿内侧蹬转→推动重心渐前移→左转髋→左转腰→前后斜、侧腹背肌扭转→稍左转肩→手腕渐后倒，棒头也随之后倒，但不能低于肩。

2. 挥棒

要想挥棒有速度和击球有力量，必须用脚抓牢地面，以转髋转腰带动挥棒。转髋转腰必须以身体中轴为中心，身体重心在前移、转动中保持不起伏。这样，眼睛能准确判断来球，挥棒的轨迹没有起伏。判断球的要点是把投球出手至本垒板上空的飞行看成一条线，而不是孤立的球。对于球棒的运用，要能感觉到它是（下位）手的延长部分。

挥击的全部速度和力量集中到棒与球的撞击和前送的一刹那。这时，伸踏脚以脚掌内侧着地蹬直，"顶"稳重心不再前移，使转体、挥臂、双手及全身的力量集中在棒头的中球部位上；将髋部和前肩展开正面对球，两臂及手腕也随前挥展开并前送，两眼始终注视来球。

3. 中球

全身协调用力的最终目的是通过棒头击中球，因此，在击中球的瞬间，要加大腕力，要有压腕和拧紧的感觉。这时两手掌同在一个平面上，朝上，且要和两手臂同在一个平面上。这时棒头与两臂形成一个稳固的三角形，其余棒中球的技术要点为两臂几乎伸直，加大翻腕力量，有利于两臂充分伸直。

（三）随挥

随挥就是挥棒击球后，挥棒动作不应停止，手臂力量和腰部的转动要自然地进入随挥之中，球棒、两臂及上体都应随之向前继续推送，然后自然翻腕，身体重心逐渐移向左脚，棒头摆至左肩后上方，然后松开双手，把球棒丢在左侧后（不要甩出），起步跑垒。在随挥的过程中要注意保持身体的平衡，充分的随挥动作有利于球的飞行，也有利于向一垒的跑动。

五、跑垒

击球员安全到达一垒后即成为跑垒员。跑垒员分别停留在一垒、二垒或三垒时，必须随时准备，机智地利用一切机会攻占下一个垒位。一方面是靠自己伺机主动进垒（即所谓的偷垒）；另一方面要在同伴的配合下抢进垒，其全部过程为离垒疾跑和踏垒急停。

（一）离垒疾跑

当投手踏上投手板准备投球时，跑垒员一只脚的前脚掌触踏垒垫的内沿，另一只脚向前自然跨出一步支撑身体重心，两膝弯曲，上体前倾，成站立式起跑姿势，两眼注视投手投球出手的动作。投手投球离手的瞬间，后脚用力伸蹬垒垫，两臂前后交替摆动，起动离垒。在偷垒、击出空甩球、出现封杀局面，或是在防守队员传接球失误时，就要迅速跑向下一个垒位。如果击出的球很容易被守场员截击，疾跑3—5步后，再根据场上情况的变化，确定继续进垒还是退回原垒。

（二）踏垒急停

当场上局势使跑垒员没有继续进垒的可能时，跑垒员在即将到达所攻占的垒位前，步幅要稍小，先降低身体重心，控制身体平衡，在垒前以左脚为轴，急剧向左转体90°，提拉右膝，以右脚前脚掌内扣伸踏垒垫内沿急停。另一种急停方法是当左脚触踏垒垫后，随着身体前移的惯性，右脚继续向垒前跨出一步，用全脚掌着地，以缓冲前冲力量。此时，身体重心降低,屈膝成弓箭步,保持左脚不离开垒垫。

六、滑垒

(一)勾式滑垒

所谓"勾式滑垒",顾名思义就是在滑垒时,触垒的脚像钩子一样滑向垒包。勾式滑垒是为了躲避对手的触杀而使用的,其有利点是既可以滑向垒包的右侧,也可以滑向垒包的左侧。

在滑向垒包的右侧时,身体倒向右侧,左脚尖朝上,右脚稍微抬起,向垒包的右侧伸出。以左脚尖触垒,在触及垒包右侧前,脚尖保持伸直状态,触垒后用脚背勾住垒包的外角。在身体运动自然停止前,左脚要一直保持与垒包的接触。在跑垒途中,如看见防守队员在垒包的右侧接球时,跑垒员可以改为向垒包左侧滑进以躲避触杀,滑垒动作与右侧滑法相反。

(二)坐式滑垒

坐式滑垒在垒球比赛中是使用最多、最安全的滑垒方法。坐式滑垒可以在垒包的侧面进行,也可以在垒包的正面进行。在各种滑垒方法中,坐式滑垒可以更快地触垒,并可以在触垒后迅速地站起准备进行下一个动作。

滑垒从垒前3米左右的位置上开始,弯曲双腿中能自然弯曲的一侧腿。弯曲一侧的腿在下面依次用脚背外侧、小腿外侧和臀部着地呈坐地姿势滑向垒包。抬起在上面的另一侧脚触垒。这时膝部要稍微弯曲,脚后跟着地,触及垒包后,利用滑行的力量,迅速站起,准备随后的动作。如果为了减少滑垒坐倒时的冲击力而以手扶地的话,会造成手臂的疼痛或受伤。所以,在滑垒时双手要上举,身体重心放在弯曲腿上,这样就可以降低受伤的概率。

任务三 勤练垒球运动基本战术

一、击球战术

(一)触击战术

1. 上垒触击战术

上垒触击是击球员乘守队不备,突然运用触击法击球,使自己达到上垒目的的一种进攻战术。当垒上有其他跑垒员时也可采用此法。

选用上垒触击战术时,要求击球员触击动作隐蔽快速,触击后的起动速度要快,决不能过早暴露自己的意图。为了达到上一垒的目的,触击球的落点最好是靠近一垒线或三垒线,要使球向一垒或三垒沿垒线方向滚动。如能把球击向一垒垒线附近,迫使对方一垒手跑上来接球,投手或二

基本战术

垒手又没能及时补守一垒时,击球员就可乘虚进占一垒。上一垒时,要注意在跑垒员限制线内跑进,以免妨碍守队传球。如果对方三垒手的站位较远,没有防触击球的准备,或者他是左手传球者,或者当二垒有跑垒员不敢远离三垒时,就把球触击到三垒方向。只要时机选择适当,这种触击球战术就容易成功。

2. 牺牲触击战术

牺牲触击战术是击球员使用触击,准备牺牲自己而掩护跑垒员进垒的一种进攻战术。当一垒或二垒有跑垒员,他们偷进二垒或三垒都比较困难,要求在击球员的配合下才能前进一垒时可以考虑选用这种战术。"牺牲触击"战术多半在守队接手臂力较强,跑垒员偷垒没有把握,以及击球员的击球能力又较差的情况下运用。它是以一个人出局来换取跑垒员的进垒(到达得分垒),然后待下一击球员击出安打来得分的战术。

击球员有为了全局而自我牺牲的精神,可提早做好触击准备姿势,选择以好球触击。触击后,再起动跑垒,不要边跑边触击,以免触击不成而丧失战机。这种战术要求跑垒员待击出地滚球后才快速进垒。

3. 抢分触击战术

抢分触击是三垒跑垒员与击球员相互配合强取一分的一种战术。即三垒跑垒员待投手投球离手后,立即离垒直冲本垒;而击球员不管投手投来的球是好是坏,都必须运用触击将球击出,使三垒跑垒员在守队传杀之前强行跑回本垒得分。抢分触击战术一般在双方比分较为接近时运用。如运用适当,可以突破相持局面,强取一分用以扰乱对方的阵脚,使守队转入被动局面。在运用时,最好与牺牲触击战术结合起来,这样可收到较好的效果。

(1)击球员为了保证触击成功,在投手摆臂时即可做好触击准备动作,并使用最简易的触击方法来击球。触击时,不管投手投来好球或坏球,都必须将球轻轻地击向本垒两侧(地滚球)。这一点是抢分成败的关键。如果触击不中,球被接手接住,则直冲本垒的三垒跑垒员就会在本垒前被触杀出局。

(2)跑垒员起动和跑垒速度要快,跑垒员要不管击球员能否击中或击出什么样的球,绝对不能犹豫,只要投手投球离手,就要果断离垒,奋勇向本垒冲刺,并随时准备用滑垒的方法强行进本垒得分。

(3)为了达到抢分的目的,击球员与三垒跑垒员应事先通过暗号联系。联系的方法通常是先由教练员发出"抢分"暗号,然后两队员再以暗号回答,表示已明确任务,并做好准备。击球员要用暗号同三垒跑垒员取得默契,并约定好哪次投球时触击。约好之后,彼此就要严格执行,不论投来的球是好是坏,击球员都要击球,并力争把球触击在界内。

从以上三点来看,抢分触击的关键在于击球员。教练员在运用这一战术时,必须考虑击球员的触击能力、比赛作风和心理负担承受能力。击球员接到"抢分"暗号后,应沉着冷静,坚决完成战术要求。

（二）其他击球战术

1. 等球战术

击球贵在选球，不能见球就打。当投手已有二球，甚至三球时，就更要严格选球。特别在二"击"之前，就可考虑采用"等球"战术，就是说非好球不打，甚至不是自己击球点上的好球也不打，或者放弃一个好球，以增加投手的投球次数，并争取四坏球上垒。假如有两人连续得四坏球上垒，对方的士气就会受到明显的影响，尤其当对方投手技术较差，好球率不高，或者投手体力不佳，精神疲惫，控制球率能力降低，或者是新换上来的投手还不适应时。总之，这种等球战术也会发挥较大威力。但从整体上看，这还是一种比较消极的办法，不宜过多采用。

2. 打第一个球战术

有些投手一开始第一个球就投正中的好球，一方面是试探性的，想要摸清击球员的底细，另一方面是试图以"一击"的优势首先压住击球员，威胁击球员。这是投手经常采用的一种配球策略。击球员就可利用这种机会，一打就成功上垒，反过来给对方一个威胁，这对后面的击球员也是一种鼓舞。

二、防守基本配合

（一）接球时简单配合的基本原则

1. 来球距离两人几乎相等，应由接球后传球较为顺手者去接。比如击到游击手和三垒手之间的球，两人都可以接，假若接球后要传杀跑向一垒的击跑员，就应由三垒手去接；假若要传本垒，最好由游击手去接。

2. 根据当时跑垒员的动向，没有接杀跑垒员任务者，应积极去接。例如：击到一、二垒间的地滚球，一、二垒手都可以接，但一般应由二垒手去接，一垒手回垒，准备接球封杀击跑员；如二垒有跑垒员时，击到游击手和三垒之间的地滚球，一般应由游击手去接，三垒手回去守三垒。

3. 来球离谁较近就由谁接。

4. 根据当时的客观条件，如阳光等，由有利于接球者去接。例如：击到游击手和三垒手之间的高飞球，应由侧向阳光照射的一人去接。

5. 向前跑去接球要比向后退着接球容易得多，所以击到内外场之间的腾空球，一般应由外场手跑上来接。

（二）"补漏""补垒"和"接应"

1. 补漏

补漏就是到接球队员的后面进行保护。只要有守场员接球，不论是接击球或接传球，都必须有人去补漏（或称为保护）。补漏时，要提前赶到接球人的后面，不能等出现漏接后再去补。补漏的距离也不要太近，要与来球及接球人成一直线。如一垒手跑上前去接击出来的地滚球，二垒手就要立即跟进去补漏；三垒手去接地滚球，游击手就要去补漏；左外场手传向三垒的球，或右外场手传向一垒的球，接手就要去补漏。

2. 补垒（或称补位）

补垒就是每当有空垒的时候，临近的场员就要去补守，防止跑垒员乘虚而入。如三垒有跑垒员，接手漏接球，投手就要及时去补守本垒；当击球员击出触击球，一垒手跑上前去接球时，二垒手就要去补守一垒；二垒手去接触击球时，游击手应补守二垒。

3. 接应

接应就是当传球距离太远，一次传球很难到位，中途需要有人去"接力"，或者是球在空中运行期间，局势有了新的变化，急需改变传球目标时，在中途把球拦截下来，再改传到另外的目标。这种截接的配合，称为"接应"。凡需要接应的传球，要传得特别平直，至于要不要途中截住，或截住后改传哪里，都要听接手的指挥，但凡是遇有接应必要时，就必须有人去接应。

三、跑垒战术

（一）偷垒战术

1. "单偷垒"战术

垒上跑垒员在投手投球离手瞬间抢进前面一个垒叫作"偷垒"。偷垒时事先要与击球员用暗号联系，密切配合，一定要掌握投手投球出手时机，以最快速度离垒，到垒前做好滑垒准备。这种偷垒战术在对方接手接球技术或向垒上传球技术较差时，或传杀跑垒员的意识不强，同守垒员的默契不够时，很容易获得预期效果。比如一垒跑垒员跑垒能力较强，跑速快，预先不要暴露自己要偷垒的意图，当投手投球离手后，急速离垒向二垒冲刺，一旦接手发现跑垒员偷向二垒，由于原来没有准备，反应不及，仓促间传向二垒，必然贻误时机，或传球失误。假如二垒手或游击手预先也没有回垒接球触杀的准备，偷垒战术就能成功。

跑垒员在垒上随时都应做好偷垒的准备，当投手投球时对投手每一次投球，都要离垒数步，随时准备偷垒，一旦场上出现接手接球失误或有其他可乘之机就要偷垒。但也要做好随时返垒的准备。

2. "双偷垒"战术

"双偷垒"战术是跑垒员之间相互配合的偷垒战术，比单偷垒战术复杂，但也比较容易成功。两个跑垒员在同一时间内都向各自前面的一个垒位抢进，并在抢进中相互呼应，牵制防守队的传杀，使对方顾此失彼，以达到两个人都安全上垒或得分的目的。这种战术常在跑垒员已进占一垒和三垒的情况下使用。

"双偷垒"的前后垒位上的跑垒员要交替牵制，一般是后位跑垒员先行动，掩护距本垒近的跑垒员趁机回本垒得分；前位跑垒员的进垒又牵制了防守，掩护一垒跑垒员进二垒。如遇险情，后位跑垒员要尽量拖延守方的传杀时间，掩护前位跑垒员安全得分。

跑垒时，当投手向击球员投球离手后，一垒跑垒员积极偷垒，迅速向二垒跑去，诱使对方接手向二垒传杀。三垒跑垒员也及时离垒向本垒偷进，但应当比一垒跑垒员的行动稍慢一些，这时三垒跑垒员应离开垒位三到四步，如接手接球后直接传球给二垒触杀一垒跑垒员时，则三垒跑垒员可乘机跑回本垒得分。如果一垒跑垒员在未到达二垒前发现二垒手已接球在手，并且三垒跑垒员离本垒还较远，那么他就可以立即停止前进，引诱对方持球来追杀，以拖延时间,为三垒跑垒员安全跑回本垒创造时机,配合三垒跑垒员跑回本垒得分。

如果在二人出局后采用双偷垒战术,并且要争取得分时,一垒跑垒员就应发挥主动配合作用,或准备牺牲自己,送三垒跑垒员跑回本垒得分。方法是把对方的攻击目标引到自己这里,一垒跑垒员不要急于进入二垒,而是要造成在一、二垒之间的"夹杀"局面,尽量拖延被触杀的时间,以争取时间,在自己被触杀出局之前,先让三垒跑垒员进入本垒得分。因为如果一垒跑垒员被触杀的时间在前(此时已有两人出局),而三垒跑垒员进入本垒的时间在后,则得分无效。

一垒跑垒员也可在上一垒后立即继续跑向二垒,使守队投手措手不及而乘机抢进二垒。如果投手传球给一垒手或二垒手来不及截杀一垒跑垒员,三垒跑垒员应离垒牵制守队,协助一垒跑垒员偷二垒成功,或自己乘机进入本垒得分。

(二) 击球员与跑垒员的配合战术

1. 击球员与一垒跑垒员的配合战术

一般来说,一垒有跑垒员时,击球员不要急于击球,一方面可观察投手特点,同时也可给跑垒员以偷垒的机会。这种先不击球的方法本身就是一种简单的击跑配合。但这还不够,还应采取其他措施。

(1) 灵活运用触击战术。在两人出局前,可选用"牺牲触击"战术,如果触击得当,也可以双双进垒(参看"触击战术"部分)。

(2) 好球虚晃一棒。对方投手投出好球可以虚晃一棒,但是不要击中,甚至站位也可以靠后一点,逼使对方接手后退,给他制造接传球的困难,帮助一垒跑垒员偷上二垒。

(3) 坏球坚决不打。对方投手为了接手接球后传杀二垒,通常多投外角坏球。击球员对这种坏球要严格判断,坚决不去还击。如果投手有了两个甚至三个坏球,就会变得被动起来;如果再投一个坏球,对攻队就更为有利。

2. 击球员与三垒跑垒员的配合战术

(1) 三垒跑垒员掩护击球员。如果不急于得分,而是争取击球员能上到一垒,那么三垒跑垒员要起积极配合作用。击球员把球触击到三垒方向,三垒手跑前去接,三垒跑垒员离垒牵制,使他传球犹豫,影响他的传球时间和传球准确性,以争取时间,掩护击球员安全上到一垒。假若他把球传向一垒,那么三垒跑垒员也可直冲本垒得分。

(2) 实施抢分触击。当比分相等,比赛将要结束,为了夺取关键的一分时,在两人出局前,可采取"抢分触击"战术,击球员把球触击成沿一、三垒线的地滚球。三垒的跑垒员可乘机抢占本垒而得分。也可以与"牺牲触击"战术结合运用,让一垒手跑上来接球,并引诱他在中途持球触杀自己,或转身回垒踏垒,为三垒跑垒员跑回本垒争取时间。另外还可以选用"牺牲腾空球"战术。

四、防守击球的战术配合

(一) 投手与接手的战术配合

1. 首先,了解对方击球次序排列的意图,观察每个击球员的特点,然后接手发出暗号和投手取得联系,用各种不同性质的球(快球、慢球、曲线球、下坠球、好球或坏球)来控制击球员,使他击不中,或把球击到界外,或击成高飞球,或只能击成高飞球而不能运用触击法击球等。一般来说,平行式站法的击球员,多喜欢打近身靠里的球,要给他投外角球;封闭式站法的击球员,给他投近身的内角球;大跨步的击球员通常是击低球者,要给他投高球,但不要投正中的好球,然后根据其他具体情况,或改变球速,或改变投点,或改变球路。除有战术需要外,一般少投坏球,争取经常保持"击球"多于"接球"的领先优势。各种不同性质球的妥善搭配,是投接手战术素质的表现,也是取得胜利的关键,应十分重视。

2. 其次,投手可用"投坏球"战术,使击球员击球不中,破坏其"抢分触击"及偷垒等战术。如无人出局,一垒有跑垒员,要防止他用"牺牲触击"战术,掩护一垒跑垒员偷垒。这时用"投坏球"战术破坏他的战术意图,给他投外角坏球,不让他击球,同时也为接手传杀一垒跑垒员创造有利条件。又如,一人出局,三垒或二、三垒有跑垒员,对方准备抢分,可能使用"抢分触击"或"牺牲腾空球"战术,这时也可采用"投坏球"战术,特别是轮及的击球员是强打者时,投"四坏球"送他上垒,避免被击出安打而连失二或三分。送他上到一垒,造成被迫进垒局面,争取在下一个击球员击球时,能双杀成功。

(二)防守触击的战术配合

1. 防一垒有跑垒员的上垒触击。一人或无人出局,一垒有跑垒员,对方可能采用"上垒触击"或"牺牲触击"战术。运用时,一、三垒手大胆压前,准备去接球,投手投球后防守自己的两侧,二垒手补一垒,游击手补二垒,一垒手或三垒手接球后先传二垒,再传一垒,争取双杀。

2. 防一、二垒有跑垒员的牺牲触击。由于二垒有跑垒员,三垒手难于上前防守或接触击球,所以击球员有可能向三垒方向触击,特别是当击球员击球力弱,比赛又是最后两局时。运用时,一垒手上前到 10 米处近守,三垒手站在垒线上防守,投手投球后立即向三垒线移动。重要的是游击手,最好是站在跑垒员的后方,使跑垒员不容易看到自己的位置和行动。三垒手的防守位置最难,可以到垒线前 2 米处站位防守,球击出后,如果其他队员能接到,三垒手应迅速回垒接球封杀二垒跑垒员。

五、防守双偷垒的战术配合

双偷垒战术是跑垒员之间相互配合的偷垒战术,比单偷垒战术复杂,但也比较容易成功。两个跑垒员都向各自前面的一个垒位偷进,使防守一方顾此失彼,达到两人能够分别进垒和得分的目的。

当进攻队跑垒员占据一垒和三垒时,一垒跑垒员往往利用三垒跑垒员的牵制而进占二垒,或在一、二垒之间制造夹杀,以使三垒跑垒员回本垒得分,或二人相互掩护,使守队前后照应不暇,造成传接失误,从而获得两名跑垒员都能上垒和得分的机会,在这种情况下,要求防守队员思想沉着、意志坚定,配合要默契,行动要迅速,传球要准确,还要根据场上出局人数、比分情况和下一击球员力量的强弱来确定防守策略。防守双偷垒较好的办法是诱使三垒跑垒员远离三垒而传杀出局。防双偷垒战术主要有以下配合方法。

(一)追杀一垒跑垒员

当击跑员上一垒后继续跑向二垒时,投手可传球给一垒手,一垒手接球后,不断做虚晃传球动作并向二垒方向追逼一垒跑垒员。在追逐的同时,要观察三垒跑垒员的行动。

如三垒跑垒员离垒不远,一垒手就继续追逼一垒跑垒员,在一垒跑垒员即将靠近二垒手时,一垒手可突然传球给二垒手触杀一垒跑垒员。在追逼一垒跑垒员时,如发现三垒跑垒员离三垒较远时,即可放弃一垒跑垒员而传杀三垒跑垒员于本垒或三垒。

当三个垒上都有跑垒员(满垒)时,首先要选杀最前面(接近本垒)的跑垒员,不让他得分,或就近传杀,即接球后把球传到离自己最近的一个垒封杀跑垒员。如接传迅速,也能形成双杀局面。

(二)假传二垒,二垒手拦截

防止一、三垒偷垒的有效办法是假传二垒,二垒手拦截接手传向二垒的传球后,传杀本垒的配合。接手接得投球后,如发现一垒跑垒员跑向二垒,应立即快速将球传给上二垒接球的游击手去触杀一垒跑垒员。传球要平直快速。二垒手应从投手身后切进,跑到投手身后在二垒与本垒的连接线上准备拦截。在接手向二垒传球时,二垒手如发现三垒跑垒员企图跑回本垒,可以突然拦截接手传给游击手的球,并迅速将球传向三垒或本垒,以触杀三垒跑垒员。这种情况也有可能在三垒和本垒之间形成夹杀局面。如见三垒跑垒员离三垒不远,则不做拦截,让游击手在二垒接球触杀一垒跑垒员。

(三)防三垒延迟偷垒

三垒延迟偷垒是一垒跑垒员在接手举球要传给投手时起动跑向二垒,使接手将球转传给二垒,于是三垒跑垒员趁机回本垒得分。接手接投球后应到本垒前观察,在密切注意三垒跑垒员动向的同时,向二垒传球触杀相对容易杀出局的一垒跑垒员。守队三垒手应在投球一通过本垒就迅速回三垒,投手在投球后,为了不妨碍接手向二垒传球而向三垒方向移动。接手接球后,先要注意三垒跑垒员,用假传逼三垒跑垒员回垒,如果三垒跑垒员离三垒较远,就向三垒传球,如果离三垒较近,就立即把球传给回到二垒的二垒手。二垒手在一垒跑垒员起跑的同时,就应站在二垒上等待接球触杀跑垒员。

任务四　熟悉垒球运动主要规则

一、比赛通则

表 14-1　比赛通则

通则	细则
比赛场地	垒球运动比赛场地呈直角扇形,由内场和外场两部分组成。内场为 18.29 米×18.29 米的正方形,在扇形的顶端设一五角形的橡皮板,称为本垒;在其他三个角上各设一个四方形帆布垒包,分别称为一、二、三垒;在内场中间的投手区设一橡皮投手板;在本垒两侧各画一个击球区,后侧画一接手区。内场以外的部分称为外场。以本垒板尖角为圆心画一弧线与两侧垒线延长线相交为本垒打线,本垒打线距离,女子不小于 60.96 米,男子不小于 68.58 米。内场边沿线的半径为 18.29 米。本垒板与后挡网和野传球线的距离为 7.62—9.14 米

(续表)

通则	细则
器材	(1) 垒球比赛用球：垒球运动器材，呈圆状。规则规定比赛用球应整洁光滑，用明线缝合，圆周为 30.2—30.8 厘米，重量为 177—200 克。球芯可用优质长纤维木棉、软木和橡胶混合物或聚氨酯混合物制成，再用高质纱线涂上乳胶或橡胶黏结，用手或机器绕成。球的表面用优质铬革、马皮、牛皮或合成材料与球芯粘牢，再用棉线或尼龙线双针缝合而成。针数不少于 88 针。 (2) 垒球球棒：垒球运动器材，用木或合成金属等材料制成。棒面平滑，呈一整体圆柱形。握柄一端较细，用胶带或其他合成物缠绕。最长限度为 86.4 厘米，重量最大限度为 1 077 克，直径最粗处不得超过 6 厘米，握柄包缠的长度为 40 厘米。 (3) 垒包：垒球运动场地设备，用白色厚帆布制成，内装棕丝等细软物。一、二、三垒垒包均为边长 38 厘米的正方形，厚 7.6—12.7 厘米。一、三垒垒包应整个放在内场，二垒垒包的中心放在两垒线的交叉点上。垒包应用钉子固定在地上，以免移动。 (4) 垒球手套：垒球手套是每个队员防守时使用的接球工具，用皮革或人造皮革制成，有连指和分指两种。不同的位置，所用的手套也有区别。接手和一垒手用的是连指手套，也就是食指、中指、无名指和小指连在一块儿的手套。这两个位置的队员接球次数多，投球的速度快，所以接手的手套既圆又厚，能很有效地保护手；一垒手的手套较长较厚，便于接更大范围的各种来球。其他位置的队员都戴分指手套，但外场手用的手套较内场手的手套稍长、稍薄些
得分	在一局比赛中，如果击球手击中球后沿逆时针方向顺利到达一垒，然后跑完所有的三垒，最后跑回本垒，这支球队得一分。击球手击中对方队员投出来的球后，该击球手占得一垒。击球手击出来的球必须落在边线以内、对方接球队员之前，这样对方接球队员就有可能用手套将球接住。在接球手拿球上垒之前，击球手必须先到该垒
淘汰	投球手的目的就是要将击球手（即跑垒员）淘汰出局。要达到此目的，有如下三种途径：迫使击球手向内场手击出一粒地面球；迫使击球手将球击向空中，这样队友能将球接住；迫使击球手三击不中出局
上垒	如果击球手将球击出场外（击球区外四个投球点以外）或者被对方投出来的球打到身上，击球手也能安全上垒。但是，如果一个本垒打经常将球击出场外围栏，那么击球手和所有跑垒球员都要绕各垒跑一周，然后马上得分。一般情况下，第一个击球队员安全到达第一垒后，其他击球手击中投球后，逐垒占领，这样才能得分。 击球队员和跑垒员可以跑到下一个没被其他跑垒员占领的垒。但是，如果击球队员在接球队员之后上垒，那么，该击球手就被淘汰出局。如果击球手打出一个地面球，一垒的跑垒员就要尽快跑到第二垒，击球手就能轻松地跑到第一垒。如果一名队员被迫跑到其队友原先所占的垒时，其他的跑垒员也要相应地跑到下一垒。在这两种情况下，跑垒员都必须跑垒，而接球手在接到球后，只需比跑垒员先到下一垒，就可以将对方跑垒员淘汰出局。不需追赶对方跑垒员

二、其他规则

表 14-2　其他规则

通则	细则
其他规则	如果击球手打出一粒边界球，除非该队员在此之前已击出两粒好球，否则这个球算击球手的一次失误。 如果击球队员在前两次击球失败后，第三次击出的球被接球队员接住，那么，该击球手就会以三击不中而被淘汰出局。 接球手一旦接到被击球手打到空中的球，跑垒员就必须离开本垒，然后在接球手之前赶到下一垒。 在球被接到之前，如果跑垒员跑离本垒，而且接球队员在跑垒员赶回之前拿到球并成功上垒的话，那么，该跑垒员被淘汰出局。 击球手可以跑过第一垒，但如果他跑过或滑过第二垒或第三垒，就有可能被接球手追上而被淘汰。 跑垒员可以在击球手击球之前就开始跑垒，或叫窃垒。 击球手在第三打时，触击球犯规就会被淘汰。 投球手在掷球时必须至少有一条腿着地。 队员被替换下场之后可以重新上场，但是一名替补只能替换一名场上球员。

思政教育

首届中国垒球联赛开赛

首届中国垒球联赛 7 月 2 日在浙江省绍兴市棒垒球体育文化中心开赛。在揭幕战中，以国家队阵容为班底的浙江队以 21∶15 战胜辽宁蓝鲨队，赢下首届联赛的首场比赛。

首届中国垒球联赛共有 9 支球队参赛，除 8 支来自不同省份的球队外，国家女子垒球队也以国家队俱乐部的形式，以浙江·绍兴古越龙山鉴湖女侠队为名参赛。

为平衡国家队和地方队同时参赛的公平性，联赛设计了一些特别规则：浙江队需提前一天公布次日参赛阵容名单，未进入参赛名单的队员可回到地方队参赛；在与浙江队的比赛中，对手可选择使用男子陪练投手投球等。

在 7 月 2 日进行的其他 3 场比赛中，广东奥龙堡队以 27∶5 战胜天津女垒队，北京雨燕队以 17∶15 击败河南四季胖哥战狼队，江苏南京工业大学队以 19∶18 力克上海女垒队。四川太阳鸟女垒队轮空。

根据联赛规程，此次联赛采用常规赛加季后赛的赛制。7 月 2 日至 19 日为常规赛第一阶段，9 支球队以赛会制形式进行双循环比赛，每支队伍进行 16 场比赛。今年第四季度还将举行常规赛第二阶段、季后赛和总决赛。

首届中国垒球联赛的举办让各地方队比赛场次显著增加。按照目前赛程安排，每支队伍仅在联赛第一阶段就将参加 16 场比赛，超过此前每支地方队参加全国垒球锦标赛、全国垒球冠军杯赛两项赛事的比赛场次之和。

——《人民日报》，2022 年 7 月 4 日

健 美 操

学习目标

了解健美操的起源、发展、分类及特点,理解健美操的文化内涵与健身价值;初步掌握健美操的简单动作组合和套路。

任务描述

健美操是近几十年发展起来的一项新兴的体育运动项目,它起源于传统的有氧健身操,是以有氧运动为基础,以健、力、美为体征,融体操、音乐、舞蹈为一体的大众健身方式,也是竞技运动的一个项目。通过徒手、手持轻器械和在专门器械上进行健美操练习,可达到健身、健美和健心的目的。

任务分析

通过学习,熟练掌握健美操的基本动作与组合套路,能应用到实战比赛中。

课程思政

1. 健全人格:通过本章的学习,体会健美操运动的乐趣,发展个性,培养学生的创造力、想象力,树立正确的审美观。

2. 磨炼意志:通过学习成套动作,掌握锻炼的方法,提高编排能力,同时学会独立创编动作;体验通过健美操运动降低体脂含量、提高心肺功能和肌肉力量,改善身体形态;陶冶情操,磨炼意志。

任务一 了解健美操运动基本概述

健美操运动是一项深受广大群众喜爱的、普及性极强的,集体操、舞蹈、音乐、健身、娱乐于一体的体育项目。

健美操比赛项目包括男子单人、女子单人、混合双人、三人(男三、女三、混合三人)、混合六人(男三、女三)、啦啦操等。比赛按性质分锦标赛和冠军赛两类。

健美操起源于1968年。1983年美国举行了首届健美操比赛,1984年首届远东区健美操大赛在日本举行。由于两次大赛的成功,1984年起健美操运动在世界各地全面兴起。每年国际上举办的活动有:健美操世界锦标赛、世界杯赛、世界冠军赛、世界巡回赛。国际健美操委员会已于2004年将健美操项目带入奥运会。

随着人民生活水平的不断提高,健美操所特有的保健、医疗、健身、健美、娱乐的实用价值受到越来越多人的重视,吸引了不同年龄的爱好者参与。

1987年,北京举办了首届全国健美操邀请赛,随后1988、1989、1990、1991年北京、贵阳、昆明、北京先后举办了四届邀请赛。1992年起全国健美操邀请赛改名为全国锦标赛,成为每年举办的传统赛事。另外,1992和1995年北京举办了两届全国健美操冠军赛;1998年,举办了全国锦标赛暨全国健美操运动会。

任务二　教会健美操运动基本技术

健美操基本技术是指动作中最主要和最稳定的部分,且所有动作都以此为核心加以扩展。而基本动作是掌握其他动作的基础。健美操基本动作包括基本姿态动作、基本难度动作和基础动作三大部分。

健美操中的基本姿态动作是指身体在静态和动态时的各部位姿势,它可以通过舞蹈的姿态进行训练。基本难度动作是指与竞技健美操中规定的特定动作相应的具有一定难度的动作。基础动作是根据人体结构活动特点而确立的具有代表性的动作,共分为七个部位的动作,即头颈、肩、胸、腰、髋部动作,以及上、下肢动作。

健美操基本动作的正确与否,不仅会影响人的健美姿态,还会影响动作的难易程度和锻炼效果。因此,正确掌握健美操的基本动作是健美操学习过程中至关重要的一环。

一、手形

健美操中的手形有多种,是从芭蕾舞、现代舞、迪斯科、武术中吸收和发展来的。手形是手臂动作的延伸和表现,运用得好,会使健美操动作更加丰富,生动活泼,更具有感染力。

手形

(一)掌形

掌形(如图15-1)包括分掌和合掌。

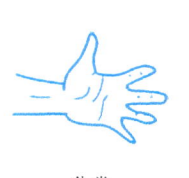 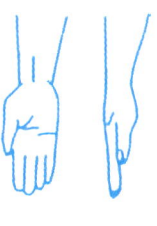

分掌　　　　　合掌

图15-1　掌形

1. 分掌:五指用力分开,手腕保持一定的紧张程度。
2. 合掌:五指并拢伸直。

(二) 拳形

五指弯曲紧握,大拇指压在食指弯曲部位(如图15-2)。

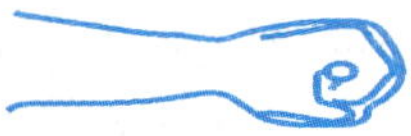

图 15-2 拳形

(三) 芭蕾舞手形

芭蕾舞手形为五指微屈,后三指并拢、稍内收,拇指内扣。

(四) 西班牙舞手形

西班牙舞手形为五指用力,小指、无名指、中指自掌指关节处依次弯曲,拇指稍内扣。

二、身体各部位的动作

(一) 头、颈部动作

1. 屈(如图15-3):指头颈关节角度的弯曲,包括前屈、后屈、左屈、右屈。

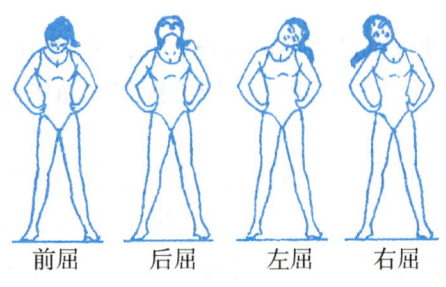

图 15-3 屈

2. 转(如图15-4):指头颈部绕身体垂直轴的转动,包括向左、向右的转。

3. 绕和绕环(如图15-5):指头以颈为轴心的弧形和圆形运动,包括左绕、右绕和左绕环、右绕环。

头、颈部动作要领:做各种形式的头颈动作时,上体保持正直,速度要慢,头颈移动的方向要准确,颈部肌群充分伸展。

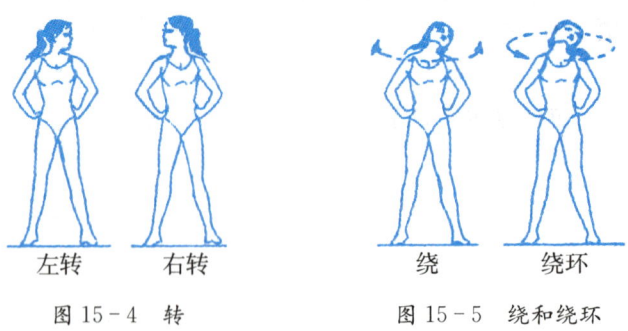

图 15-4 转　　图 15-5 绕和绕环

(二) 肩部动作

提肩、沉肩、绕肩、肩绕环动作如图15-6所示。

1. 提肩:指肩胛骨做向上的运动,包括单肩、双肩的同时提和依次提。

2. 沉肩：指肩胛骨做向下的运动，包括单肩、双肩的同时沉和依次沉。

3. 绕肩：指以肩关节为轴做小于360°的弧形运动，包括单肩向前和后绕，双肩同时或依次向前和向后绕。

4. 肩绕环：指以肩关节为轴做360°及360°以上的圆形运动，包括单肩向前和向后绕环，双肩同时或依次向前和向后绕环。

5. 振肩：指固定上体，肩急速向前或向后摆动，包括双肩同时前、后振和依次前、后振。

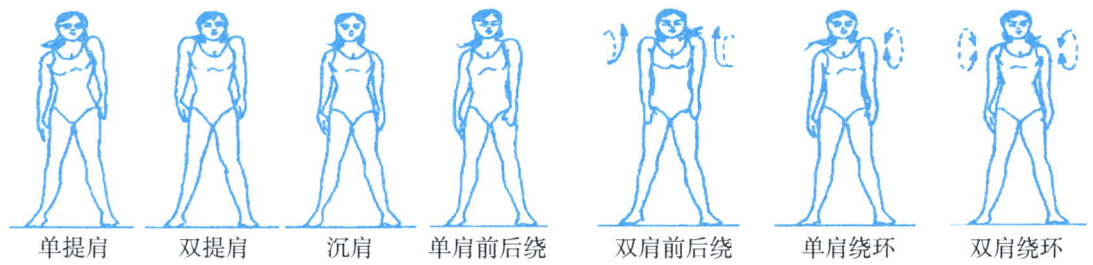

图15-6 提肩、沉肩、绕肩、肩绕环

肩部动作要领：

1. 提肩时尽力向上，沉肩时尽力向下，动作幅度大而有力。

2. 绕肩时上体不能摆动，两臂放松，头颈不能前探；动作连贯，速度均匀，幅度大。

3. 振肩动作要有速度、力度和弹性。

（三）上肢（手臂）动作

1. 举：指以肩为轴，臂的活动范围不超过180°而停止在某一部位的动作，包括单臂和双臂的前、后、侧以及不同中间方向的举（如上举、侧上举、侧下举等），如图15-7所示。

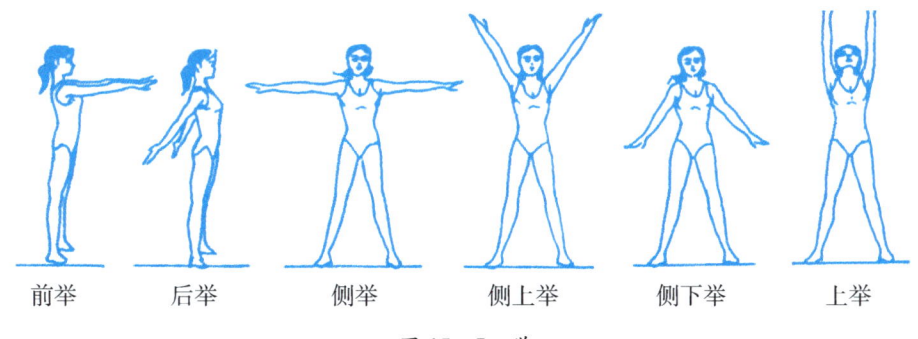

图15-7 举

2. 屈：指肘关节产生了一定的弯曲角度，包括胸前屈、胸前平屈、肩侧屈、肩上侧屈、肩下侧屈、肩上前屈、腰间屈、头后屈等，如图15-8所示。

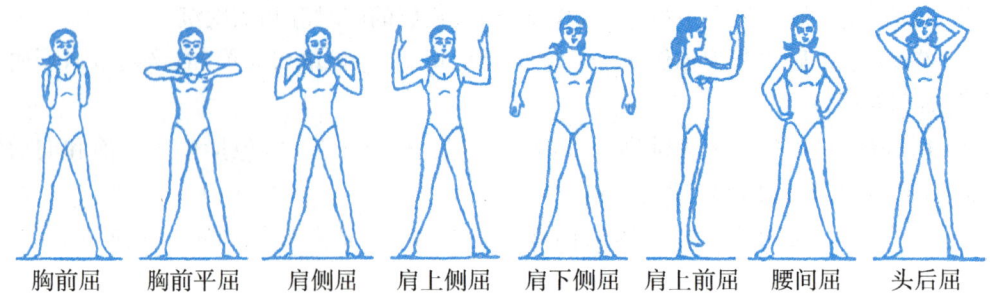

图 15-8 屈

3. 摆：指以肩关节带动手臂来完成臂的摆动动作，包括单臂和双臂同时或依次向前、后、左、右的摆，如图 15-9 所示。

4. 绕：指双臂或单臂向内、外、前、后做180°以上及360°以下的弧形运动，如图 15-10 所示。

5. 绕环：指以肩关节为轴，双臂或单臂做向前、向后、向内的绕环，如图 15-11 所示。

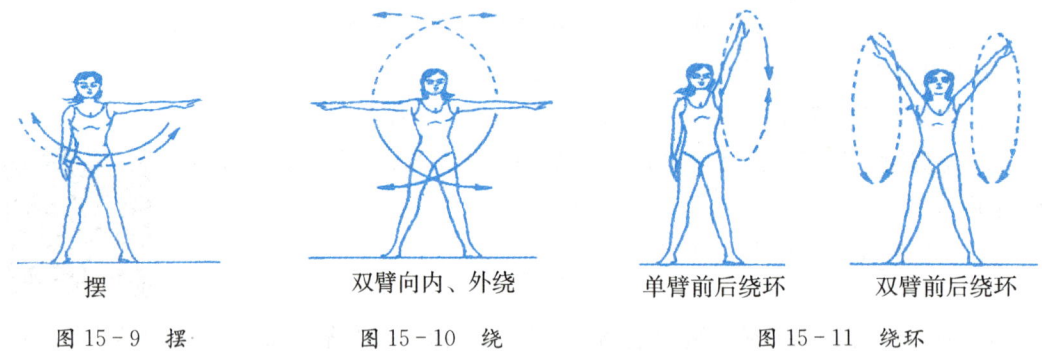

图 15-9 摆　　　图 15-10 绕　　　图 15-11 绕环

6. 振：指以肩为轴，手臂用力摆至最大幅度，包括上举后振、下举后振和侧举后振，如图 15-12 所示。

7. 旋：指以肩或肘为轴做臂的旋内或旋外动作，如图 15-13 所示。

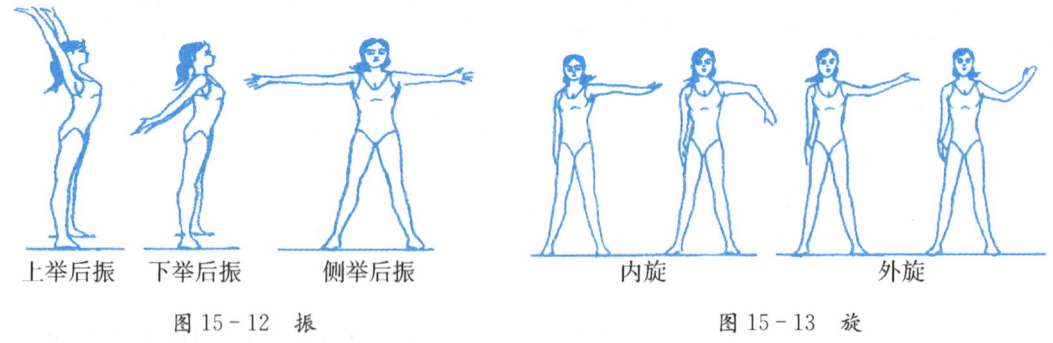

图 15-12 振　　　　　　图 15-13 旋

上肢动作要领：

1. 做臂的举、屈伸时，肩下沉。
2. 做臂的摆动时，起与落要保持弧形。

3. 上体保持正直,位置准确,幅度要大,力达身体最远端。

三、基本站立

(一) 立(如图 15-14)

1. 直立:指头颈、躯干和脚的纵轴保持在一条直线上。
2. 开立:指两脚左右分开与肩同宽或宽于肩。
3. 点地立:指一腿直立(重心在站立脚上),另一腿向各方向伸直,脚尖点地。它包括前点立、侧点立、后点立。
4. 提踵立:指两脚跟提起,用前脚掌站立。

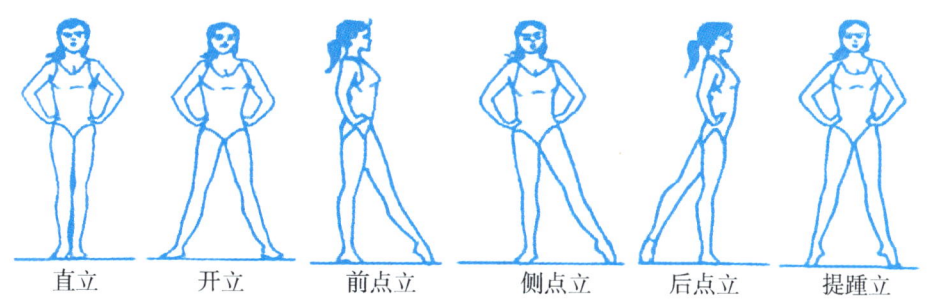

图 15-14　立

(二) 弓步

弓步是指一腿向某方向迈出一步,膝关节弯曲成 90°左右,膝部与脚尖垂直,另一腿伸直。它包括左、右腿的前、侧、后弓步,如图 15-15 所示。

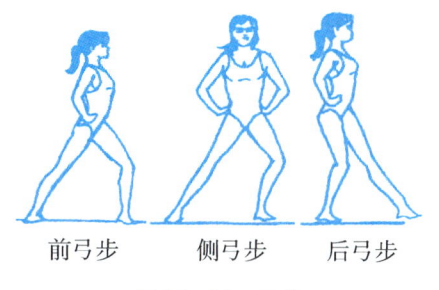

图 15-15　弓步

(三) 跪立

跪立指大腿与小腿成直角的跪姿。包括双腿跪立、单腿跪立。

四、下肢基本动作

(一) 踏步

踏步要领:两脚交替,不间断地做屈膝上提,然后做踏地的动作。它包括脚尖不离地的踏步、脚离地的踏步、高抬腿的大幅度踏步。

要求:落地时,由脚尖过渡到脚跟着地;屈膝时,胯微收。两臂自然前后摆动。

（二）屈腿跳

屈腿跳要领：单腿跳起，同时另一腿屈膝向前、侧上提。大腿用力上提，小腿自然下垂。

（三）踢腿跳

踢腿跳要领：单腿跳起，同时另一腿直腿向前、侧方向踢出。它包括小幅度和大幅度的踢腿。

踢腿时，需加速用力，上体保持正直、立腰。

踏步、屈腿跳、踢腿跳动作如图15-16所示。

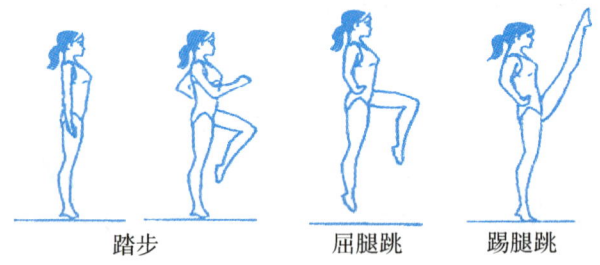

图 15-16　踏步、屈腿跳、踢腿跳

（四）后踢腿跳

后踢腿跳要领：脚交替有短暂腾空过程（类似跑步），小腿向后屈，髋和膝在一条线上，小腿叠于大腿。

（五）弹踢腿跳

弹踢腿跳要领：单腿跳起，同时另一腿经屈膝向前、侧方向弹踢，大腿抬起至一定角度后，小腿自然伸直，膝关节稍有控制。

（六）开合跳

开合跳要领：并腿跳至开立，分腿跳至并立，分腿时，两腿自然外开，膝关节沿脚尖方向弯曲；跳起与落地时，屈膝缓冲。

（七）弓步跳

弓步跳要领：并腿跳起，落地时成前（侧、后）弓步。跳成弓步时，把握住身体重心。

后踢腿跳、弹踢腿跳、开合跳、弓步跳动作如图15-17所示。

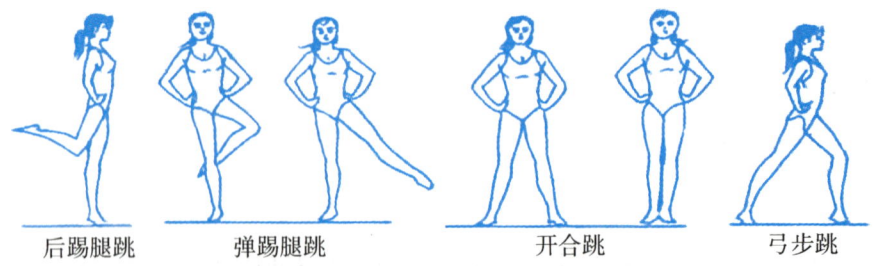

图 15-17　后踢腿跳、弹踢腿跳、开合跳、弓步跳

健美操下肢力量动作

健美操下肢伸展动作

五、健美操成套组合

(一)预备姿势

预备姿势为站立。

(二)健美操成套组合一

1. 1×8拍下肢步伐:右脚一字步两次;上肢动作为1、2拍双臂胸前屈,3、4拍后摆,5拍胸前屈,6拍上举,7拍胸前屈,8拍放于体侧。

2. 2×8拍下肢步伐:右脚一字步两次;上肢动作为屈腿时击掌,5至8拍同1至4拍。

3. 3×8拍下肢步伐:侧并步4次;上肢动作为1拍右臂肩侧屈,2拍还原,3拍左臂肩侧屈,4拍还原,5拍双臂胸前平屈,6拍还原,7、8拍同5、6拍。

4. 4×8拍下肢步伐:1至4拍左脚十字步一次,5至8拍踏步4次;上肢动作为1至4拍手臂自然摆动,5拍击掌,6拍还原,7、8拍同5、6拍。

第5至8个8拍,动作相同,但方向相反。

(三)健美操成套组合二

1. 1×8拍下肢步伐:1至8拍右脚开始点地4次;上肢动作为1拍双臂屈臂右摆,2拍还原,3拍左摆,4拍还原,5拍右摆成右臂侧斜上举,右臂胸前平屈,6拍还原,7、8拍同5、6拍,但方向相反。

2. 2×8拍下肢步伐:1至4拍向右弧形走270°,5至8拍并腿半蹲两次;上肢动作为1至4拍手臂自然摆动,5拍双臂前举,6拍右臂胸前平屈(上体右转),7拍双臂前举,8拍放于体侧。

3. 3×8拍下肢动作:1至8拍左脚开始两次上步吸腿转体90°;上肢动作为1拍双臂前举,2拍屈腿后拉,3拍前举,4拍还原,5至8拍同1至4拍。

4. 4×8拍下肢步伐:1至8拍上步后屈腿4次;上肢动作为1至8拍手臂自然摆动,向前时胸前交叉。

第5至8个8拍,动作相同,但方向相反。

(四)健美操成套组合三

1. 1×8拍下肢步伐:1至4拍向右交叉步,5至8拍左腿半蹲;上肢动作为1至3拍双臂经侧至上举,4拍胸前平屈,5、6拍双臂前举,7、8拍放于体侧。

2. 2×8拍下肢步伐:1至8拍侧点地4次;上肢动作为1拍右臂左前举,左臂屈肘于腰间,2拍双臂屈肘于腰间,3、4拍同1、2拍但方向相反,5至8拍同1、2拍,重复两次。

3. 3×8拍下肢步伐:1至8拍左腿开始向前走3步加屈腿3次;上肢动作为1拍双臂肩侧屈,2拍胸前交叉,3拍同1拍,4拍击掌,5拍肩侧屈,6拍腿下击掌,7、8拍同1、2拍。

4. 4×8拍下肢步伐:右腿开始向前走3步加屈腿3次,上肢动作同第3个8拍。

第5至8个8拍,动作相同,但方向相反。

(五)健美操成套组合四

1. 1×8拍下肢步伐:1至8拍右腿开始V字步+A字步;上肢动作为1拍右臂侧斜上举,2拍双臂侧上举,3、4拍击掌两次,5拍右臂侧斜下举,6拍上臂侧斜下举,7、8拍击掌两次。

2. 2×8拍下肢步伐:1至8拍弹踢跳4次(单单双);上肢动作为1拍双臂前举,2拍下摆,3、4拍同1、2拍,5拍前举,6拍胸前平屈,7、8拍同1、2拍。

3. 3×8拍下肢步伐:1至8拍左腿迈步两次;上肢动作为手臂自然摆动。

4. 4×8拍下肢步伐:1至8拍迈步后点地4次;上肢动作为1拍右臂胸前平屈,2拍右臂左下举,3、4拍同1、2拍但方向相反,5拍右臂侧斜上举,6拍右臂左下举,7、8拍同5、6拍,但方向相反。

第5至8个8拍,动作相同,但方向相反。

思政教育

77岁健美操教练的"青春秘诀"

77岁的田福秀多年来致力于健美操青少年培训,如今依然工作在教学一线。"健美操是一项充满青春活力的运动。"她说,"而我让自己保持青春的秘诀,是热爱、追求与坚持。"

冬日清晨,街边广场上的晨练者寥寥无几,田福秀就是其中之一。压腿、伸腰、扭胯……这是出身体操世家的田福秀从小练习的基本功,已过古稀之年的她依然动作灵活、步伐矫健。她说:"爱运动的人永远不老。"

田福秀年轻时是一名体操运动员,退役后一直从事健美操教练工作。"虽然早已过了退休年龄,但我从没想过离开,因为健美操已经成了我生命的一部分。"她说。

"跃起、踩肩、抛起,接着360°转体……"在山西省临汾市第三中学健美操队训练室里,田福秀正在对队员们进行指导。这个生活中和蔼的老太太,一到训练场上就成了学生眼中严厉的"师太",一个动作她往往要抠几十遍,每个细节都力求完美。

训练之余,田福秀每日的必做功课是写教案,训练的计划、发现的问题、想到的新动作,她都一一记录在案,几十年下来教案本已经堆成了一座小山。

"有人觉得校园健美操就是随便跳跳,但我始终以专业的态度和要求来教孩子们。"田福秀说,"因为我知道,只有让孩子们全身心投入,才能引导他们真正爱上这项运动。"

——新华网,2021年1月4日

啦 啦 操

学习目标

了解啦啦操的起源、发展以及国内外现状,了解啦啦操的团队特点和价值,掌握啦啦操的 32 个基本手位。

任务描述

啦啦操又名啦啦队或啦啦舞,最开始是为竞赛加油打气而成立的团体,目前已经发展成为一个运动项目。啦啦操运动自 2000 年在我国开展至今,迅速发展成为风靡全国高校校园的一项体育文化运动,成为时尚、健康、快乐的现代大众健身项目。通过啦啦操可以增强并全面发展学生的身体素质,并使他们掌握更多、更科学的健身方法。

任务分析

通过学习,熟练掌握健美操的基本动作与组合套路,学会欣赏啦啦操表演和大型比赛,学习编排啦啦操组合动作。

课程思政

1. 健全人格:通过本章的学习,体会啦啦操运动带来的激情、活力和团队凝聚力,学会获取现代社会中体育与健康知识的方法。

2. 锤炼意志:通过学习帮助学生养成良好的合作精神和体育道德,培养通力合作、集体至上的团队精神、协作精神、服务精神和大局意识,培养顽强拼搏的竞争精神。

任务一　了解啦啦操基本概述

一、啦啦操的概念

啦啦操是指在音乐伴奏下,运动员集体完成,依靠基本手势与舞蹈动作,充分展示团队高超的运动技巧,体现青春活力、积极向上的团队精神,并努力追求最高团队荣誉感的一项体育运动。

二、啦啦操的分类

我国啦啦操及啦啦队有着很多分类,分类的方式也是多种多样的。

根据活动的目的,可将啦啦操比赛划分为竞技性啦啦操和表演性啦啦操。

根据实施的场所,可将啦啦操划分为场地啦啦操和看台啦啦操。

根据表演形式,可以将啦啦操比赛划分为徒手啦啦操和轻器械啦啦操。

根据动作性质,可以将啦啦操比赛划分为技巧啦啦操和舞蹈啦啦操。

根据竞赛种类,可以将啦啦操划分为全国锦标赛、系列赛、冠军赛、大奖赛、全国体育大会啦啦操比赛等。

任务二　教会啦啦操技巧套路

一、第一个八拍

1至4拍。前:右腿单膝跪地,双手在体前交叉。底座:臀部触地,两腿伸直支撑住斜躺队员,双手扶地。尖子:直体后仰,内侧手臂握拳扶腰,外侧手臂上举,双手握拳,拳心向外。后:分腿开立,双手体前交叉。

5、6拍。底座:屈膝。尖子:借助底座,用力蹬成直立。

7拍。底座:两腿蹬直。

8拍。前、后:两臂侧上举成高V,点头。

二、第二个八拍

1拍。尖子:还原直立。底座:双脚屈膝触地。

2拍。前:直立,两臂在胸前交叉,拳心向侧。后:右脚向前跨出一步,两臂胸前交叉,拳心向侧。尖子:身体向外转180°,外侧腿前跨出一步成弓步,右手握住底座的右手。底座:屈膝交叉,右手握住尖子的右手,左手扶地。

3拍。前:左脚后撤一步。后:左脚前迈一步。

4拍。后、前:向前后并步成直立。尖子:把底座拉起。底座:双脚前后开立,上体直立,重心向前。

5、6拍。前、后:外侧腿向后撤一步,重心向前,两臂于胸前击掌。底座、尖子:两臂于胸前击掌。

7拍。三组队员屈臂,击掌。

8拍。还原直立,同时面向一点。

三、第三个八拍

1、2拍:从左脚开始,进行2次踏步,两臂胸前击掌1次。

3、4拍:下肢动作与1、2拍相同,两臂侧上举成高V。

5、6拍:与1、2拍完全相同。

7拍:左脚踏步,两臂前平举,立拳,拳心相对,竖起拇指。

8拍:并腿跳,成直立。

四、第四个八拍

1、2拍:直立。

3、4拍:底座:内侧腿向侧边跨出一步成弓步,两膝、脚尖相对,前后靠紧。尖子、后点:两手在胸前击掌。

5拍:尖子:左脚踩在底座的大腿根部,两手扶于底座内侧肩部。底座(左):右手扶住尖子的膝盖。后点:双手扶住尖子的腰部。

6拍:尖子:直立,双脚踩在底座大腿根部。底座:内侧手抱紧尖子的膝盖。后点:将尖子向上托起。

7拍:尖子:双手握拳,在胸前平屈。底座:外侧手臂侧上举,拳心向下。

8拍:尖子:双臂侧上举,成高V。

任务三　教会舞蹈啦啦操套路

一、花球舞蹈啦啦操

手持花球完成的啦啦操,就是所谓的花球舞蹈啦啦操。花球舞蹈啦啦操的成套动作,应手持花球,并且与啦啦操基本手位、个性舞蹈、难度动作、舞蹈技巧等动作元素有机结合起来,将干净、精准的舞蹈特征以及良好的花球技术运用体现出来,并且将整齐一致、队形不断变换等集体动作的视觉效果展现出来。

花球舞蹈啦啦操共有三个小组合,每一组合分为正、反两个方向,每个方向四个8拍动作。

(一) 组合一

1. 第一个八拍

1拍:从右脚开始,向前走,同时双臂斜下摆。

2拍:左脚在前,同时胸前击掌。

3拍:同1拍。

4拍:并脚,胸前击掌。

5拍:右脚向右一步,同时双手直臂向右斜上方摆。

6拍:双手向上摆。

7拍:双手向左斜上方摆。

8拍:收右脚,还原。

2. 第二个八拍

1拍:双臂向右摆,右臂伸直,左臂屈。

2拍:双臂向左摆,左臂伸直,右臂屈。

3拍:同1拍。

4拍:还原。

5拍:提左腿,同时左手叉腰,头向右摆,身体略向右倾斜。

6拍:还原。

7拍:左脚向左一步,同时右臂向左斜前方摆。

8拍:收左脚还原。

3. 第三个八拍、第四个八拍

第三个八拍、第四个八拍同第一个八拍、第二个八拍,唯方向相反。

(二)组合二

1. 第一个八拍

1、2拍:右脚向右一步,左手叉腰,同时右臂向左斜上举。

3、4拍:左手叉腰,右手肩前屈。

5至7拍:右手直臂经身体左侧至前向右摆,头部随手臂同时摆动。

8拍:收右脚还原。

2. 第二个八拍

1、2拍:身体向后转,左脚后退一步成右脚在前的弓步,双臂胸前屈。

3、4拍:身体经右转回来,双臂斜上举。

5、6拍:收左腿,屈膝蹲,双手扶膝,低头含胸。

7、8拍:还原。

3. 第三个八拍、第四个八拍

第三个八拍、第四个八拍同第一个八拍、第二个八拍,唯方向相反。

(三)组合三

1. 第一个八拍

1拍:左脚向左一步,手臂打开成斜线位并做依次大绕环。

2拍:右脚后退一步于左脚后边,双臂绕至侧平举。

3拍:左脚向左一步成开立,双臂绕至上下举。

4拍:右脚并左脚,双臂胸前屈。

5、6拍:左脚向左一步成弓步,同时双臂左侧冲拳成K位。

7、8拍:收右脚还原。

2. 第二个八拍

1拍:右脚向右一步,双臂右胸前绕,面向右看。

2拍:双臂左胸前绕,面向左看。

3拍:两腿开立,双手叉腰。

4拍:两腿收回,双手叉腰。

5、6拍：右脚向后退一步成左腿在前的弓步，双臂向上冲拳。

7、8拍：右脚还原。

3. 第三个八拍、第四个八拍

第三个八拍、第四个八拍同第一个八拍、第二个八拍，唯方向相反。

二、街舞舞蹈啦啦操

街舞舞蹈啦啦操是将街舞元素纳入舞蹈啦啦操中所形成的一种形式，其强调街头舞蹈风格和形式，注重动作的风格特征以及身体各部位的律动与控制，对动作的节奏、一致性与音乐和谐一致有着较高的要求，一些具有一定强度的动作也是可以附加其中的。

街舞舞蹈啦啦操共有两个小组合，每一组合分为正、反两个方向，每个方向四个8拍动作。

（一）组合一

1. 第一个八拍

1、2拍：从右脚开始，向前走三步，低头含胸身体做向前的波浪，双臂垂于体侧。

3拍：重心落在右腿，左脚经前、旁、后划一圈，右手高于右肩向上划一圈。

4拍：同3拍重复做一次。

5拍：左脚向右脚后面点一步，同时右脚离开地面；后半拍右脚落地。

6拍：左脚向左前方一步成左脚在前的弓步，两臂自然弯曲于体侧。

7拍：右脚向右一步成右脚在前的弓步。

8拍：胸部律动，同时抬起左腿。

2. 第二个八拍

1拍：左脚向右脚后面点一步，同时右脚离开地面；后半拍右脚落地。

2拍：左脚向左前方一步成大弓步，两臂自然弯曲于体侧。

3拍：右脚向左脚前面一步，同时两手交叉立圆绕环一周。

4拍：左脚向左一步成开立，两手交叉下压于体前。

5拍：两手握拳两臂体前交叉。

6拍：左腿抬起，前臂下垂于体侧，上臂和前臂成90°。

7拍：右腿支撑从左边跳转朝后，同时手臂以肘关节为轴向上摆。

8拍：同7拍。

3. 第三个八拍

1拍：左脚落地的同时双脚以脚掌为轴，向右顶胯，两前臂向右摆。

2拍：双脚以脚掌为轴，向左顶胯，两前臂向左摆。

3拍：以左脚为轴，右脚掌点地顶胯，两手立掌同时在体前由右向左绕环。

4拍：同3拍继续左转。

5拍：屈右腿，左手下摆；后半拍屈左腿，右手下压。

6拍：同5拍。

7拍：左腿抬起，双手上举。

8拍:左脚落于左前方,双手抱头。

4. 第四个八拍

1拍:重心在右腿,屈左腿,双手抱于胸前。

2拍:重心在左腿,屈右腿,双手扶肩。

3、4拍:右脚向右前方上步,同时双手从上往下摆。

5至8拍:同3、4拍,可以分组做。

(二)组合二

1. 第一个八拍

1至4拍:双腿开立,一拍一换重心,双手臂经体侧向上摆经过头顶,再还原至体侧。

5拍:左脚向左一步成半蹲,双手扶膝,上体前倾。

6拍:两腿伸直。

7、8拍:同5、6拍,分组做。

2. 第二个八拍

1拍:左脚向左一步,双臂向右摆。

2拍:右脚并左脚。

3拍:胸部做绕环。

4拍:双腿微屈,含胸。

5拍:右脚向前一步,左脚向右摆,同时右手托左肘,左臂从上向下摆。

6拍:左脚并右脚。

7拍:双臂体侧弯曲,上体前屈。

8拍:双脚同时跳起,成开立,双臂抱肩。

3. 第三个八拍

1拍:右脚向前侧一步,手臂向侧外摆。

2拍:收右脚,手臂还原于体侧。

3拍:右脚向前一步,两臂侧平举。

4拍:左脚向前一步成开立,双手掌根靠拢,左手指尖朝上,右手指尖朝下。

5拍:左臂上举,右臂下举。

6拍:两臂胸前平屈握拳,右臂在上,左臂在下。

7拍:提左腿,前臂外展,拳心朝上。

8拍:提右腿,左臂前摆内收,右臂自然后摆,两手握拳。

4. 第四个八拍

1、2拍:手臂依次大绕环至右斜上举。

3拍:右膝跪地,左手扶左膝,右手扶地。

4拍:左腿向左侧伸直,双手扶地。

5拍:收左腿,双手扶地。

6拍:左脚上前一步,左手扶左膝,右手扶地。双脚开始向右恰恰步,同时双臂向上绕环。

7拍:站立同时右脚向右一步或开立,五指张开,右手斜上举,左手摆于脸侧。
8拍:左手斜上举,右手摆于脸侧。

思政教育

"云赛事"让居家健身不枯燥——网络平台助力项目更好发展

"第一期比赛我跟我家人一起跳了一段啦啦操舞,第二期比赛我自己跳了一个专业性的示范动作。发到网上之后有很多点赞。"来自北京体育大学啦啦操专业的大四学生小张说。全国啦啦操委员会先后发起了两季"全民啦啦队"啦啦操网络评选活动,近3万条啦啦操运动短视频通过网络以参赛的形式分享出来,播放量超千万次。

小张一直在家中练习啦啦操,"居家期间经常跳一跳啦啦操,也是给生活增添一种乐趣。这段时间,我们所有的比赛都取消了,这个时候有一个这样的网络活动非常及时有效,大家参与的积极性也很高。过去我们家里只有我在跳啦啦操,现在看见有了网络活动,我妹妹也表现出很强的兴趣,我就教了一下她,录了一个一起跳的参赛视频"。

——中国体操网,2020年5月6日,有删改

体育舞蹈

学习目标

了解体育舞蹈的基本理论知识、运动特点、锻炼价值,掌握几种常见的舞蹈表演技能。

任务描述

体育舞蹈是集音乐、体育、舞蹈、艺术、美育于一体的时尚体育项目。它在音乐的伴奏下,以人体动作为主要表现手段,通过学习,感受体育舞蹈所包含的人体美、技术美、礼仪美、服饰美和音乐美,在美的熏陶和享受中,塑造形象,展示高雅气质和风度。

任务分析

通过学习,熟练掌握几种常见舞蹈的基本动作,并能够运用到实践比赛当中。

课程思政

1. 健全人格:通过本章的学习,体会体育舞蹈带来的乐趣,感受体育舞蹈的健身价值、健心价值、社会价值和观赏价值。

2. 锤炼意志:通过学习,促进身心健康,陶冶情操,净化心灵,培养学生对体育舞蹈浓厚的兴趣,对学生进行直接而实际的文化艺术修养和人文素质教育。

任务一 了解体育舞蹈基本概述

体育舞蹈也称"国际标准舞",简称"国标",它的前身是交际舞。交际舞的起源可以追溯到公元10世纪以前,是从欧洲古老的民间舞发展演变而来的。部落成员最初跳集体舞,以后逐渐发展成为男女圈舞,即男跳外圈、女跳内圈的转圈集体舞;在男女求偶、婚礼喜庆等活动中,逐渐发展成男女拍手舞、异性对舞。真正蕴含交际舞意识的男女对舞是最早出现在欧洲的农民舞蹈,如"低舞"和"孔雀舞",这两种舞都是由男女成对配合跳的。16世纪,在英国被称为"乡村"的队列舞盛行。17世纪,在法国"小步舞"受到广泛的欢迎。18世纪中期,华尔兹舞在维也纳郊区和奥地利高山地区产生。到了18世纪末,这种古老的奥地利农民舞蹈逐渐在法国流行起来,法国革命后,资产阶级全面接受了华尔兹舞。19

世纪初,华尔兹舞出现了近距离的握抱形式,使交际舞发生革命性的变化。稍后,同是"近距离搂抱"的波尔卡接踵而来,这种舞蹈成了当时交际舞的时髦。进入 20 世纪后,又出现了狐步舞、探戈舞等交际舞。这样现代交际舞的内涵也逐渐明晰起来,它是指舞伴距离较近的、在舞厅中活动的交际舞蹈。

体育舞蹈具有健身价值。在运动过程中,体育舞蹈可以使人的力量、速度、柔韧性等素质发生变化,协调性、平衡性等能力也有所改变,同时使人的生理和心理指标发生变化。有资料表明,在三分钟左右的斗牛舞比赛中,男女运动员的每分钟心率平均会上升到 130—170 次。因此,适当的体育舞蹈活动可以改变人的形体,改善人的生理功能和心理功能。经常参加体育舞蹈锻炼,进行形体训练,可以对人的形体进行"生物学"改造,使体形符合一定的健美标准。例如男要体格魁梧、四肢结实有力,显示出一种阳刚之美;女则要身材苗条、柔软,腰围细小,胸围丰满,四肢修长,显示出一种阴柔之美。所以,现在社会生活中年轻的人们喜欢在健身俱乐部进行交谊舞运动。体育舞蹈还具有社交娱乐价值。体育舞蹈从发展初期到现在,它的社交价值就一直延续着。在古代宫廷贵族交往和现代人的交际手段中,体育舞蹈都起到重要的作用。体育舞蹈是人们交流思想、抒发情感、消除障碍、相互沟通的最好形式之一,它和人们的现实生活有着密切的联系,良好的情感交流会互相感染,甚至使人产生相互依恋的情结。优美的舞蹈韵律也可增进友谊,丰富生活,因此体育舞蹈的社交娱乐价值显著。

体育舞蹈包含标准舞(摩登舞)和拉丁舞两大类共 10 个舞种,标准舞中有华尔兹、探戈、狐步、快步和维也纳华尔兹,拉丁舞有伦巴、恰恰、桑巴、斗牛和牛仔舞。每个舞种均有各自的舞曲、舞步及风格。

知识链接

黑池舞蹈节

黑池舞蹈节是目前国际上最权威、规模最大的体育舞蹈比赛。黑池是英国的一个地名,因此地有湖水呈黑色而得名。在黑池舞蹈节中,除了扣人心弦的四大重要组别(职业摩登、职业拉丁、业余摩登和业余拉丁)的激烈角逐之外,主办方会邀请四个国家,每个国家选出两对最优秀的摩登舞选手和两对最优秀的拉丁舞选手上台表演,最终决出获胜者。

任务二 教会体育舞蹈基本舞姿

掌握正确的舞姿是学好体育舞蹈必不可少的条件。正确的舞姿必须是规范的舞姿,规范才可称为标准,规范才能优美。优美的舞姿富于观赏性和表演性,可以给人以美的艺术享受。体育舞蹈的基本舞姿如下。

1. 开式舞姿。开式舞姿是指男女平行相对站立时,单手相握在体前而另一手臂向外展开的一种舞姿,这种舞姿常在拉丁舞中使用。一般要求重心在支撑腿上,两腿前后或者左右开立,结合使用在各种舞步中,完成各种舞姿和造型。上下连接"闭式""扇形位""散式"等舞姿,舒展奔放,自由灵活,能充分展现四肢和躯干动作。

2. 闭式舞姿。男女舞伴双足并合,脚尖正对前方,相对平行而立;男女舞伴互相将自己的右脚尖对准对方的双脚中线,间距为6—9厘米,女伴偏向男伴右旁约1/3;男女舞伴的头向左转,女稍向左倾斜,男越过对方右肩上方向前看,肩平,背直,腰挺,膝松弛,气舒缓。女伴胸腰微向后倾弯。

3. 散式舞姿。在闭式舞姿的基础上,男伴将头及上身略向左打开,女伴将头及上身略向右打开,两人的头均朝向同一方向。

4. 扇形位舞姿。这种舞姿是伦巴舞、恰恰舞常用的舞姿之一。是指女方站在男方的左侧相隔一只手臂的距离,男方的左手(掌心向上)和女方的右手(掌心向下)相握,女方的身体和男方的身体呈直角形排列,女方的左臂和男方的右臂均侧平举。女方的左脚向后踏出一步,重心落在左脚,男方的右脚向右侧跨出一步并稍微向前,重心落在右脚。

任务三 勤练常见舞种运动技术

一、慢华尔兹

基础舞步是第1步用大步,必须踏在舞曲每小节的第1拍上。慢华尔兹是每步1拍,故图解中不再标出慢(S)和快(Q)。

华尔兹

(一)前进步(如图17-1)

1. 男:左足前进。

女:右足后退。

2. 男:右足横步。

女:左足横步。

3. 男:左足并于右足。

女:右足并于左足。

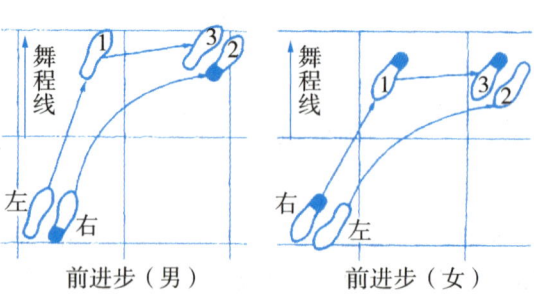

图17-1 前进步

(二) 右转步(如图 17-2)

1. 男:右足前进,落地后即向右转身。
女:左足后退,落地后向右转身。
2. 男:左足横步,身体继续右转。
女:右足横步,身体继续右转。
3. 男:右足并步,身体右转至 3/8 周。
女:左足并步,身体右转至 3/8 周。
4. 男:左足后退,落地后逐渐右转。
女:右足前进,落地后逐渐右转。
5. 男:右足横步,身体继续向右转。
女:左足横步,落地后逐渐右转。
6. 男:左足并步,身体右转至 3/8 周。
女:右足并步,身体右转至 3/8 周。

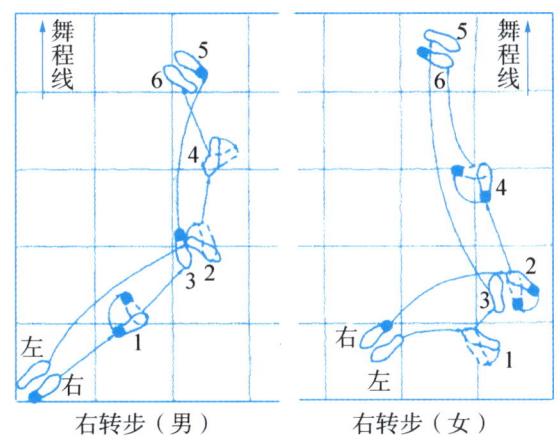

图 17-2 右转步

(三) 换并步(如图 17-3)

1. 男:右足前进。
女:左足后退。
2. 男:左足前进横步。
女:右足后退横步。
3. 男:右足并步。
女:左足并步。

(四) 左转步(如图 17-4)

1. 男:左足前进,落地后转身向左。
女:右足横步后退,落地后向左转身。
2. 男:右足前进横步,继续左转。
女:左足后退,继续左转。

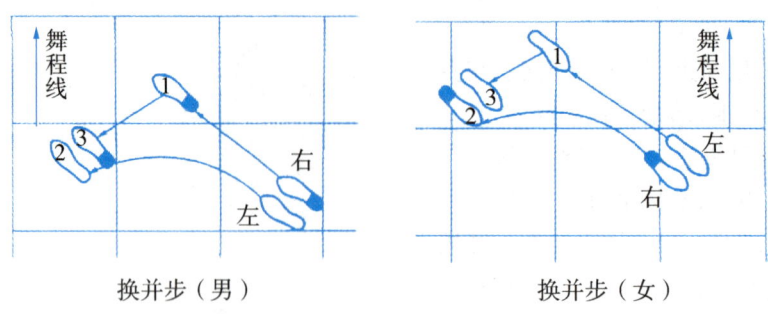

换并步（男）　　　　　换并步（女）

图 17-3　换并步

3. 男：左足并于右足，身体向左转至 3/8 周。

女：右足并于左足，身体左转至 3/8 周。

4. 男：右足后退，转身向左。

女：左足前进，向左转身。

5. 男：左足后退横步，继续左转。

女：右足前进横步，继续左转。

6. 男：右足并于左足，身体左转至 3/8 周。

女：左足并于右足，身体左转至 3/8 周。

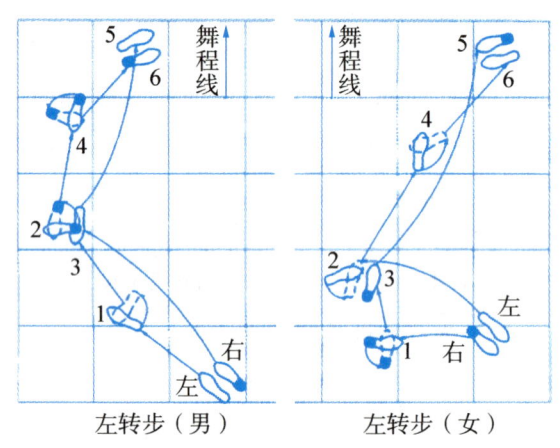

左转步（男）　　　　　左转步（女）

图 17-4　左转步

二、探戈舞

（一）常步

S——男：面向墙壁，左脚前进。

女：右脚后退。

S——男：右脚前进，右肩引导左转 1/8 周。

女：左脚后退，右肩引导左转 1/8 周。

Q——男：左脚前进开始右转。

女：右脚后退开始右转。

Q——男:右脚跟上成基本站位姿势,右转 1/8 周。

女:左脚跟上,右转 1/8 周。

(二) 常步至侧行为

S——男:左脚前进。

女:右脚后退。

S——男:右脚前进,右肩引导左转 1/8 周。

女:左脚后退,右肩引导左转 1/8 周。

Q——男:左脚前进开始右转。

女:右脚后退开始右转。

Q——男:右脚横步稍后,目光指向舞程线成 P. P. 舞姿,右转 1/8 周。

女:左脚横步稍后,背向墙壁目光看向舞程线成 P. P. 舞姿,右转 1/8 周。

(三) 并式侧行步

S——男:左脚横步侧行,沿舞程线指向斜墙壁。

女:右脚在侧行位置下横步,沿舞程线指向斜中央。

Q——男:右脚在侧行位置及反身位置交叉前进,方位同 S。

女:左脚在侧行位置及反身位置下交叉前进,方位同 S,左转 1/4 周。

Q——男:左脚横步稍前指向斜墙壁。

女:右脚横步稍后。

S——男:右脚并于左脚稍后,面向斜墙壁。

女:左脚并于右脚稍前。

(四) 开式左转步

S——男:面向斜墙壁,左脚前进。

女:右脚后退。

S——男:右脚前进,右肩引导面向舞程线,身体微左转。

女:左脚后退。

Q——男:左脚前进,面向斜中央。

女:右脚后退。

Q——男:右脚横步,面向中央。

女:左脚横步稍前。

S——男:左脚后退,背向舞程线。

女:右脚外侧前进。

Q——男:右脚后退,背向舞程线。

女:左脚前进,面向斜中央。

Q——男:左脚横步稍前,面向斜墙壁。

女:右脚横步稍后。

S——男:右脚并于左脚。

女:左脚并于右脚(3 至 8 步之间左转 3/4 周)。

（五）右拧转 P. P. 舞姿

S——男：左脚横步沿舞程线指向斜墙壁，向右转一圈。

女：右脚横步沿舞程线指向斜中央，向右转一圈。

Q——男：右脚交叉前进，方位同 S。

女：左脚交叉前进，指向舞程线。

Q——男：左脚横步，背向斜中央。

女：右脚前进至舞伴双脚之间。

Q——男：右脚在左脚后交叉，背向舞程线。

女：左脚外侧前进，左肩引导沿舞程线指向斜墙壁。

Q——男：重心在左脚脚跟和右脚脚掌上，开始向右扭转。

女：右脚外侧前进，面向墙壁。

S——男：双脚成侧行 P. P. 舞姿，面向斜墙壁。

女：左脚前进成 P. P. 舞姿，面向斜中央。

（六）快四步

Q——男：左脚前进。

女：右脚后退。

Q——男：左脚横步稍后左转 1/8 周。

女：左脚横步稍前左转 1/8 周。

Q——男：左脚后退。

女：右脚外侧前进。

Q——男：右脚后退并于左脚，身体面向斜墙壁指向斜中央，右转 1/8 周。

女：左脚前进并于右脚，重心在左脚，身体面向中央指向斜中央，右转 1/8 周。

（七）换步五步

Q——男：左脚前进，左转 3/4 周。

女：右脚后退，左转 1/2 周。

Q——男：右脚横步稍后，背向舞程线。

女：左脚横步稍前，指向舞程线。

S 上半拍——男：左脚后退背向斜中央。

女：右脚外侧前进。

S 下半拍——男：右脚后退成 P. P. 舞姿，背向斜中央。

女：左脚前进背向另外一条舞程线的斜墙壁。

S——男：左脚脚尖点地，面向另外一条舞程线的斜墙壁。

女：右脚点地成 P. P. 舞姿。

思政教育

体育舞蹈的前世今生

体育舞蹈进入我国的时间是 1986 年后的事，还举办了若干届赛事，但是，那时候还没用"体育舞蹈"这个词,用的是"国标舞"这个称谓。"体育舞蹈"这个名称在我国的兴起是和1991年中国体育舞蹈组织(先是叫"中国体育舞蹈运动协会",后来改名为"中国体育舞蹈联合会")的成立有直接关系。这是我国最早成立的体育舞蹈类国家级的一级社团组织,是由当时的国家体委正式在民政部注册的。我国的国标舞是1986年由日本友人传播进来的,经过培训,由此才产生了我国第一批能跳国标舞的舞者。但是,随着全国性体育舞蹈组织的建立,各地方的体育舞蹈组织和舞者在短时间内像雨后春笋一般出现了。各种全国性的赛事年年都有举办,其中最有名的赛事是全国体育舞蹈锦标赛、中国体育舞蹈联合会大奖赛、全国国际标准舞锦标赛。目前,我国体育舞蹈的参与者已经发展到3 000万人左右;在国际比赛中获奖的人也越来越多,成绩越来越好,后来居上地成为亚洲首屈一指的体育舞蹈队伍。

——《中国妇女报》,2021年10月21日

排 舞

学习目标

了解排舞的基本理论知识、特点发展及风格分类,掌握排舞运动实践操作。

任务描述

排舞属于全球化健身运动类别的一个分支,既可以集体共舞,又可以个人独享,形式多样,丰富多彩。通过学习,学生会感受到排舞所包含的人体美、技术美、礼仪美、服饰美和音乐美,在美的熏陶和享受中,塑造形象,展示高雅气质和风度。

任务分析

了解学习入门级排舞曲;通过学习,学生熟练掌握排舞基本动作和基本技术;达到锻炼心肺功能,塑造优美形体、陶冶情操的目的。

课程思政

1. 健全人格:通过本章的学习,体会排舞带来的趣味,促进身心健康,陶冶情操。
2. 锤炼意志:培养学生对排舞浓厚的兴趣,对学生进行直接而实际的文化艺术修养和人文素质的教育。

任务一 了解排舞运动基本概述

排舞是排成一排排跳的舞蹈,是一种将舞蹈和音乐有机结合、全面发展身心健康的健身休闲运动。排舞是一种既可独享、又可集体共乐的运动方式,具有健身健美、娱乐休闲、表演观赏的价值。2004年排舞作为一种健身休闲运动被引进我国后,以其丰富的音乐内涵、多样化的舞步风格以及简单易学的技术特征,迅速在我国北京、上海、广州、成都等大中城市广泛开展起来。

排舞的每支舞曲都有固定的名称和独一无二的舞码(节拍数)。因此,同一支舞曲,排舞的舞步全世界完全统一,由国际排舞协会确定和认证,相应内容公布在官方网站上,便于爱好者学习。虽然排舞的舞步动作要求全世界统一,但是排舞对舞者的身体及手臂的动作并无统一要求,可以根据个人喜好自编动作。因此,每一位舞者对同一支舞曲的排舞可以有各自不同的表达方式,表现的形式不拘一格,没有条条框框的约束,动作随韵律的变化而不断改变,练习者可以尽情发挥,充分展示自己的风格。相比其他的一些健身休闲项目,跳排舞更具趣味性和挑战性。

排舞的风格有拉丁和非拉丁两种。其中拉丁风格的排舞有恰恰、曼波、伦巴、桑巴等,非拉丁风格的排舞有摇摆风格、传统风格和其他风格。

根据舞蹈段落重复时身体方向(面)的变化,排舞可分为三种类型,即没有方向(面)变化、两个方向(面)变化和四个方向(面)变化。在通常情况下,这三种类型的排舞身体变化方向都非常规律。以图18-1为例,在"没有方向(面)变化"类型中,舞蹈开始时身体面向"1点",到段落结束乃至整个舞曲结束时身体仍面向"1点"。在"两个方向(面)变化"类型中,舞蹈段落开始时面向"1点",段落结束时面向相反方向"5点"。在"四个方向(面)变化"类型中,每重复一次段落,都在一个新的方向(面)上开始。一般在"1、3、5、7点"上进行变化,方向变化顺序可以按照顺时针"1、3、5、7点",也可以按照逆时针"1、7、5、3点"的顺序变化。

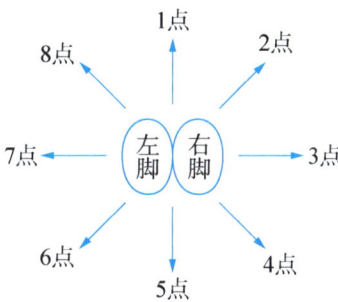

图18-1 平面与场地方位图

任务二 教会排舞运动实践操作

下面以《我的初恋》(8个8拍)为例进行介绍。

一、节拍

前奏:4×8拍
1点方向:8×8拍;3点方向:8×8拍;5点方向:8×8拍;7点方向:8×8拍;1点方向:8×8拍;3点方向:8×8拍

二、动作要领

第1个八拍:1至4拍右脚开始旁恰恰;5至8拍,5拍左脚向前,6拍回重心。7、8拍左脚开始旁恰恰。

第 2 个八拍：1 拍右脚向前，2 拍后转，3 拍右脚向前，4 拍左转；5 拍右脚向前，6 拍回重心，7、8 拍后转。

第 3 个八拍：1 至 4 拍左脚开始后恰恰；5、6 拍后转，7、8 拍后转。

第 4 个八拍：1 拍左脚向前，2 拍右脚踢并，3、4 拍左脚开始向前踏两步；5 拍左脚前交叉，6 拍回重心，7 拍左脚后交叉同时并右脚，8 拍左脚前交叉。

第 5 个八拍：1 拍右脚前迈，2 拍后转，3、4 拍右脚前恰恰；5、6 拍右后转，7、8 拍左脚前恰恰。

第 6 个八拍：1 拍右脚向前，2 拍回重心，3 拍右脚后交叉同时并左脚，4 拍右脚前交叉；5 拍左脚横跨，6 拍右腿弹踢，7、8 拍向右向左摆跨。

第 7 个八拍：1 拍退右脚同时并左脚，2 拍右脚前交叉，3、4 拍左右摆跨；5、6 拍左脚开始前恰恰，7、8 拍左后转。

第 8 个八拍：1、2 拍右脚开始前恰恰，3 拍左脚向前，4 拍回重心；5、6 拍向后拖步，7 拍左脚后交叉同时并右脚，8 拍左脚前交叉。

三、整套组合顺序

1 点方向、3 点方向、5 点方向、7 点方向、1 点方向、3 点方向。共六个方向，跳六遍。

思政教育

建设体育强国，展现时代风采

"双奥之城"，兑现冰雪之约；体育强国，踏上新的征程。

北京携手张家口，为世界奉献了一届简约、安全、精彩的奥运盛会。通过冬奥会这座宏大的舞台，世界看到了一个更加自信、开放、生机勃勃、充满希望的中国。

习近平总书记指出："体育是提高人民健康水平的重要途径，是满足人民群众对美好生活向往、促进人的全面发展的重要手段，是促进经济社会发展的重要动力，是展示国家文化软实力的重要平台。"

以人民为中心，加快建设体育强国，中国体育取得的辉煌成就，闪耀在中华民族伟大复兴的时代征程中。

"把人民作为发展体育事业的主体，把满足人民健身需求、促进人的全面发展作为体育工作的出发点和落脚点。"

体育承载着国家强盛、民族振兴的梦想，关乎人民幸福，关乎民族未来。

——《人民日报》，2022 年 2 月 22 日，有删改

项目十九　健美运动

学习目标

了解健美运动的概念、功能及特点；掌握一般健身器械的使用方法，掌握基本健美动作。

任务描述

健美运动是在健身运动的基础上，为增加身体美感而进行的健身性身体锻炼。学生徒手或利用器械，采用各种动作和训练方法，达到锻炼身体、增强体力、发达肌肉的目标。

任务分析

通过学习，熟练掌握健美运动的基本技术，根据自己的体力和能力制订锻炼计划，改善心理状态。

课程思政

1. 健全人格：通过本章的学习，体会健美运动带来的乐趣；经常锻炼，可以改善体形体态，陶冶情操；同时使学生养成积极乐观的生活态度。
2. 锤炼意志：通过练习，自学和欣赏健美比赛，在日常生活中表现出良好的体育道德和团队精神，树立"身心健康是幸福之基础"的价值观，培养专业的审美观。

任务一　了解健美运动基本概述

健美运动，意为"建设身体的练习"或"建造身体的锻炼"。健美运动根据人体解剖学、运动生理学、运动医学以及人体美学等学科规律，通过各种健身器械或体操等运动，对不同年龄、体质、体型的人进行科学而系统的锻炼，按体格健美的标准来发展各部位的肌肉群，发展肌力，增强体质，改善身体形态，陶冶情操，使身体达到健、力、美。健美运动可以说是一项以塑造人体美为主的体育运动。

在健美练习中，健美全身各部位肌肉群的动作有很多，这里重点介绍适合初级健美练习者独立操作的、具有代表性的、健美训练效果显著的以强壮体魄、发达肌肉为目的的器械和徒手运动方法。

> **知识链接**

健美先生

健美先生狭义特指从事健美运动并取得相关健身比赛冠军的职业健美运动员,如人们熟知的阿诺德·施瓦辛格和奥林匹亚健美先生菲尔·西斯,广义上泛称从事健美运动的人。

任务二　教会基本健美动作

一、肩部动作

(一)直臂前平举或单臂交替前平举

发展三角肌前束、中束和肱三头肌。身体直立,同肩宽正握杠铃或哑铃,两臂垂于体侧,向前至前平举(或前上举)位置,再用力控制还原。也可坐姿背靠墙练习。

(二)直臂侧平举或侧上举

发展三角肌。两脚开立,两手于体侧握铃,直臂经体侧向上至侧平举或侧上举,稍停,再缓慢用力还原。也可坐姿练习。用橡皮筋或拉力器均可。

(三)卧立飞鸟

发展三角肌后束。两脚开立,上体前屈90°,两手握哑铃,两臂直臂向两侧提举至最高点,再缓慢用力还原。

(四)持铃耸肩

发展斜方肌。两脚开立,挺胸塌腰,直臂正握杠铃,比肩稍宽,肩部尽量前倾下垂放松,两臂伸直不动,然后耸起两肩尽量上提,稍停后还原。

二、臂部动作

(一)站立弯举

发展肱二头肌。两脚自然站立,上体正直,两手反握杠铃或哑铃于体前,然后弯举至胸前,稍停后再缓慢用力控制还原。也可坐姿练习。

(二)臂固定弯举

发展前臂肌群、肱二头肌。俯身坐于凳上,单手或双手反握哑铃(或杠铃),向上弯起至胸前,稍停后慢慢放下还原。

(三)双杠臂屈伸

发展肱三头肌、胸大肌、背阔肌。两臂支撑在双杠上,然后做双臂屈伸。撑起时双臂充分伸直,慢下快上。

(四)宽握颈前或颈后推举

发展肱三头肌、肩部肌群。身体直立挺胸塌腰,两手正握杠铃,置于胸前或颈后,将杠铃向头后上方推起至臂完全伸直,再缓慢复位。也可坐姿练习。

三、胸部动作

(一)仰卧推举

发展胸大肌、肱三头肌。仰卧在长凳或卧推板上,两手正握杠铃于胸部上方锁骨部位,向上推举至两臂完全伸直,稍停后缓慢还原。握杠铃的方法分窄握、正常握和宽握三种,宽握主要发展胸大肌两侧翼中上部,正常握主要发展胸大肌外侧和下缘沟,窄握主要发展胸大肌的中间肌肉。也可采用上斜卧推和下斜卧推进行练习。

仰卧推举

(二)仰卧飞鸟或上斜飞鸟

发展胸大肌、三角肌。仰卧在长凳或上斜板上,双手握哑铃,两臂伸直于胸部上方,然后向体侧稍屈肘下放至最低点再上举还原。

(三)俯卧撑

发展胸大肌、肱三头肌、三角肌。俯卧两手直臂撑地,身体挺直,臀部略隆起,两肘向外屈臂使身体直降至最低点,再伸直两臂将身体撑起。也可负重练习。

(四)仰卧屈臂上拉

发展胸大肌上部、三角肌、肱三头肌。仰卧在长凳上双手握杠铃或哑铃,两臂伸直于胸部上方,然后两臂屈肘或直臂向头后放至最低点再上拉还原。

四、背部动作

(一)俯卧挺身

发展背阔肌、骶棘肌等腰背肌。小腹和大腿俯卧在长高凳或跳箱上,两脚固定在凳子上或一人骑在小腿上,练习者两手抱在头后,上体下垂,然后挺身弯起至全身呈反弓形,抬头挺胸,稍停2至3秒后缓慢下降还原。也可负重进行练习。

(二)直腿硬拉

发展背阔肌、斜方肌、骶棘肌、竖脊肌等腰背肌。两脚开立与肩同宽,上体前屈,直臂握杠铃,挺胸,收腹,紧腰,用腰背肌群的力量上拉使身体直立。稍停,再缓慢前屈还原。

(三)站姿俯身弯起

发展骶棘肌、竖脊肌、臀大肌等腰背肌。两脚开立比肩稍宽,两手握杠铃于颈后肩上,挺胸塌腰,然后慢慢地上体前屈至90°左右再还原。

(四)引体向上

发展背阔肌、大圆肌、肱二头肌。两手稍宽于肩正握悬垂于单杠,然后拉杠至颈后或胸前,再慢慢放下还原。

五、腰腹部动作

(一)仰卧起坐

发展腹直肌、髂腰肌等。仰卧在长凳上或垫子上,两脚并拢并固定(屈腿或直腿均可),双手抱头,然后屈上体坐起,再向后还原。

(二)斜卧转体起坐

发展腹直肌、腹内斜肌、腹外斜肌等。仰卧在斜板上,两脚固定,然后屈起上体,同时左转或右转至肘部,触及异侧腿部再还原。

六、腿部动作

(一)深蹲

发展股四头肌、臀大肌等。两脚开立与肩同宽,肩负杠铃,下蹲至最低点后再蹲起还原。也可做半蹲或坐蹲等姿势进行练习。

(二)负重提踵

发展小腿三头肌。两脚开立或并立,脚前掌站在10厘米厚的垫木上,肩负杠铃,然后向上提踵至最高点,稍停后再缓慢落下还原。

深蹲

(三)俯卧腿弯举(负重收小腿)

发展股二头肌。俯卧在凳子上或垫子上,小腿负重(或用橡皮带、拉力器套住),然后收小腿至最大限度,稍停后缓慢还原。也可采用站立形式进行单腿交替练习。

> **思政教育**

世界健美冠军田宁:"十四运"唤醒了"老陕们"爱运动的心

"第一眼我就被杂志上健美运动员充满魅力的肌肉线条震撼住了,'拿到全国健美冠军'这颗种子也在我心底开始生根。"田宁说,他当时没想到这个愿望让他等了足足25年。

2019年,田宁如愿以偿,获得了2019"一带一路"世界健美健身精英排位赛暨IFBB-CBBA精英职业锦标赛男子传统健美75公斤级冠军。作为一名陕西人,这也是他为陕西省在30多年的健美史上摘得的首块健美世界金牌。

"这块世界冠军的金牌,是对我20多年健美生涯的认可。未来,它还会激励我获得更多的荣誉,也是让我带动更多人投入运动事业的底气。"田宁说。

——中央广电总台国际在线,2021年1月14日

瑜　　伽

学习目标

了解瑜伽的概念、发展和锻炼价值,掌握瑜伽的呼吸和冥想,掌握几组瑜伽体位法。

任务描述

瑜伽是东方最古老的强身术之一,是人类智慧的结晶,是一种生活方式,把精神和肉体结合到最完美的状态是瑜伽的最终目的。通过瑜伽练习,可以消除人心中的杂念,让人进入宁静、祥和的境界,还可以强健肌肉和骨骼,强化神经系统、内分泌腺体和主要器官功能。通过不懈的练习,可以达到身心自制与平静、性格完善与超然、身体健康与健美。

任务分析

通过学习,熟练掌握瑜伽的基本动作和体位,并能够运用到实践比赛当中;在教师的启发、引导、保护与帮助下,建立正确的动作,并能正确熟练地运用所学体式自主创编动作组合,提高学习能力。

课程思政

1. 健全人格:通过本章的学习,感受瑜伽练习过程中给人带来的平和的心境,能使练习者从焦虑、急躁、紧张、恐惧中解脱出来,从而提高自信心,消除烦恼。

2. 锤炼意志:通过瑜伽学习,感受自身情绪、思想、行为、意识等方面的改变,有效促进形成正确的人生观和价值观,全面提高身心素质;提高身体的柔韧性,培养优美体态。

任务一　了解瑜伽基本概述

"瑜伽"一词是从印度梵语中演化而来的,其含义为"一致""结合"或"和谐"。瑜伽起源于古老的印度,古代的印度信徒发展了瑜伽体系,因为他们深信通过运动身体和调控呼吸,完全可以控制心智和情感,保持身体长久的健康。

19世纪60年代在美国芝加哥的一次博览会上,一位名叫维夫卡南达的印度圣人展示了各种瑜伽姿势,首次向西方介绍了瑜伽并引起了西方世界的浓烈兴趣。此后的若干年里,许多信徒从印度来到西方。今天瑜伽作为人类精神遗产重新得到重视,它对人体的各个方面,如生理、心理、精神、情感等都起到良好的作用,并作为一种健康有效的健身运动而风靡全世界。学者将瑜伽的发展分为四个时期:前古典时期、古典时期、后古典时期、现代瑜伽。瑜伽的出现和发展,一直与印度的生活方式和哲学密切相关。然而从实质上来讲,它一直与任何宗教信义或伦理保持分离状态,从不要求任何信仰系统接受它。它不是宗教,是生活哲学,它的目的是使身体和精神之间完美平衡地发展,以使得个体和宇宙之间完全和谐。

瑜伽作为一种心智修炼的方法,集动静于一体,通过姿势、呼吸和冥思的结合,达到健身、修心与养生的功效,是现代人减压、修身养性的新兴运动项目。它正以不同形式改变着人们的生活方式、价值观和审美观。瑜伽逐渐成为一种时尚,成为许多人生活的一部分。

知识链接

帕坦伽利

帕坦伽利为瑜伽之祖,他在《瑜伽经》中阐述了瑜伽的定义、瑜伽的内容、瑜伽给身体内部带来的变化等。帕坦伽利之前,瑜伽已经有了很长的实践期,但是没有任何人给瑜伽一个系统的解释,帕坦伽利创造了一个整体的瑜伽体系。帕坦伽利指出,瑜伽不是一种理论,不是存在于理论之上的,它更多的是实践。

任务二 教会瑜伽的呼吸与冥想

一、瑜伽的呼吸法

(一)瑜伽胸式呼吸法

慢慢吸气时,把气体吸入胸部区域,胸骨、肋骨向外扩张,腹部应保持平坦。当你吸气量加深时,腹部应向内收紧。呼气时,缓慢地把肺内浊气排出体外,肋骨和胸部回复原位。

(二)瑜伽腹式呼吸法

吸气时,用鼻子把新鲜的空气缓慢深长地吸入肺的底部,随着吸气量的加深,胸部和腹部之间的横膈膜向下降,腹内脏器下移,小腹就会像气球一样慢慢鼓起;呼气时,腹部向内、朝脊椎方向收紧,横膈膜自然而然地升起,把肺内的浊气完全排出体外,内脏器官复原位。

(三)瑜伽完全式呼吸法

瑜伽完全式呼吸法是把胸式呼吸和腹式呼吸结合在一起完成的正确自然的呼吸。轻轻吸气时,首先把空气吸入肺的底部,腹部区域起胀,然后是空气充满肺的中部、上部,这时,就是从腹式呼吸过渡到胸式呼吸。当你已经吸入到双肺的最大容量时,你会发觉腹壁和肋骨下部向外推出,胸部只有稍微移动。呼气时,按相反的顺序,首先放松胸部,然后放松腹部,尽量把气吐尽,然后有意使腹肌向内收紧,并温和地收缩肺部。整个呼吸是非常顺畅的动作,就像一个波浪轻轻地从腹部波及胸腔中部再波及胸腔的上半部,然后减弱消失。

二、瑜伽冥想法

(一) 冥想坐姿

简易坐:坐在地上,两腿向前伸直,弯起右小腿,把右脚放在左大腿之下,弯起左小腿,把左脚放在右大腿之下。把双手放在两膝之上,头、颈和躯干都应该保持在一条直线上,毫无弯曲之处。

半莲花坐:坐下,两腿向前伸直,弯起右小腿并让右脚脚板底顶紧左小腿内侧,弯起左小腿并把左脚放在右大腿上面。尽量使头、颈和躯干保持在一条直线上,以这个姿势坐着直至感到极不舒服,然后交换两腿的位置,继续再做下去。这个姿势为莲花坐打下了基础。

莲花坐:先做坐下的姿势,两腿向前面伸直,用双手抓着左脚,把它放在右大腿上面,脚跟放在肚脐区域下方,左脚脚底朝天。用双手抓着右脚,把它扳过左小腿上方,放在左大腿之上。把右脚跟放在肚脐区域下方,右脚脚底也朝天。脊柱要保持伸直,尝试努力保持两膝贴在地上,尽量长久地保持这个姿势,交换两腿位置,并重复这个练习。

金刚坐:双膝弯曲,臀部放在脚跟上,双脚拇指相碰,被称为"坐法之王",是静坐或不动之姿的意思。以不动的姿势,将臀部尽量往后挪的话,颈部的姿势就比较容易做得正确。

雷电坐:两膝跪地,两小腿胫骨和两脚脚背平放于地面,两脚靠拢。两个大脚趾互相交叉,使两脚跟向外指,伸直背部,将臀部放落在两脚内侧,在两个分离的脚跟之间。

(二) 冥想手势

禅那手印:两手叠成碗状,将拇指尖相连。将完成姿势的手放在踝骨上。这是比较古典的手印,意味着空而充满力量的容器。女性右脚和右手在上,男性左脚和左手在上。此手印可以平和、稳定精神。

智慧手印:手掌向上,大拇指与食指相扣,其他三指自然伸展。此手印代表把小宇宙的能量和大宇宙的能量合一,即人与自然合一,可以让人很快进入平静的状态。

能量手印:无名指、中指和大拇指自然相扣,其他手指自然伸展。此手印可以排出体内的毒素,消除泌尿系统的疾病,保护肝脏;调节大脑平衡;让人更有耐心,充满自信。

生命手印:大拇指、小拇指、无名指相扣,其他两指自然伸展。此手印可增强人的活力。

秦手印:也称下巴式。手势为手掌向下,大拇指食指指端轻贴一起,作用与智慧手印相同。

双手合十手印:即阴阳平衡手印,放在胸前做成冥想的姿势,手掌之间要留下一些空间,意味着身体和心灵的合一、大自然和人类的合一。此手印可以增加人的专注能力。

任务三 勤练瑜伽体位法

一、脊柱扭动式

挺直身子坐着,两腿前伸,左小腿向内收,左脚底挨近右大腿内侧。将左臂举起,放在右膝外侧,伸直左臂抓住右脚。伸出右手,高与眼齐,双眼注视指尖。右臂保持伸直,慢慢转向右方,直至右手背放在左腰上。做深长而舒适的呼吸,保持15至20秒(如图20-1)。用完全相反的顺序恢复原态,再做相反方向的练习。

二、单腿交换伸展式

双腿向前伸直坐着,慢慢吸气,两手上升高过头部,两臂向前伸,身躯略向后靠。慢慢呼气,向前弯上身,两手尽量抓住左脚,将躯干拉近腿部,两肘向外弯曲。放松颈部,让头部下垂(如图20-2)。保持这个姿势10秒钟或更长久之后,换左腿做同样的练习。

图20-1 脊柱扭动式　　　图20-2 单腿交换伸展式

三、鸽式

首先放松坐着,弯曲双膝,左膝向外,左脚底紧靠右大腿内侧。右脚底朝天,双手把住右脚踝,使右脚尽量靠近身体,保持上体直立(如图20-3)。保持这个姿势尽量长久的时间之后,换反方向做同样的练习。

四、骆驼式

两大腿与双脚略分开跪在地上,脚趾指向后方,吸气,两手放在髋部,将脊柱向后弯曲,然后在呼气的同时,把双掌放在脚底上,保持两大腿垂直于地面,头向后仰。一边保持这个姿势,一边将脖子向后方伸展,收缩臀部的肌肉,伸展下脊柱区域(如图20-4)。保持30秒之后,两手放回髋部,慢慢恢复预备姿势。

图20-3 鸽式　　　图20-4 骆驼式

五、身腿结合式

仰卧,抬高双腿,并保持膝盖伸直,当双腿已垂直于地面时呼气,抬起髋部和下背部,两腿伸展至头上方,并伸向头后。两腿弯曲,将大腿移向胸部,躯干便向后方移动,直到能够把膝盖都贴在地面上。也可以把双手顺势滑向背后抓住两脚脚踝,从而能够用手帮忙把膝盖抵紧双肩,然后两手臂抱住大腿,作缓慢而深长的呼吸(如图20-5)。只要感到舒适,可以尽量长久地保持这个姿势。

六、肩倒立式

这个姿势的梵文名字原意是"全身",因为它有益于整个机体。开始时仰卧,两臂向下按以求平稳,慢慢将腿抬离地面。当脊椎垂直于地面时,升起髋部,将腿部向头部后方送得更远,让两腿伸展在头部之上。接着用手托住腰部两侧,支撑起躯干。收紧下巴,让它顶住胸部。舒适地呼吸,保持这个姿势至少1至3分钟(如图20-6)。

图 20-5　身腿结合式

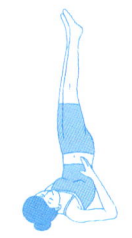
图 20-6　肩倒立式

七、蛇击式

双手双膝着地,做动物爬行状,一边保持两手按住地面,一边把臀部放落在两脚跟上,并把头贴在地板上,做叩首式(如图20-7)。保持胸膛高于地面,一边吸气一边将胸膛向前移动,伸直双臂,放低腹部直到大腿接触地面,胸部向上挺起。背部呈凹拱形,眼睛向上注视,正常地呼吸(如图20-8)。保持这个姿势10至20秒之后,再慢慢按反过来的程序做,恢复到叩首式。重复10次。

图 20-7　蛇击式之叩首式

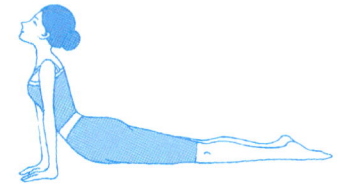
图 20-8　蛇击式完整动作

八、侧三角式

保持两膝伸直,将右脚向右转90°,呼气,双臂伸直,将上身躯干转向右方,让左手在右脚外缘碰触地板,右臂向上伸展,与左臂成一条直线。保持该姿势,双眼注视右手指尖,伸展双臂及肩胛骨(如图20-9)。恢复常态时吸气,先后缓慢将双手、躯干转至常态。交换方向做同样的练习,两侧的练习应保持相同的时间。

图20-9　侧三角式

九、战式第三式

两腿大分开,吸气,双掌合十,高举过头顶并尽力伸展,呼气,右脚与躯干向右旋转90°,左脚向右方略转动。屈右膝直到大腿与地面基本平行,左腿伸直,两眼注视合十的双掌,伸展脊柱(如图20-10)。接着呼气,将上身躯干向前倾,双臂保持伸直,手掌合十,并把左腿举离地面(如图20-11)。右腿完全伸直后,左腿举高至与地面平行,此时,双臂、上身和左腿应该形成一条与地面平行的直线,右腿应与这条直线成直角(如图20-12)。保持这个姿势约20秒,然后呼气,回到第一个姿势上来。

图20-10　战式第三式动作1　　图20-11　战式第三式动作2　　图20-12　战式第三式动作3

十、拜日式

拜日式又叫向太阳致敬式,是人们最常做的瑜伽姿势之一。拜日式由以下一系列动作组成(如图20-13)。

图20-13　拜日式

放松站立,两脚靠拢,两掌在胸前合十,正常呼吸。双手食指相触,掌心向前,双臂高举过头顶,缓慢而深长地吸气,上身自腰部起向后方弯下。呼气,慢慢向前弯身,用双掌或两手手指接触地面,不要弯曲双膝。以不感到太费力为限,尽量使头部靠近膝盖。保持手掌和右脚不离开地面,慢慢吸气,同时左脚向后伸展。慢慢把头部向后上方抬起,胸部向前方挺出,背部则呈凹拱形。一边慢慢呼气,一边将右脚向后拉,使两脚靠拢,脚跟向上,臀部向后上方收起。伸直四肢,身体好像一座山峰的样子。一边呼气,一边让臀部微微向前方移动,一直到两臂垂直于地面为止,然后蓄气不呼,弯曲两肘,胸膛朝地板方向放低。一边保持胸部略高于地面,一边慢慢呼气,胸部前移,直到腹部和大腿接触地面。然后吸气,慢慢伸直两臂,上身从腰部向上升起。头部像眼镜蛇式那样向后仰起。呼气,同时臀部升高,双手、双脚支撑地面。一边吸气,一边弯曲左腿并将左脚伸向前面。头部向上看,胸部向前挺,脊柱呈凹拱形。试图把这个动作和上一个动作做连贯,一气呵成。一边保持两手掌放在地板上,一边慢慢呼气,右脚收回放在左脚旁边。低下头,伸直双膝。一边慢慢抬高身躯,两臂伸直举过头顶,背部向后弯。一边呼气,一边恢复到开始的姿势,两手掌在胸前合十。

| 倒立体式 | 俯卧体式 | 仰卧体式 |
| 循环体式 | 站立体式 | 坐立体式 |

思政教育

省瑜伽运动协会以会代训:加强队伍建设,增强市场黏性

近日,江苏省瑜伽运动协会召开了以"加强队伍建设,增强市场黏性"为主题的工作座谈会。此次会议通过以会代训,引导全省瑜伽运动协会副会长单位、理事单位认清形势、迎接挑战,不断提高经济效益和社会效益,提升瑜伽运动在市场中的影响力和竞争力。

随着人们对健康生活方式的追求不断提高,瑜伽作为一种身心锻炼的运动方式,受到越来越多人的喜爱。在此背景下,省瑜伽运动协会深刻认识到,打造一支高素质的瑜伽教师、管理和营销队伍至关重要。

会议第一项议程围绕面临的形势、问题和挑战,由副会长单位、理事单位进行交流互动,南京育仁瑜伽负责人林琳介绍了他们改善传统薪酬模式,加强与高校合作,以及不断学习 AI 技术,以科技赋能瑜伽教学等做法和成效。恩舍瑜伽负责人徐峰围绕学习型团队建设介绍了他们从中国传统文化中汲取营养,增强团队成员文化自信,以及通过日行一善等公益活动提升恩舍品牌品质的案例。扬州古月素问瑜伽负责人贺青说:"我们从2023年开始做线上短视频平台,因为有省协会副会长单位这一身份,客户非常信任我们,上线两周内就做到人气榜、收藏榜、热销榜、好评榜榜首,客户上门咨询转化率达到80%,同时我们开展学习型团队建设,进行团队架构转型,适应市场需求。"

会上大家踊跃发言,来自中华壹瑜伽的负责人杨金海已经89岁高龄,他结合自身的教学经历和团队发展深感教学实践与研究必须同步推进。来自徐州瑜伽研究会的负责人孟克红针对健身瑜伽进社区提出了建设性的意见。

会议的第二项议程由省瑜伽运动协会会长从三个方面作专题辅导:一是如何认清形势、把握大局,引导全省将"健康、尚美、和谐、向善"的瑜伽文化内化于心,外化于行,不断提升队伍素质,增强市场黏性。二是一手抓加强瑜伽教师、管理和营销队伍建设,一手抓品牌建设和线上线下营销管理。三是坚持体卫融合、体文融合,围绕客户会员的需要设置多元化瑜伽课程,强化教学质量,增强市场吸引力和竞争力。

省瑜伽运动协会表示今后将继续加大对队伍建设投入,搭建各类平台,不断提升江苏瑜伽的整体实力和市场竞争力,这次座谈会始终围绕会议主题同频共振,大家对未来发展方向、目标和路径达成了共识,同时也增强了推动江苏省瑜伽运动健康发展的责任感和使命感。

——江苏瑜伽,2024年9月24日,有删改

武 术

学习目标

了解武术的历史与发展、了解武术的形式、内容和分类;了解武术的特点和作用;掌握武术的基本技术。

任务描述

武术是中华民族在长期的生活和斗争实践中逐步积累、丰富和发展起来的一项宝贵遗产,它承载着中国的传统文化。学生在习武过程中应领悟一招一式的攻防含义,掌握强身自卫的方法。

任务分析

通过学习,掌握武术的手形手法及步形步法,掌握武术的基本技术,能熟练地运用到套路学习中;具有灵活运用能力,将各项技术串联起来。

课程思政

1. 健全人格:积极参加武术的相关活动,体会传统武术运动的形神合一和内外兼修的民族风格,还可促进与武术爱好者的交流。

2. 锤炼意志:通过学习,培养学生崇武尚德的民族情怀,胜不骄败不馁的竞争精神,以及吃苦耐劳的意志品质和过硬的心理素质。

任务一 了解武术运动基本概述

从历史上看,有不少归属武术类的名称,春秋战国时称"技击"(兵技巧一类);汉代出现了"武艺"一词,并沿用至明末;清初又借用南朝《文选》中"偃闭武术"(当时泛指军事)的"武术"一词;民国时称"国术";1949 年后仍沿用"武术"一词。

随着历史的变迁,冷兵器的逐步消亡,专用武术器械的生产及拳械套路的大量出现,对抗性项目、武术竞赛规则的制订,武术已演化成为体育运动项目之一。武术的体育化使其内容、形式及训练手段等都发生了很大变化,反映事物本质属性的概念也在不断变化。

发展到今天，武林的基本定义可概括为：是以技击为主要内容，以套路和搏斗为运动形式，注重内外兼修的中国传统体育项目。

党的二十大报告指出："全面建设社会主义现代化国家，必须坚持中国特色社会主义文化发展道路，增强文化自信。"中华优秀传统文化在增强文化自信、建设社会主义文化方面能起到重要作用，中华体育精神是社会主义先进文化的重要内容，体现着人们的价值追求，对提高民族自信心、增强民族凝聚力、振奋民族精神发挥着尤为重要的作用。武术等民族传统体育项目中蕴含爱国奉献、自强不息的体育文化，大力推广武术等项目能增进中华民族的文化自信。

一、武术的产生和发展

武术在我国有悠久的历史，它的产生缘起于我国远古祖先的生产劳动。在原始社会生产力极为低下的社会条件下，人们为了生存的需要，就必须依靠群体力量同自然界搏斗。人们在狩猎的生产活动中，逐渐积累了劈、砍、刺的技能。这些原始形态的攻防技能是低级的，还没有脱离生产技能的范畴，却是武术技术形成的基础。武术作为独立的社会文化现象，是同中华民族文明的产生同步的。

武术萌芽于原始社会时期。氏族公社时代，经常发生部落战争，因此在战场上搏斗的经验也得到总结，比较成功的一击一刺、一拳一腿，反复被模仿、传授、习练着，这促进了武术的萌芽。

武术成形于奴隶社会时期。夏朝建立，经过连绵不断的战火，武术为了适应实战需要进一步向实用化、规范化发展，夏朝时期的武术活动主要在以下两个方面发展：军队的武术活动，以武术为主的学校教育。商周时期，商代出现了武术训练的重要手段——田猎，商周利用"武舞"来训练士兵，鼓舞士气，周代设的"庠""序"等学校中也把射御等列为教育内容之一。相传在周时期出现了一部中国武术史上重要的著作《周易》，亦称《易经》，它对我国养生学的发展影响极为深远，其"易有太极，是生两仪，两仪生四象，四象生八卦"产生了太极学说，从此奠定中国武术体系。进入春秋战国以后，诸侯争霸，都很重视技击术在战场中的运用。齐桓公举行春、秋两季的"角试"来选拔天下英雄。在此期间，剑的制造及剑道都得到了空前的发展。

武术发展于封建社会时期。秦汉以来，盛行角觚、手搏、击剑等。随着"宴乐兴舞"的习俗，手持器械的舞蹈时常在乐饮酒酣时出现，如《史记·项羽本纪》记载的"鸿门宴"中"项庄舞剑，意在沛公"，便是这一形式的反映。此外，还有"刀舞""钺舞""双戟舞"等，虽具娱乐性，但从技术上更近于今天套路形式的运动，而不近于舞蹈。

唐朝以来开始实行武举制，对武术的发展起了促进作用，如对有一技之长的士兵授予荣誉称号。裴旻将军的剑术独冠一时，有与李白诗歌、张旭草书并称唐代三绝的美誉，可见武术作为一种文化形式已相当具有影响力。

宋元时期，以民间结社的武艺组织为主体的民间练武活动蓬勃兴起，有习枪弄棒的"英略社"，习射练刀的"弓箭社"等。由于商业经济活跃，出现了浪迹江湖、习武卖艺为生的"路歧人"。不仅有单练，而且有"枪对牌""剑对牌"等的对练。

明清时期是武术大发展时期,流派林立,拳种纷呈。拳术有长拳、猴拳、少林拳、内家拳等几十家之多,同时形成了太极拳、形意拳、八卦拳等主要的拳种体系。

到了近代,武术顺应时代的变化,逐步成为中国近代体育的有机组成部分。民国时期,民间出现了许多拳社、武士会等武术组织。1910年在上海成立了精武体育会,1927年,国民政府在南京成立了中央国术馆。1936年中国武术队赴柏林奥运会参加表演。

中华人民共和国成立后,武术成为社会主义文化和人民体育事业的一个组成部分,得到了蓬勃发展。1950年中华全国体育总会召开了武术座谈会,倡导发展武术运动,1956年中国武术协会建立了武术协会、武术队等,为武术的发展开拓了广阔的道路。1985年,在西安举行了首届国际武术邀请赛,并成立了国际武术联合会筹委会,这是武术发展中历史性的突破。1987年在横滨举行了第一届亚洲武术锦标赛,这标志着武术走进亚运会。1990年武术首次被列入第十一届亚运会竞赛项目。1999年,国际武联被吸收为国际奥委会的正式国际体育单项联合成员,这是武术发展中的又一历史性突破,意味着武术有可能成为奥运项目,意味着"把武术推向世界"的雄伟目标的进一步实现。

二、武术的形式、内容和分类

武术的内容丰富多彩,按其运动形式可分为两大类:套路运动、搏斗运动。

(一) 套路运动

武术动作以攻守进退、动静疾徐、刚柔虚实等矛盾运动的变化规律编成了整套练习形式。主要内容包括拳术、器械、对练、集体表演。

1. 拳术:是徒手练习的套路运动。它的种类很多,主要有长拳、太极拳、南拳、形意拳、八卦掌、通背拳、象形拳等。

2. 器械:分为长器械、短器械、双器械、软器械。其中刀、枪、剑、棍是目前最为常见的重点竞赛项目。

3. 对练:是在单练的基础上,两人或两人以上,在预定的条件下进行攻防的假设性实战练习。其中包括徒手对练、器械对练、徒手与器械的对练等。

4. 集体表演:是以六人以上的徒手或器械集体演练,可变换队形与图案和采用音乐伴奏,要求队形整齐,动作协调一致。

(二) 搏斗运动

两人在一定条件下按照一定的规则进行斗智、较力、较技的对抗练习形式。目前武术竞赛中正在开展的有散手、推手、短兵三项。

1. 散手:即散打,是两人按照一定的规则使用踢、打、摔、拿等方法制胜对方的竞技项目。

2. 推手:是两人按照一定的规则使用掤、捋、挤、按、捌、肘、靠等手法,通过肌肉的感觉来判断对方的用劲,然后借劲发力将对方推出,以此决定胜负的竞技项目。

3. 短兵:是两人手持一种用藤、皮、棉制作的短棒似的器械,在16市尺(1市尺=33.33厘米)直径的圆形场地内,按照一定的规则,使用劈、砍、刺、崩、点、斩等方法决定胜负的竞技项目。

三、武术的特点和作用

武术在长期的历史演变中,逐渐形成了自己的运动规律,它以独特的技术风格和多方面的社会功能享誉于世。

(一) 武术的特点

1. 寓技击于体育之中。武术最初作为军事训练手段,与古代军事斗争紧密相连,其技击的特性是显而易见的。在实用中,其目的在于杀伤、制服对方,它常以最有效的技击方法,迫使对方失去反抗能力。这些技击术至今仍在军队、公安中被采用。武术作为体育运动,技术上不失攻防技击的特性,将技击寓于搏斗与套路运动之中。搏斗运动集中体现了武术攻防格斗的特点,在技术上与实用技击基本上是一致的,但是从体育观念出发,它受到竞赛规则的制约,以不伤害对方为原则。如在散手中对武术中有些传统的实用技击方法做了限制,而且严格规定了击打部位和保护护具;短兵中使用的器具也做了相应的变化;而推手则是在特殊技术规定下进行竞技对抗的。因此,可以说武术的搏斗运动具有很强的攻防技击性,但又与实用技击有所区别。

套路运动是中国武术的一个特有的表现形式,不少动作在技术规格、运动幅度等方面与技击的原形动作有所不同,但是动作方法仍然保留了技击的特性。即使因联结贯串及演练技巧上的需要,穿插了一些不一定具有攻防技击意义的动作,然而就整套技术而言,主要的动作仍然是以踢、打、摔、拿、击、刺诸法为主,是套路的技术核心。它的攻防技击特性是通过一招一式来表现的,汇集百家,它的技击方法是极其丰富的,在散手、短兵中不宜采用的技术方法,在套路运动中仍有所体现。

2. 内外合一、形神兼备的民族风格。既讲究形体规范,又追求精神传意、内外合一的整体观,是中国武术的一大特色。所谓内,指心、神、意等心志活动和气息的运行;所谓外,即手眼身步等形体活动。内与外、形与神是相互联系统一的整体。

武术"内外合一,形神兼备"的特点主要通过武术功法和技法来体现。"内练精气神,外练筋骨皮"是各家各派练功的准则,如太极拳主张身心合修,要求"以心行气,以气运身"。形意拳讲究"内三合,外三合"。此外,武术套路在技术上往往要求把内在精气神与外部形体动作紧密结合,做到"心动形随""形断意连""势断气连"。

3. 广泛的适应性。武术的练习形式、内容丰富多样,有竞技对抗性的散手、推手、短兵,有适合演练的各种拳术、器械和对练,还有与其相适应的各种练功方法。不同的拳种和器械有不同的动作结构、技术要求、运动风格和运动量,分别适应人们不同年龄、性别、体质的需求,人们可以根据自己的条件和兴趣爱好进行选择练习,同时它对场地、器材的要求较低,俗称"拳打卧牛之地",练习者可以根据场地的大小变化进行练习,即使一时没有器械也可以徒手练拳、练功。一般来说,受时间、季节限制也很小。较之不少体育运动项目,它具有更为广泛的适应性。武术能在广大民间历久不衰,与这一特点不无关系,利用这一特点可为现代群众性体育活动提供方便,使武术进一步社会化。

(二) 武术的作用

武术具有健身、防身、修身养性、娱乐观赏等多方面的作用,是人们增强体质、振奋精神的一种好手段。

1. 改善和增强体质。武术具有强体健身的作用,其动作包含屈伸、回环、平衡、跳跃、翻腾、跌扑等,人体各部位几乎都要参与运动。系统地进行武术训练,对人体速度、力量、灵巧、耐力、柔韧性等身体素质要求较高,人体各部位"一动无有不动",几乎都参加运动,这使人的身心都得到全面锻炼。

2. 提高防身自卫的能力。武术套路运动和搏斗运动,都是以技击作为中心内容的,通过武术锻炼,人们不仅能够达到增强体质的目的,而且能够学会攻防格斗技术,特别是武术功力训练,更能发挥技击的实效性。

3. 磨炼意志,培养道德情操。"未曾习武先学礼,夫曾习武先习德",传统中武德始终被作为习武教武的先决条件。武术在中国几千年绵延的历史中,一向重礼仪,讲道德,"尚武崇德",包含了深刻广泛的道德内容,如互教互学、以武会友、切磋技艺、讲礼守信、见义勇为、不恃强凌弱等品德。激烈的攻防技术和人生修行结合起来,是中国武术传统道德观念的体现。长期锻炼可以培养人们勤奋、刻苦、果敢、顽强、虚心好学、勇于进取的良好习性和意志品德。

武术运动内涵丰富,技理相通,入门之后会有"艺无止境"之感。群众性的武术活动,便成为人们切磋技艺、交流思想、增进友谊的良好手段。随着武术在世界的广泛传播,它还可以促进与国外武术爱好者的交流。许多外国武术爱好者喜爱武术套路,也喜爱武术散手,他们通过练武了解认识中国文化,探求东方的文明。武术通过体育竞技、文化交流等途径,在与世界各国人民友好交往中发挥着越来越大的作用。

任务二 教会武术运动基本技术

武术运动的基本功,是指以武术运动中共性的基本训练为内容,以获得和运用技法必备的各种能力为锻炼目的一类身体练习。

一、压肩

压肩动作要领:两手抓握肋木,上体前俯、挺胸、塌腰、收髋,并做下压肩运动,也可以两人相对站立互相扶按肩部,做体前屈的振动压肩动作,还可以由助手帮助做压肩练习。

二、单臂绕环

单臂绕环动作要领:右臂由上向前、下、后绕环,为前绕环;右手臂由上向后、下、前绕环,为后绕环。练习时,应左右交替练习。做左臂练习时,则转换成右弓站立。

三、压腿

1. 正压腿动作要领:左腿提起,脚跟放在肋木上,脚尖勾起,两手扶按膝上。两腿伸直、立腰、收髋，上体前屈并向下压。练习时，左右腿交替进行。

2. 侧压腿动作要领：右腿支撑脚尖外展，把左腿脚跟放在肋木上，脚尖勾起。右臂上举，左掌放于左胸前。两脚伸直、立腰、展髋，上体向左侧振压。练习时，左右交替进行。

3. 仆步压腿动作要领：两腿左右开立，右腿屈膝全蹲，全脚掌着地，左腿挺膝伸直，脚尖里扣，然后两手分别抓握两脚外侧，呈左仆步向前和向下振压。练习时，左右交替进行练习。

四、踢腿

1. 正踢腿动作要领：预备势并脚直立，两臂双举成立掌；左脚向前上半步，左脚伸直支撑，全脚掌着地。右脚膝部挺直，右脚钩紧脚尖向前额踢起，两眼平视、两手臂不要前后摇动。练习时，左右交替练习；挺胸、身正、立腰、收髋；支撑腿脚趾抓地，脚跟不要抬起；摆动腿过腰发力。

2. 侧踢腿动作要领：左脚向右前上半步，脚尖外展，全脚掌着地，左腿伸直支撑。右脚跟稍提起，身体略左转，右臂后举，随即右脚脚尖钩直向右耳侧上踢。同时右臂屈立掌附于左肩前，左臂上举伸直做亮掌动作。两眼平视前方踢左腿为左侧踢，踢右腿为右侧踢。

3. 外摆腿动作要领：左腿向右前上半步，右脚尖勾紧，向左侧踢起，经面前向右侧上方外摆，直腿落在左腿部，眼向前平视；左掌可在右侧上方击响，也可不击响。如图21-1所示。练习时，左右交替练习。

图21-1 外摆腿

4. 里合腿动作要领：左腿向右前上半步，左脚勾起里扣并向左侧踢起。经面前向右侧上方直腿里合，落于右腿外侧；右手掌在右侧上方迎击右脚掌（击响），两眼平视前方。如图21-2所示。左右交替练习。

图21-2 里合腿

五、劈叉

劈叉动作要领:劈叉主要是为了加大髋关节的活动幅度,增加腿部的柔韧性。劈叉可结合压腿和搬腿进行。劈叉可分为竖叉、横叉两种。在此以竖叉方法为例介绍。两手左右扶地或平举,两腿前后铺展。左腿后侧着地,脚尖勾起,右腿的内侧或前侧着地。

六、后扫腿

后扫腿动作要领:左脚前上一步呈左弓步,同时两掌从两腰侧向前推掌、目视指尖。如图 21-3①所示。

左脚尖内扣,右腿屈膝全蹲,成右仆步姿势,同时上体右转并前俯;两掌随上体右转在右膝内侧扶地,随着两手撑地、上体向右后拧转的惯性力量,以左脚掌为轴,右腿掌贴地向后扫转一周。如图 21-3②和③所示。

图 21-3 后扫腿

七、手形手法

(一) 手形

1. 拳动作要领:四指并拢紧握,拇指屈扣于食指和中指的中节。如图 21-4 所示。
2. 掌动作要领:四指并拢伸直,拇指扣于虎口外。如图 21-5 所示。
3. 钩动作要领:五指指尖紧撮在一起,屈腕。如图 21-6 所示。

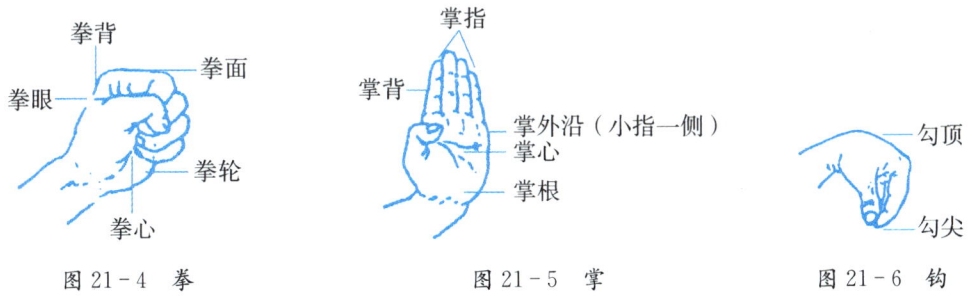

图 21-4 拳　　　　图 21-5 掌　　　　图 21-6 钩

(二) 手法

1. 冲拳(以右冲拳为例)动作要领:双腿开立,双手握拳于腰间,肘关节位于腰后侧,右臂内旋,同时拧腰、顺肩,肘关节置于腰后,右前臂内旋,右拳从腰间向前猛力冲出,同时拧腰、顺肩、力达拳面,两眼平视前方。

2. 推掌(以右推掌为例)动作要领:准备姿势同冲拳。右拳变掌,前臂内旋,以掌根和外缘为力点向前猛力推出。同时拧腰、顺肩、臂伸直,力达拳跟和掌外缘。

八、步形步法

(一) 步形

1. 弓步动作要领:左脚向前上一大步(为本人脚掌的4—5倍),脚尖微内扣,屈膝半蹲,在大腿接近水平,膝与脚尖垂直。右腿挺膝伸直,脚尖内扣向右前方,脚掌贴紧地面。上体正对前方,两手抱拳于腰间,两眼平视前方。左腿弓为左弓步,右腿弓为右弓步。

2. 马步动作要领:两脚平行开立(宽度约为本人脚掌的3倍),脚尖正对前方,屈膝半蹲,膝部不超过脚尖,大腿接近水平,全脚掌着地,身体重心在两腿之间,两手抱拳于腰间,两眼平视前方。

3. 虚步(以左虚步为例)动作要领:两脚前后开立,两手叉腰,两眼平视前方,右脚外展,屈膝半蹲,左脚脚跟离地,脚面绷平,脚尖微内扣,虚点地面,膝微屈,重心落于后脚上。

4. 仆步(以右仆步为例)动作要领:两脚左右开立,两手抱于腰间,两眼平视前方,右腿屈膝全蹲,大腿和小腿靠在一起,臀部接近小腿,右脚全脚掌着地,脚尖和膝关节外展,左脚挺直平仆,脚尖里扣,全脚掌着地。

5. 歇步动作要领:两手抱拳于腰间,两眼平视左前方,两脚交叉靠拢蹲,左脚脚掌着地,脚尖外展,右脚前脚掌着地,膝部贴近左小腿外侧,臀部坐在右腿接近脚跟处。

6. 丁步动作要领:两手抱拳于腰间,两眼平视前方,两腿屈膝半蹲,右脚全脚着地,左脚脚跟提起,脚尖虚点地面,贴于右脚脚弓外,重心落于右腿上。

(二) 步法

1. 击步动作要领:两眼向前平视,上体前倾,后脚提起,前脚随即蹬地前纵,在空中时,后脚向前脚碰击。如图21-7①和②所示。落地时,后脚先落,前脚后落。如图21-7③所示。

2. 垫步动作要领:后脚提起,向前脚处落步,前脚立即蹬地向前上方跳起,将位置让于后脚,再向前落步;两眼平视前方。如图21-8所示。

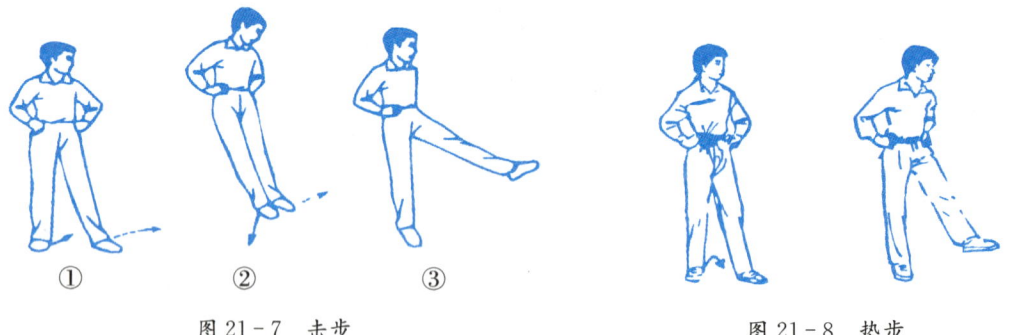

图21-7 击步　　　　　　图21-8 垫步

九、跳跃

1. 大跃步前穿动作要领:预备姿势左脚向前上一步,重心前移,左掌后摆,右掌向左腿外侧后摆。如图21-9①所示。右腿屈膝用力向前摆,左脚立即蹬地向前跃出,两臂向前,向上划立圆摆起,上体右转,眼看左掌。如图21-9②所示。右脚于前方落地成全蹲,左脚随即落地铲出呈仆步,右掌变拳抱于腰间,右掌由上向下划弧成立掌,停于胸前,目视前下方。如图21-9③所示。

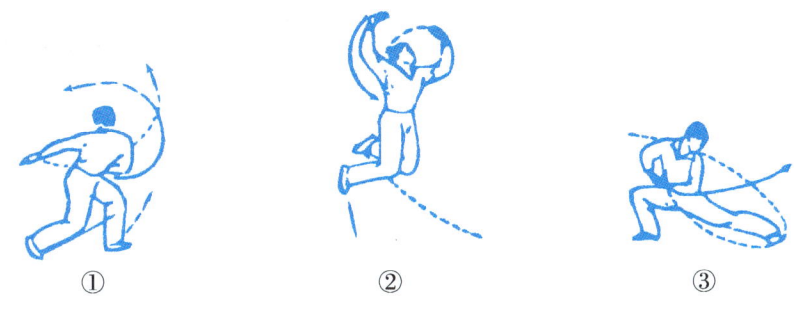

图21-9 大跃步前穿

注意要点:跳得高,跃得远,幅度要大。

2. 腾空飞脚动作要领:右脚向前上一大步,上体略后仰,左臂向头上摆起,右臂自然摆至身后;左脚向前、向上提踢,右脚蹬地跃起身体腾空,右臂由下向前、向头上摆起,右手背迎击左手掌。如图21-10①和②所示。在空中,右腿向前上方弹踢、脚面绷平,右手迎击右脚面,同时左腿屈膝,左脚收控于右腿侧,脚面绷直,脚尖向下;左手在击响的同时摆至左侧方变钩手,钩尖向下,略高于肩;上体微前倾,两眼平视前方。如图21-10③所示。

图21-10 腾空飞脚

注意要点:
1. 腿在击响的一瞬间,屈膝收控于右腿侧。
2. 在腾空的最高点完成击响动作,拍击动作必须连续、准确、响亮。
3. 在空中,上体正直、微向前倾,不要坐臀。

思政教育

吸引国内武术人才"走出去"

武术是中华民族传统体育的典型代表,有着悠久的历史和深厚的文化底蕴。据国家外文局最新公布的《中国话语海外认知度调研报告》,与中国功夫相关的文化词语认知度高居榜首,其"文化名片"的作用独具特色。

  传承千年的中国武术曾经随着移民海外的华人走出国门,二十世纪六七十年代,李小龙的电影让"功夫"一词风靡世界,电影《少林寺》的热播更是引发全球的功夫热潮。这样的影响力延续至今,在"一带一路"沿线国家民众眼中,"功夫"依然是武术最好的代名词。文化样态的传播力决定了其影响力,影视媒介强大的助推力,加之国家"硬实力"的增强和"软实力"的提升,作为文化符号和传播载体的武术,其影响力逐步上升,超过半数的受访者表达了对武术的喜爱。

——人民网,2021年4月21日,有删改

跆 拳 道

学习目标

了解跆拳道运动的起源、发展及特点;掌握跆拳道步法、拳法、腿法等基本技术,提高实战能力。

任务描述

跆拳道既是一项能强身健体、防身自卫的传统搏击术,还是一项新兴的集健身、竞技和娱乐为一体的现代竞技体育运动项目。掌握通过跆拳道运动锻炼身体的方法和手段,提高速度、反应、力量和耐力素质。

任务分析

通过学习,熟练掌握跆拳道基本技术,提高实战能力;了解跆拳道比赛规则,学会欣赏跆拳道比赛。

课程思政

1. 健全人格:通过本章的学习,体会跆拳道运动的乐趣,培养刻苦耐劳、积极向上的良好品质。

2. 锤炼意志:通过合理、科学的体育锻炼,增强学生体质,磨炼学生意志,培养"礼始礼终"的尚武精神。

任务一 了解跆拳道运动基本概述

跆拳道被称为"世界第一搏击运动",是奥运会正式比赛项目之一。跆拳道的前身是"花郎道",是起源于1 500年前的朝鲜民间武术。所谓跆拳道,"跆"意为以脚踢、摔撞,"拳"指以拳头打击,"道"是一种艺术方法。

1966年,国际跆拳道联盟成立,崔泓熙任首届联盟主席,为跆拳道的传播发展做出了巨大的贡献。1973年5月,世界跆拳道联盟在韩国汉城(今首尔)成立,金云龙当选为主席。1975年,世界跆拳道联盟被正式接纳为国际体育联盟的会员。2011年,世界跆拳道联盟会员数已扩大到200个。

1986年,跆拳道被列为第十届亚运会的正式比赛项目。从2000年奥运会开始,跆拳道成为奥运会正式比赛项目。目前,跆拳道运动已经成为完全独立的国际体育组织和正规的比赛项目,每两年会举办一次世界锦标赛和世界杯比赛。

我国的跆拳道运动正式开始于1992年,其标志是中国跆拳道协会筹备小组的成立,从此跆拳道在中国迅速发展了起来。1995年8月,中国跆拳道协会成立,11月,中国跆拳道协会被世界跆拳道联盟接纳为正式会员。我国运动员的跆拳道水平不断提升,2000年的悉尼奥运会,陈中获得我国跆拳道第一块奥运金牌。

跆拳道运动具有典型的东方文化色彩。它不仅是一项具备较强攻击力的运动项目,也是一种精美的形体艺术和行之有效的强体健身方法。通过功法与技术的练习,每个乐于此道的修炼者既可掌握防身自卫的本领,又能培养勇武爱国的热忱和情操。所以,这项运动宜于在我国开展,并受到越来越多的青少年喜爱。

任务二 教会跆拳道运动基本技术

一、立

自然体立:自然体立本是平时站立的姿势,这是最轻松自由的姿势,不可以用其来实战。身体正直,两足合拢。然后两足缓缓分开,距离约同肩宽,足尖向前。两手下垂,全身放松,身体自然,目视前方。

并足立:两腿并拢站立,身体与头部保持正直,此为行礼时的站立姿势。

单足立:一足直立,另一足提起。足背贴在站立足的膝关节后方,如"金鸡独立",头部正直。

前屈立:两足前后分开,宽度约70厘米。前足尖内扣,屈膝。后足蹬地,身体向前转体,成半侧面状,重心大部分落在前足。两手成拳,一手置于腰侧,另一手置于前方。头部正直。左、右屈立要求相同。

后屈立:与前屈立前后相反。两足前后分开,宽度约70厘米,前足蹬直,后足屈膝,身体向后转体,成半侧面状。重心大部分落在后足。

骑马立:两足分开,宽度约80厘米,屈膝像骑马一样站立。足尖稍向内扣,头部正直,两手成拳自然伸直,置于身体两侧。

猫足立:两足前后分开,宽度约40厘米。前足尖点地,两腿微屈。后足全着地,身体向前转体,成半侧面状,重心落在后足。两手成拳,一手置于腰侧、另一手置于前方。头部正直。

中段立:中段立是跆拳道实战中用得最多的基本姿势。两足前后分开,宽度同肩,两足尖内扣、稍屈膝,身体向前,成侧面状,重心落在两足中间。两手成拳,一手置于胸前,一手置于眼前。眼睛注视前方目标。

二、步法

上步：左足在前，右足在后，为左中段立。保持中段立不变，后足上一步，成右中段立。

退步：与上步相反，后退一步，其他动作方法一样。

前进步：保持左中段立，右足上半步，并列。向前纵跳，约三步距离，仍为中段立，左右前进步动作方法一样。

基本步法

后退步：与前进步方向相反，向后纵跳，动作方法一样。

左侧闪步：身体向左侧变换方向的步法。保持左中段立，左足尖内扣，扭转45°，右足后退转动45°，左足几乎没移动，仅改变方向，右足则大幅度移动。

右侧闪步：与左侧闪步方向相反，动作方法一样。

弹跳步：原地轻松跳动，两足前后位置不变，以跳动幅度小、离地高度低为宜，方便出腿攻击对方。

换跳步：换跳步主要用于变换出腿的方位。原地轻微跳动，在跳动中，两足前后变换，变换幅度宜小，变换时两手与身体需要协调配合。

三、拳法

前拳：双手握拳，由腰部向前方打出。出拳时后足蹬，身体扭转，发声。以左足前屈立为例，打出左前拳，为顺前拳；打出右前拳，为逆前拳。

勾拳：从右中段立开始，双手握拳，上左步，左拳由腰部向前上方勾拳打出。勾拳时右足蹬，发声。

横拳：从右中段立开始，双手握拳，右拳由腰部向前方划弧线打出，横拳时左足蹬，身体扭转成骑马立，发声。

四、腿法

前踢：从中段立开始，两手屈肘，自然上举。右腿屈膝提起，到达腰高度时弹出。用足对准对方的身体或头部。

横踢：从中段立开始，右腿向右侧屈膝提起到腰，身体向左侧倾斜。利用身体向左倾的惯性，右足横向上方弹出，向左侧前方横踢对方肋部。力点在脚背。

侧踢：从中段立开始，身体向左后方移动，右胯连带右腿屈膝提起。右脚掌翻起，足底朝上到达腰的高度，身体向左下方倾斜，利用身体向下的惯性，右足向前方踹踢，对准对方的身体正面。力点在足跟。

劈打腿：从中段立开始，身体向后移动，重心落在右足，左腿屈膝提起，左脚掌勾起，足底朝前，到对方的头部上方，伸展小腿，然后左脚掌往前下方劈打，对准对方的面部或身体正面劈打，力点在脚掌。

后踢：从中段立开始，身体向左后方快速转动，右胯带动右腿屈膝提起，随身体旋转惯性划弧转到前方，右脚掌翻起，足底朝前蹬出，力点在足跟。

推踢：从中段立开始，身体重心移到左足，右腿屈膝上提，右脚板勾起，足底朝前，对准对方将要出腿的空隙，向其腿部推顶，迫使对方停止进攻。进而用力向前蹬，反击对方。

旋转踢：半圆形扫荡腿法。从中段立开始，身体向左后方快速转动，带动伸直的右腿旋转。力点在脚掌。

勾踢：向上横踢加小腿勾回的腿法。从中段立开始，身体向左后方转动，右胯带动右腿，伸直向前方旋转横扫，右脚板绷平，当右足扫踢对方的头部时，立即将小腿收回勾对方头部或身体。力点在脚掌。

旋风踢：旋转跳跃、身体腾空转一周的腿法。从中段立开始，右足蹬地跳起，同时身体向左后方快速转动，带动左腿旋转，左足落地，右腿在身体旋转惯性作用下向前旋转，扫踢对方头部。

双飞踢：直线跳起，空中左右连续向前踢击的方法。从中段立开始，右足蹬地跳起，左腿屈膝提起，向对方身体踢腿。紧接着左腿收回，右腿对准对方头部踢击。两足踢击的力点都在脚背。

基本动作横踢　　基本动作前踢　　基本动作后踢

基本动作劈踢　　基本动作后旋踢　　基本动作旋风踢

五、组合进攻

连续左后踢：从自然体开始，提左足向上方后踢，左足下地，立即两足蹬跳推动身体向前，左足再向上方做后踢动作。

左推踢接左侧踢：从自然体开始，左足屈膝提起，向前推踢；落地过程中身体向后倾移，左胯上提，带动左足向前方侧踢。

推踢接空中侧踢腿：从自然体开始，提右足向前推踢，落地即蹬地跳起，空中将左足向正前方侧踢。

推踢、旋风踢接后踢：从自然体开始，提右足向前方头部高度推踢；落地即蹬地跳起，身体腾空右转，带动左腿做旋风踢；落地后顺势转体，左足向前方侧踢。

后旋腿接下推踢：从自然体开始，身体右转，重心移到左足，转身右足后旋踢，落地顺势再转体,左足向前下方推踢腿,拦截对方出腿。

旋风踢接侧踢:从自然体开始,左足蹬地,身体向右旋转,右足向右摆,左腿跟随右腿向右旋踢。落地再次顺势转体,右足向正前方侧踢。

侧踢接空中侧踢:从自然体开始,提右足向前做侧踢,落地后立即蹬地腾空跳起,空中转体,将左足向正前方侧踢出去。

上推踢接双飞踢:自然体开始,左足高抬向前方推踢,落地后立即起跳,身体腾空左足向上踢,右足紧接左足向前方踢出。

双飞踢接后踢:从自然体开始,右足蹬地,身体跳起,先踢左腿、后右腿做双飞踢动作;落地即收右足屈膝,重心移到左足,右足向前上方后踢出去。

前踢、转身双飞踢:从自然体开始,右足做前踢动作,落地后立即蹬地,向左转体腾空跳跃,腾空左足向上踢,右足紧随,向前方踢出。

六、防守

(一)躲闪

侧身躲闪法:对方攻击时,左或右稍稍转体,避开攻击。侧身转动前要冷静,待对方的拳脚将接触身体时转动。

仰身躲闪法:对方向头部或胸部攻击时,身体稍后仰,拉开距离,避开攻击。躲闪时,眼睛应该注视对方的变化,还要配合步法移动。

俯身躲闪法:当对方向头部攻击时,身体向下俯倾,避开攻击。俯身时不要偏离重心垂直线。

(二)格挡

双手格挡:两拳同时向上,在肩膀处分开格挡。以左前屈立为例:当对方向两手夹击时,双手握拳,屈肘由下往上分别格挡,如图22-1所示。

上段格挡:屈肘向头上方横挡,左右均可防守。以左前屈立的右上段防守为例:当对方右拳向头部打击时,用左手握拳,屈肘向上方格挡,如图22-2所示。

图22-1 双手格挡　　　　　　　　图22-2 上段格挡

下段格挡:屈肘由上向下截挡,左右手均可防守。以左前屈立为例:当对方向腹部前踢腿时,用左手握拳,屈肘向下方格挡,截挡对方的右足攻击,如图22-3所示。

图 22-3 下段格挡

中段格挡：小臂屈肘由外向内或由内向外格挡。以左前屈立为例：当对方右拳打来时，用左手握拳，屈肘向内、向外格挡，如图 22-4 所示。

图 22-4 中段格挡

手刀格挡：用手掌劈打对方的攻击。劈挡的同时可以进攻对方，如图 22-5 所示。

十字格挡：双拳交叉，向头上方或向腹部下方格挡，如图 22-6 所示。

图 22-5 手刀格挡　　　　　　图 22-6 十字格挡

思政教育

"00后"跆拳道小伙崔阳：目标只有一个，夺金

2023年9月25日，在杭州第19届亚运会跆拳道竞技混合团体赛中，中国队夺得冠军。值得一提的是，跆拳道混合竞技团体项目在东京奥运会上首次成为表演项目，也是此次杭州亚运会竞技跆拳道的新增项目。

中国跆拳道队派出崔阳、宋兆祥、宋洁、周泽琪参加跆拳道混合竞技团体项目的较量。混合竞技团体项目决赛中，与中国队决战的老牌劲旅韩国队，被网友称为与中国乒乓实力相当的队伍。在第一局比分落后的情况下,中国队配合默契,顶住压力,逆势而上,赢下比赛,全场沸腾。

这是"00后"杭州小伙崔阳第一次站上亚运会的舞台,也是竞技跆拳道纳入亚运会后的第一枚金牌。

崔阳通往冠军的路并不顺利,"这个过程还是很漫长的,进入国家队后两年,我一直没拿到冠军,都是第二第三"。

"旋转踢练了一年,都没练习明白的时候,也挺痛苦。好在教练能够及时地帮我调整状态。"崔阳说好在自己想得也比较纯粹,"每一天的刻苦训练和努力提高,都是为了站上更大的赛场,在挑战中不断超越自我,在比赛中挑战更多对手,为祖国赢得荣誉。"

"这次算是圆了自己为国争光的梦,终于拿了第一,还是在亚运会的比赛场上。"崔阳说,作为杭州籍的运动员,能在家门口拿到金牌特别开心。

崔阳曾说,他对跆拳道从无知到热爱,再到现在已经充满了使命感,他知道自己不是为个人而战斗,还要为国家争光。

如今,崔阳实现了自己的梦想,为中国队拿到了这枚珍贵的亚运金牌。

不过就如同他自己所说的,未来的路还很长,他还很年轻,今天所到达的不会是他的顶峰。

他需要更多的成绩去证明自己,也还有更高的领奖台,等着这个年轻的小伙子去攀登。

——杭州网,2023年9月26日,有删改

太 极 拳

学习目标

了解太极拳的起源、发展，特点和作用；掌握太极拳基本动作及组合。

任务描述

太极拳是一种合乎生理规律的健身运动，是一种良好的养生保健方法。其动作刚柔并济，学生既可以增强体质，又可以防治疾病。

任务分析

通过学习，掌握太极拳的基本动作，勤加训练，感受太极拳运动的美、力、圆和融会贯通。

课程思政

1. 健全人格：经常参加太极拳运动，能使人精神饱满、思路敏捷，还能使人克服不良的身体姿态，提高肌肉的运动能力。

2. 锤炼意志：通过学习，培养学生多向思维、反向思维和创造性意识，提高运动技术的学习能力，了解太极拳作为中国特有的民族体育项目的魅力。

任务一　了解太极拳运动基本概述

一、太极拳运动的起源与发展

太极拳属于中国的拳术之一，是中华优秀传统文化的结晶，也是我国精神文明宝库的瑰宝。太极拳运动在我国源远流长，关于太极拳的起源与创始人，历来众说纷纭，纵观近现代太极拳的发展就可见一斑，太极拳并非一人所创，而是前人不断开发、总结、整理、创新、发展而来的。

太极拳数百年绵延不绝，名手辈出，流派纷呈。随着历史的发展和社会的变迁，太极拳的技术防御和祛病强身作用得到了不断地发展，在民间得以广泛流传，发展成为寓攻防技击和强身健体为一体的一种拳术。值得一提的是清乾隆年间山西民间武术家王宗岳，他著有《太极拳论》《太极拳解》《行功心解》,对后人学习、研究太极拳具有极大的参考作用。另一个在太极拳发展史里做出卓越贡献的人物是河北永年人杨露禅,三下陈家沟十余载向陈长兴学习太极拳,朝夕苦练,寒暑无间,尊师重道,终得太极精髓。他于1851年将太极拳带入当时的经济和文化中心北京,使得太极拳得到广泛地发展,被称为杨氏太极拳。随其学拳者甚多,在其影响下,吴、孙、武式太极拳相继问世,流传至今已有100多年,成为以姓氏命名的陈、杨、吴、孙、武氏太极拳等。

中华人民共和国成立后,太极拳发展很快,打太极拳的人遍及全国。当前,仅北京市公园、街头和体育场就设有太极拳辅导站数百处,吸引了大批爱好者。卫生、教育、体育各部门都把太极拳列为重要项目来开展,出版了上百万册的太极拳书籍、挂图。太极拳在国外也受到普遍欢迎。欧美、东南亚、日本等国家和地区,都有太极拳活动。据不完全统计,仅美国就已有30多种太极拳书籍出版。许多国家成立了太极拳协会等团体,积极与中国进行交流活动。太极拳作为中国特有的民族体育项目,已经引起很多国际友人的兴趣和爱好。太极拳是中华民族辩证的理论思维与武术、艺术、气功引导术的完美结合,是高层次的人体文化。其拳理来源于《易经》《黄帝内经》《黄庭经》《纪效新书》等中国传统哲学、医术、武术等经典著作,并在长期发展过程中吸收了道、儒、释等文化的合理内容,故太极拳被称为"国粹"。

二、太极拳运动的特点和作用

(一)太极拳运动的特点

中正安定,舒展自然(姿势)轻灵沉稳,圆活连贯(动作)基于腰腿,周身联合(协调)虚实刚柔,意领神随(意念)开合有序,呼吸平顺(节奏),太极拳运动如"行云流水,连绵不断"。这种运动既自然又高雅,可亲身体会到音乐的韵律、哲学的内涵、美的造型、诗的意境。

(二)太极拳运动的作用

经常参加太极拳运动对神经系统有良好的影响,能使人精神饱满、思路敏捷,还能使人克服不良的身体姿态,提高肌肉的运动能力,特别是提高各肌群的协调能力,对提高肌肉的代谢能力有积极的作用。太极拳运动对预防、治疗癌症有一定的作用,是预防高血压、降低血脂和防治心血管疾病的最好锻炼方法。练习太极拳能有效调节体内的阴阳平衡,使内气开合、升降、聚散有度,这种特殊的生理状态是祛病疗症、增强体质、提高健康水平的传统锻炼方法。

任务二　教会二十四式简化太极拳

一、第一组

(一)起势(如图23-1)

1. 身体自然直立,头颈正直;两臂自然下垂,两手指尖轻贴大腿侧;眼

第一组

向前平视。

  2. 左脚向左慢慢开步,与肩同宽,脚尖向前。

  3. 两臂慢慢向前平举,两手高与肩平,与肩同宽,手心向下。

  4. 上体保持正直,两腿屈膝下蹲;同时两掌轻轻下按至腹前,两肘下垂与膝相对;眼平视前方。

图 23-1　起势

(二) 左右野马分鬃(如图 23-2)

  1. 上体微向右转,身体重心移至右腿上;同时右臂收在胸前平屈,手心向下,左手经体前向右下划弧放在右手下,手心向上,两手心相对成抱球状;左脚随即收到右脚内侧,脚尖点地;眼视右手。

  2. 上体微向左转,左脚向左前方迈出,同时左右手随转体慢慢分别向左上、右下错开;眼视左手。

  3. 上体继续左转,右脚跟后蹬,右腿自然伸直成左弓步;左右手随转体继续向左上、右下分开,左手高与眼平,手心斜向上,肘微屈;右手落在右胯旁,肘也微屈,手心向下,指尖向前;眼视左手。

  4. 上体慢慢后坐,身体重心移至右腿,左脚尖翘起,微向外撇,同时两手准备抱球。

  5. 左脚掌慢慢踏实,左腿慢慢前弓,身体左转,身体重心再移至左腿;同时左手翻转向下,左臂收在胸前平屈,右手向左上划弧放在左手下,两手心相对成抱球状;右脚随即收到左脚内侧,脚尖点地;眼视左手。

  6. 上体微右转,右腿向右前方迈出,同时左右手随转体慢慢分别向左下、右上错开;眼视右手。

  7. 左腿自然伸直成右弓步;同时上体继续右转,左右手继续随转体分别慢慢向左下、右上分开,右手高与眼平,手心斜向上,肘微屈;左手落在左胯旁,肘也微屈,手心向下,指尖向前;眼视右手。

  8. 与第 4 条同,唯左右相反。

  9. 与第 5 条同,唯左右相反。

  10. 与第 6 条同,唯左右相反。

  11. 与第 7 条同,唯左右相反。

图 23-2 左右野马分鬃

(三) 白鹤亮翅(如图 23-3)

1. 上体微向左转,左手翻掌向下,左臂平屈胸前,右手向左上划弧,手心转向上,与左手相对成抱球状;眼视左手。

2. 右脚跟进半步,上体后坐,身体重心移至右腿;上体先向右转,面向右前方,眼视右手;然后左脚稍向前移,脚尖点地,成左虚步;同时上体再微向左转,面向前方,两手随转体慢慢向左下、右上分开,右手上提停于右额前,手心向左后方,左手落于左胯前,手心向下,指尖向前;眼平视前方。

图 23-3 白鹤亮翅

二、第二组

(一) 左右搂膝拗步(如图 23-4)

1. 右手从体前下落,由下向后上方划弧举至右肩外侧,肘微屈,手与耳同高,手心斜向上;左手由左下向上、向右下方划弧至右胸前,手心斜向下;同时上体先微向左再向右转;左脚收至右脚内侧,脚尖点地;眼视右手。

2. 上体左转,左脚向前(偏左)迈出成左弓步;同时右手屈回由耳侧向前推出,高与鼻尖平,左手向下由左膝前搂过落于左胯旁,指尖向前;眼视右手。

3. 右腿慢慢屈膝,上体后坐,重心移至右腿,左脚尖翘起微向外撇,随

第二组

后脚慢慢踏实,左腿前弓,身体左转,重心移至左腿,右脚收到左脚内侧,脚尖点地;同时左手向外翻掌由左后向上划弧至左肩外侧,肘微屈,手与耳同高,手心斜向上;右手随转体向上、向左下划弧落于左胸前,手心斜向下;眼视左手。

4. 与第2条同,唯左右相反。

5. 与第3条同,唯左右相反。

6. 与第2条同。

图23-4　左右搂膝拗步

(二) 手挥琵琶(如图23-5)

1. 右脚跟进半步,上体后坐,重心移至右腿上,上体半面向右转。

2. 左脚略提起稍向前移,变成左虚步,脚跟着地,脚尖翘起,膝部微屈;同时左手由左下向上挑举,高与鼻尖平,掌心向右,臂微屈;右手收回放在左臂肘部里侧,掌心向左;两手成侧立掌合于体前;眼视左手食指。

图23-5　手挥琵琶

(三) 左右倒卷肱(如图23-6)

1. 上体右转,右手翻掌(手心向上)经腹前由下向后上方划弧平举,臂微屈,左手随即翻掌向上;眼的视线随着向右转体先右视,再转向前方视左手。

2. 右臂屈肘折向前,右手由耳侧向前推出,手心向前,左臂屈肘后撤,手心向上,撤至左肋外侧;同时左腿轻轻提起向后(偏左)退一步,脚掌先着地,然后全脚慢慢踏实,身体重心移到左腿上,成右虚步,右脚随转体以脚掌为轴扭正;眼视右手。

3. 上体微向左转。同时左手随转体向后上方划弧平举,手心向上,右手随即翻掌,掌心向上;眼随转体先左视,再转向前方视右手。

4. 与第2条同,唯左右相反。

5. 与第3条同,唯左右相反。

6. 与第2条同。

7. 与第3条同。

8. 与第2条同,唯左右相反。

图23-6 左右倒卷肱

三、第三组

(一) 左揽雀尾(如图23-7)

1. 上体微向左转,同时右手随转体向后上方划弧平举,手心向上,左手放松,手心向下;眼视左手。

2. 身体继续向右转,左手自然下落,逐渐翻掌经腹前划弧至右肋前,手心向上;右臂屈肘,手心转向下,收至右胸前,两手相对成抱球状;同时身体重心落在右腿上,右脚收至右脚内侧,脚尖点地;眼视右手。

第三组

3. 上体微向左转,左脚向左前方迈出,上体继续向左转,右腿自然蹬直,左腿屈膝成左弓步,同时左臂平屈成弓形,用前臂外侧和手背向前方推出,高与肩平,手心向后;右手向右下落,放于右胯旁,手心向下,指尖向前;眼视左前臂。

4. 身体微向左转,左手随即前伸翻掌向下,右手翻掌向上,经腹前向上、向前伸至左前臂下方;然后两手下捋,即上体向右转,两手经腹前向右后上方划弧,直至右手心向上,高与肩平,左臂平屈胸前,手心向后;同时身体重心移至右腿;眼视右手。

5. 身体微向左转,右臂屈肘折回,右手附于左手腕里侧(相距约5厘米),上体继续向左转,双手同时向前慢慢挤出,左手心向后,右手心向前,左前臂要保持半圆;同时身体重心逐渐前移变成左弓步;眼视左手腕部。

6. 左手翻掌,手心向下,右手经左腕上方向前、向右伸出,高与左手齐,手心向下,两手左右分开,宽与肩同;然后右腿屈膝,上体慢慢后坐,身体重心移至右腿上,左脚尖翘起;同时两手屈肘收回至腹前,手心均向前下方;眼向前平视。

7. 上式不停,身体重心慢慢前移,同时两手向前、向上按出,掌心向前;左腿前弓成左弓步;眼平视前方。

图 23-7　左揽雀尾

(二) 右揽雀尾(如图 23-8)

1. 上体后坐并向右转,身体重心移至右腿,左脚尖里扣;右手向右平行划弧至右侧然后由右下经腹前向左上划弧至左肋前,手心向上;左臂平屈胸前,左手掌向下与右手成抱球状;同时身体重心再移到左腿上,右脚收到左脚内侧,脚尖点地;眼视左手。

图 23-8　右揽雀尾

2. 同"左揽雀尾"第3条,唯左右相反。
3. 同"左揽雀尾"第4条,唯左右相反。
4. 同"左揽雀尾"第5条,唯左右相反。
5. 同"左揽雀尾"第6条,唯左右相反。

6. 同"左揽雀尾"第 7 条,唯左右相反。

四、第四组

(一)单鞭(如图 23-9)

第四组

1. 上体后坐,重心逐渐移至左腿,右脚尖里扣;同时上体左转,两手(左高右低)向左弧形运转,直至右臂平举,伸于身体左侧,手心向左,右手经腹前运至肋前,手心向后上方;眼视左手。

2. 重心再渐渐移至右腿上,上体右转,左脚向右脚靠拢,脚尖点地;同时右手向右上方划弧(手心由里转向外),至右侧方时变勾手,臂与肩平;左手向下经腹前向右上划弧停于右肩前,手心向里;眼视左手。

3. 上体微向左转,左脚向左前侧方迈出,右脚跟后蹬,成左弓步;在身体重心移向左腿的同时,左掌随上体的左转慢慢翻转向前推出,手心向前,手指与眼齐平,臂微屈;眼视右手。

图 23-9 单鞭

(二)云手(如图 23-10)

1. 重心移至右腿上,身体渐向右转,左脚尖里扣;左手经腹前向右上划弧至右肩前,手心斜向后,同时右手松勾变掌,手心向右前;眼视左手。

图 23-10 云手

2. 上体慢慢左转,重心随之逐渐左移;左手由脸前向左侧运转,手心渐渐转向左方;

右手由右下经腹前向左上划弧,至左肩前,手心斜向后;同时右脚靠近左脚,成小开立步(两脚距离10—20厘米);眼视右手。

3. 上体再向右转,同时左手经腹前向右上划弧至右肩前,手心斜向后;右手向右侧运转,手心翻转向右;随之左腿向左横跨一步;眼视左手。

4. 同第2条。

5. 同第3条。

6. 同第2条。

(三)单鞭(如图23-11)

1. 上体向右转,右手随之向右运转,至右侧方时变成勾手;左手经腹前向右划弧至右肩前,手心向内;重心落在右腿上,左脚尖点地;眼视右手。

2. 上体微向左转,左脚向左前侧方迈出,右脚跟后蹬,成左弓步;在身体重心移向左腿的同时,上体继续左转,左掌慢慢翻转向前推出,成单鞭式。

图23-11 单鞭

五、第五组

(一)高探马(如图23-12)

1. 右脚跟进半步,身体重心逐渐后移至右腿上;右勾手变成掌,两手心翻转向上,两肘微屈;同时身体微向右转,左脚跟渐渐离地;眼视左前方。

2. 上体微向左转,面向左前方,右掌经右身旁向前推出,手心向前,手指与眼同高;左手收至左侧腰前,手心向上;同时左脚微向前移,脚尖点地,成左虚步;眼视右手。

第五组

图23-12 高探马

(二) 右蹬脚(如图 23-13)

1. 左手手心向上,前伸至右手腕背面,两手相互交叉,随即向两侧分开并向下划弧,手心斜向下,同时左脚提起向左前侧方进步(脚尖稍外撇);身体重心前移;右腿自然蹬直,成左弓步;眼视前方。

2. 两手由外圈向里圈划弧,两手交叉合抱于胸前,右手在外,手心均向后;同时左脚靠拢,脚尖点地;眼平视右前方。

3. 两手臂左右划弧分开平举,肘部微屈,手心均向外;同时右腿屈膝提起,右脚向右前方慢慢蹬出;眼视右手。

图 23-13 右蹬脚

(三) 双峰贯耳(如图 23-14)

1. 右腿收回,屈膝平举;左手由后向上、向前下落至体前,两手心均翻转向上,两手同时向下划弧,分落于右膝盖两侧;眼视前方。

2. 右脚向右前方落下,重心渐渐前移,成右弓步,面向右前方;同时两手下落,慢慢变拳,分别从两侧向上、向前划弧至面部前方,成钳形;两拳相对,高与耳齐,拳眼都斜向内下(两拳中间距离为10—20厘米);眼视右拳。

图 23-14 双峰贯耳

(四) 转身左蹬脚(如图 23-15)

1. 左腿屈膝后坐,身体重心移至左腿,上体左转,右脚尖里扣;同时两拳变掌,由上向左右划弧分开平举,手心向前;眼视左手。

2. 身体重心再移至右腿,左脚收到右脚内侧,脚尖点地;同时两手由外圈向里圈划弧合抱于胸前,左手在外,手心均向后;眼平视左方。

3. 两手臂左右划弧分开平举,肘部微屈,手心均向外;同时左腿屈膝提起,左脚向左前方慢慢蹬出;眼视右手。

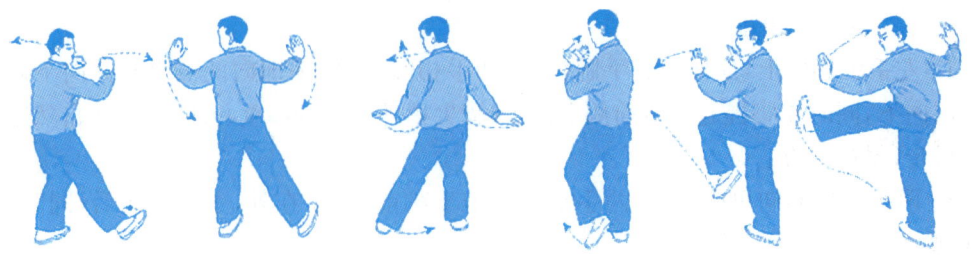

图 23-15 转身左蹬脚

六、第六组

（一）左下势独立（如图 23-16）

1. 左腿收回平屈，上体右转；右掌变成勾手，左掌向上、向右划弧下落，立于右肩前，掌心斜向后；眼视右手。

2. 右腿慢慢屈膝下蹲，左腿由内向左侧（偏后）伸出，成左仆步；左手下落（掌心向外）向左下顺左腿内侧向前穿出；眼视左手。

3. 身体重心前移，左脚跟为轴，脚尖尽量向外撇，左腿前弓，右腿后蹬，右脚尖里扣，上体微向左转并向前起身；同时左臂继续向前伸出（立掌），掌心向右，右勾手下落；眼视左手。

4. 右腿慢慢提起、平屈，成左独立式；同时右勾手变掌，并由后下方顺右腿外侧向前弧形上挑，屈臂立于右腿上方，肘与膝相对，手心向左；左手落于左胯旁，手心向下，指尖向前；眼视右手。

第六组

图 23-16 左下势独立

（二）右下势独立（如图 23-17）

1. 右脚下落于左脚前，脚尖着地，然后以左脚前掌为轴，脚跟转动，身体随之左转，同时左手向后平举变成勾手，右掌随着转体向左侧划弧，立于左肩前，掌心斜向后；眼视左手。

图 23-17 右下势独立

2. 同"左下势独立"第 2 条,唯左右相反。

3. 同"左下势独立"第 3 条,唯左右相反。

4. 同"左下势独立"第 4 条,唯左右相反。

七、第七组

(一) 左右穿梭(如图 23-18)

1. 身体微向左转,左腿向前落地,脚尖外撇,右脚跟离地,两腿屈膝成半坐盘式;同时两手在左胸前成抱球状(左上右下);然后右脚收到左脚内侧,脚尖点地;眼视左前臂。

2. 身体右转,右脚向右前方迈出,屈膝弓腿成右弓步;右手由脸前向上举并翻掌停架在右额前,手心斜向下;左手向左下,再经体前向前推出,高与鼻尖平,手心向前;眼视左手。

3. 身体重心略向后移,右脚尖稍向外撇,随即身体重心再移到右腿,左脚跟进,停于右脚内侧,脚尖点地;同时两手在胸前成抱球状(右上左下);眼视右前臂。

4. 同第 2 条,唯左右相反。

第七组

图 23-18 左右穿梭

(二) 海底针(如图 23-19)

1. 右脚向前跟进,身体重心移至右腿,右脚稍向前移举步;右手下落经体前向后、向上提抽至肩上耳旁,左手下落至体前侧。

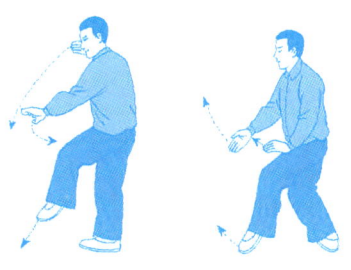

图 23-19 海底针

2. 左脚尖点地成左虚点;同时身体稍向右转;右手再随身体左转,由右耳旁斜向前下方插出,掌心向左,指尖斜向下;与此同时,左手向前、向下划弧落于左胯旁,手心向下,指尖向前;眼视前下方。

(三) 闪通臂(如图 23-20)

1. 上体稍向右转,左脚微回收举步,同时两手上提;眼视前方。

2. 左脚向前迈出,脚跟着地;左右两手分别向左前、右后分开;左手心向前,右手心向外;眼视前方。

3. 重心前移,左腿屈膝弓成左弓步;同时右手屈臂上举,停于右额前上方,掌心翻转斜向上,拇指朝下;左手由胸前随重心前移慢慢向前推出,高与鼻尖平,手心向前;眼视左手。

图 23-20 闪通臂

八、第八组

(一) 转身搬拦锤(如图 23-21)

第八组

1. 上体后坐,身体重心移至右腿上,左脚尖里扣;身体向右后转,然后身体重心再移至左腿上;与此同时,右手随着转体向右、向下(变拳)经腹前划弧至左肋旁,拳心向下;左掌上举于头前,掌心斜向上;眼视前方。

2. 向右转体,右拳经胸前向前翻转撇出,拳心向上;左手落于左胯旁,掌心向下,指尖向前;同时右脚收回后(不要停顿或脚尖点地)即向前迈出,脚尖外撇;眼视右拳。

3. 身体重心移至右腿上,左腿向前迈出一步;左手上起经左侧向前上划弧拦出,掌心向前上方;同时右拳向右划弧收到右腰旁,拳心向上;眼视左手。

4. 左腿前弓成左弓步,同时右拳向前打出,拳眼向上,高与胸平,左手附于右前臂里侧;眼视右拳。

图 23-21 转身搬拦锤

(二) 如封似闭(如图 23-22)

1. 左手由右腕下向前伸出,右拳变掌,两手手心逐渐翻转向上并慢慢分开回收;同时身体后坐,左脚尖翘起,身体重心移至右腿;眼视前方。

2. 两手在胸前翻掌,向下经腹前再向上、向前推出;腕部与肩平,手心向前;同时左腿前弓成左弓步;眼视前方。

图 23-22　如封似闭

(三) 十字手(如图 23-23)

1. 屈膝后坐,身体重心移向右腿,左脚尖里扣,向右转体;右手随着转体动作向右平摆划弧,与左手成两臂侧平举,掌心向前,肘部微屈;同时右脚尖随着转体稍向外撇,成右侧弓步;眼视右手。

2. 身体重心慢慢移至左腿,右脚尖里扣,随即向左收回,两脚距离与肩同宽,两腿逐渐蹬直,成开立步;同时两手向下经腹前向上划弧交叉合抱于胸前,两臂撑圆,腕高与肩平,右手在外,成十字手,手心均向后;眼视前方。

图 23-23　十字手

(四) 收势(如图 23-24)

1. 两手向外翻掌,手心向下,两臂慢慢下落,停于腹前;眼视前方。

2. 两腿缓缓蹬直,同时两掌慢慢下落至大腿侧,然后收左脚成并步直立;眼视前方。

图 23-24　收势

思政教育

"人民太极"平台正式启动　弘扬传统文化、助力健康中国

太极拳是中华民族的优秀文化遗产,既能强身健体,又能修身养性,不仅是一种武术、体育活动,也是一种良好的人文修养活动,更是优秀的中国传统文化。推广太极拳,不仅对于推进健康中国建设、满足人民群众对美好生活的文化和健康需求具有十分重要的现实意义,在建设和谐社会、树立民族文化自信、践行社会主义核心价值观、向世界传递中国声音、讲述中国故事方面也具有非常重要的作用。

2016年,中共中央、国务院印发了《"健康中国2030"规划纲要》,并发出通知,要求各级各类媒体加大健康科学知识宣传力度,积极建设和规范各类广播电视等健康栏目,利用新媒体拓展健康教育。大力发展群众喜闻乐见的运动项目,鼓励开发适合不同人群、不同地域特点的特色运动项目,扶持推广太极拳、健身气功等民族民俗民间传统运动项目。

——人民网,2019年4月1日

项目二十四

毽　　球

学习目标

了解毽球的起源与发展、特点和健身价值；掌握毽球的基本技术。

任务描述

毽球(毽子)是一项简便易行的健身运动，是一项传统民间体育活动。在中国流传很广，有着悠久历史。通过学习，学生会感受到毽球所包含的娱乐性、趣味性、竞技性、表演性和适应性，经常进行这项活动，可以活动筋骨、促进健康。

任务分析

通过学习，熟练掌握毽球运动的基本技术和表演套路，并加以运用。

课程思政

1. 健全人格：通过本章的学习，体会毽球运动带来的乐趣，感受传统民族体育的魅力，增进友谊，促进交流。

2. 锤炼意志：通过学习，促使学生均衡锻炼、增强体魄、舒缓压力，同时促进学生身心健康，陶冶情操，发展思维。

任务一　了解毽球基本概述

毽球，是我国一项流传很广、历史悠久的民族体育活动。经常进行这项运动，可以活动筋骨，促进健康。在古都北京，踢毽子还有个富有诗意的名字——翔翎。

毽球从我国古老的民间踢毽子游戏演变而来，是中华民族传统体育宝库中的一颗灿烂的明珠。它在花毽的趣味性、观赏性、健身性基础上，增加了对抗性，集羽毛球的场地、排球的规则、足球的技术为一体，是一种隔网相争的体育项目，深受人民群众的喜爱。

1984年，国家体育运动委员会(简称"国家体委")将毽球列为正式比赛项目，并组织了全国毽球邀请赛。在政府和体育部门的倡导下，毽球运动在北京、湖北、山东、广东、上海、陕西、河南、山西等地广泛开展，各地相继组织了各种类型的毽球比赛，越来越多的人民群众参与这项活动,这充分显示了毽球运动的强大生命力。

踢毽子对身心健康极为有益。踢毽子,主要是用下肢做接、落、跳、绕、踢等动作来完成的,这使下肢的关节、肌肉、韧带都得到很大的锻炼,同时也使腰部得到锻炼。而跳踢时,则不但要跳,腰部动作也很重要,上肢随同摆动,有时颈部也要运动。连续跳踢数十次,心跳每分钟增加到一百五六十次。由此可见,踢毽子是一项全身运动,有时还很激烈。经常参加这项运动,不仅可使下肢肌肉、韧带富有弹性,关节灵活,而且可使心、肺系统得到全面锻炼,起到增进身体健康的良好作用。归纳起来,毽球具有灵敏性、观赏性、融合性、普及性、群众性等特点。

任务二　教会毽球基本技术

一、准备姿势

准备姿势是运动员在场上未接球时身体的一种等待状态,保持良好的姿势,是使身体能随时在瞬间由静变动、由被动变主动的关键。准备姿势一般分两种:左右开位站势和前后开位站势。

(一) 左右开位站势

这种站势使运动员能从静止状态快速转向左右移动的状态,尤其用在比赛防守过程的站势当中。

(二) 前后开位站势

这种站势使运动员能从静止状态快速转向前后移动的状态,较多应用在比赛过程的接发球和防守当中。注意后脚跟离地,身体重心要向前移,随时保持静中带动的状态。

二、步法移动

步法是移动的灵魂,没有纯熟的步法移动技巧,在比赛中就不能变被动为主动。步法移动一般有八种。分别为前上步、后撤步、滑步、交叉步、并步、跨步、转体上步、跑动步。只有熟悉各种步法的移动运用,在体育活动中才能更具主动性和灵活性。

三、基本踢法

(一) 脚内侧踢球(盘)

膝关节向外张,大腿向外转动,稍有上摆,不要过大,髋和膝关节放松,小腿向上摆,踢毽时踝关节发力,脚放平,用内足弓部位踢球。这多用在传接球方面,因此要想成为一名出色的球员,无论是一传手、二传手或是攻球手,都必须熟练、稳定地掌握好脚内侧踢球的方法。

(二) 脚外侧踢球(拐)

要稍侧身,向体侧甩踢小腿,勾脚尖,用脚外侧踢球。注意要想获得较低的托球点,必须使支撑脚做适当的弯曲。还要注意身体重心应放在支撑脚上。

（三）脚背踢球（绷）

用脚背踢球，一般用正脚背，要注意绷脚尖和抖动脚腕发力击球。此踢球的技术是相对其他基本技术而言难度较大的一种，主要动作要求不但要快，还要求有一定的准度，抖动脚腕发力击球的节奏过快或过慢都会影响踢球的质量。

（四）触球（磕）

在身体膝关节以上部位的踢球都叫触球，但又可以分为大腿触踢球、腹部触踢球、胸部触踢球、头部触踢球。大腿触踢球时，要注意抬大腿迎球，放松小腿，用大腿正面前段击球。腹部触踢球、胸部触踢球、头部触踢球，都要注意触球时使腹部、胸部或头部稍微向前去主动迎接球，并控制球落在自己的前方，然后将球踢出。

四、发球技术

发球动作一般有三种：脚内侧发球、脚正背发球、脚外侧发球。脚内侧发球的时候要抬大腿带小腿，用内足弓部位向前上方送髋推踢。其特点是既稳又准，破坏性强。脚正背发球时要注意绷脚尖，用正脚背向前上方发力挑踢，它的特点是平、快、准。脚外侧发球时要注意稍侧身站位，绷脚尖，用脚外侧发力扫踢，其发球的特点是既快又狠，攻击力强。发球是比赛的开始，又是一项进攻技术，运动员可以采用盯人、找空、压后、吊前等手段发出各种战术球，以达到破坏对方组织进攻或直接得分的目的。

思政教育

毽球翻飞，踢出健康

"好球！""漂亮！"2024年11月24日，海南三亚，第十二届全国少数民族传统体育运动会毽球项目比赛正酣。头球、倒钩球……激烈的回合、精彩的比拼，引来观众连连叫好。

毽球场地类似羽毛球场，比赛双方隔网相对。规则与排球相近，如在三人赛中，3名参赛者要在4脚内击球过网，比赛采取三局两胜制。毽球的技术动作十分丰富，观赏性不亚于花式足球。1995年第五届全国少数民族传统体育运动会上，毽球首次成为竞赛项目。

在11月24日进行的三人毽球女子小组赛中，传统强队广东队迎来香港队的挑战，比分几度胶着。最终，广东队以21∶17、21∶15赢得比赛，取得三连胜。广东队领队龙明全神贯注盯着赛场，"这几年，各队伍水平越来越高，比赛难度提升了"。

在广东，经常能在公园、社区中看到踢毽的人。五彩羽毽翻飞，人们乐在其中。龙明介绍，国家体育总局、中国毽球协会多次选派广东省毽球协会组队参加国际大赛，成绩耀眼。"毽球简单易学、趣味性强，在广东拥有深厚的群众基础。"

"在广东，从小学到大学，各类毽球运动课程、活动、赛事十分丰富，几乎人人都会踢。"龙明说，这次参赛的广东队队员基本都有"童子功"。

本次比赛，广东女队的队员来自广州、深圳、肇庆等不同地方，经过几个月的集训，大家建立了深厚友谊。"我们非常珍惜比赛机会。"41岁的队员孙丽艳说，她曾多次参加毽球比赛，希望把经验传递给更多队友。

广东男队的表现同样亮眼，截至11月24日，已取得小组四连胜。"赛场上的不少对手曾经也是队友，大家一起训练，再分散到各地打比赛。"广东队满族运动员张鑫尧说，"能够一起传承毽球运动，令人开心。"这是他第五次参加全国少数民族传统体育运动会，他希望以比赛为平台，和来自不同队伍、不同民族的选手多切磋交流。

在2021年陕西全运会上，毽球首次成为全运会群众比赛项目。如今，在广西、湖北、陕西、天津、北京等地，毽球运动迅速普及，水平不断提升。"毽球运动为人们带来健康和快乐，让生活更加有滋有味。"龙明说。

全国少数民族传统体育运动会于11月22日至30日在海南举办，各项目比赛正火热开展。

——《人民日报》，2024年11月25日

舞 龙 舞 狮

学习目标

了解舞龙舞狮运动的起源、发展和特点,基本掌握舞龙运动基本技术和舞狮运动基本技术。

任务描述

龙狮运动源于2000年前中国的汉唐时代,两千余年来,一直颇受人民群众的喜爱,历代相传,鼎盛不衰。象征着吉祥喜庆、欢乐幸福的龙狮运动更是我国广大城乡喜庆佳节最具代表性的民族活动,也是我国推行《全民健身计划》、增强人民群众身心健康的重要大众体育项目之一。学生通过参与龙狮运动全面发展力量,增强协调、灵敏性、柔韧性等身体素质,掌握有效提高身体素质的知识与方法,提高身体健康水平,形成健康的生活方式。

任务分析

通过舞龙舞狮基本技术的学习,掌握基本动作要求,能主动参加舞龙课程学习和参与课堂活动,了解舞龙的文化内涵,体验式感受长征红色文化。

课程思政

1. 健全人格:通过学习,体会舞龙舞狮运动带来的乐趣,提高对中国传统文化的认知,感受中华文化的魅力,传承传统体育项目。

2. 锤炼意志:学生通过参与龙狮运动克服心理惰性,磨炼战胜困难的毅力,培养吃苦耐劳的精神。学习和体验勇敢顽强、团结协作、奋发进取的精神,激发爱国主义情怀。

任务一 了解舞龙运动基本概述

"舞龙",又称"龙舞""龙灯",是中华民族传统的体育娱乐活动。每逢佳节、盛会,人们在长街广场和街头湾边,舞起龙灯,以增添欢乐喜庆的气氛。它也构成了中华民族民间传统文化的重要组成部分。

关于舞龙运动的起源有很多说法,大多数人认为舞龙运动起源于原始的求雨祭祀活动。中国人认为龙象征着水,因此逢旱之时,人们想到了"龙"的威力和神圣,借助于"龙"的祭祀活动就成为祈求雨水的形式。而人们之所以用舞龙来求雨,是因为舞龙含有地上的龙和天上的龙相感召、相会合的意思,地上的龙一舞动,天上的龙就会普降大雨,润泽四方了。

在殷商的甲骨文记载中便有向龙卜雨的甲片,作为求雨的祭祀舞蹈是很普遍的。"舞龙"运动的产生,可以说是在汉代。汉代有"鱼龙漫衍"之戏,由此舞龙运动逐渐兴起。随着社会的发展和人类文明的进步,"舞龙"这种形式也逐步从祭祀活动中走出来,并且种类也多样化了,制作工艺更加精细。

进入唐代,舞龙活动也进入了发展时期。这一时期的"舞龙",已经基本上摆脱了原始祭祀的宗教活动,与民间传统节日的庆典活动密切地结合起来,成为中华民族节日文化的重要组成部分。到了宋代,舞龙运动已经基本定型,这不仅体现在龙的形态的基本固定上,还体现在其他因素的趋于完备上。从宋开始到元、明、清,龙的形态几乎没有什么变化,主要特点是蜿蜒多姿,通体华美。这一时期,舞龙运动的其他因素也趋于完备。从宋元至明清,舞龙运动不断改进、完善,处在不断发展之中。

近年来,我国各地民间舞龙的兴趣逐年增长,活动规模越来越大。通过挖掘整理和试办各种舞龙比赛,传统的民间舞龙发展成为集舞龙、技巧、艺术等为一体,寓身体锻炼于精彩表演之中的群众体育活动。当前,它也成为我国推行全民健身计划的重要大众体育项目之一。随着"中国龙狮运动协会"的成立,舞龙运动日益规范。尤其是舞龙运动与现在的技术相结合,增添了舞龙运动的艺术魅力,它因奇特的造型和出神入化的表演,受到了国内外人民的欢迎,也成为中国辉煌文化的象征。

任务二 教会舞龙运动基本技术

一、基本动作

舞龙运动的技术动作主要可分为五大类:"8"字舞龙动作、游龙动作、穿腾动作、翻滚动作、组图造型类动作。每种类型动作又可根据完成的难易程度划分为 A 级难度动作、B 级难度动作、C 级难度动作。

(一)"8"字舞龙

舞龙者将龙在人体左右两侧交替作"8"字形环绕的舞龙动作,环绕舞龙动作的快与慢、原地与行进均可根据具体情况变化,套路中以多种方法做"8"字舞动。舞动中要求龙体运动轨迹圆顺,人体造型姿态优美,快舞龙要突出速度和力度,每个动作左右舞龙各不少于 4 次。

1. A 级难度动作:原地"8"字舞龙、行进"8"字舞龙、跪地舞龙、套头舞龙、搁脚舞龙、扯旗舞龙、靠背舞龙等。

2. B级难度动作：原地快速"8"字舞龙、行进快速"8"字舞龙、快步行进快舞龙、抱腰舞龙、穿身舞龙、双人换位舞龙等。

3. C级难度动作：跳龙接一蹲一躺快舞龙、跳龙接摇船快舞龙、跳龙接直躺快舞龙、依次滚翻接单跪快舞龙、挂腰舞龙（两人一组）、K式舞龙（3人一组）、站式舞龙（两人一组）等。

（二）游龙

游龙指舞龙者在快速奔跑游走过程中，通过龙体快慢有致、高低、左右的起伏进行，展现婉转回旋、左右盘翻、屈伸绵延的动态舞龙特征。舞龙时要求龙体圆、曲、弧线规律运动，舞龙者随龙体协调起伏行进。

1. A级难度动作：直线行进、曲线行进、走跑圆场、滑步行进、起伏行进、单侧起伏小圆场等。

2. B级难度动作：快速曲线起伏行进、快速顺逆连续跑圆场、快速矮步跑圆场越障碍、快速跑斜圆场、骑肩双杆起伏行进等。

3. C级难度动作：站肩平盘起伏、直线后倒等。

（三）穿腾

穿腾包括穿越和腾越两种方式。龙体动作线路呈交叉形式，龙珠、龙头、龙身各节依次从龙身下穿过，这称为"穿越"。龙珠、龙头、龙身各节依次从龙身上越过，这称为"腾越"。穿越和腾越时，要求龙形饱满，速度均匀，运动轨迹流畅；穿腾动作轻松利索，不踩龙体、不拖地、不停顿。

1. A级难度动作：穿龙尾、越龙尾、首尾穿越龙肚等。

2. B级难度动作：龙穿身、龙脱衣、龙戏尾、连续腾越行进、穿八五节等。

3. C级难度动作：快速连续穿越行进（3次以上）、连续穿越腾越行进（4次以上）等。

（四）翻滚

翻滚指龙体作立圆或斜圆状连续运动，龙身运动到舞龙者脚下时，舞龙者迅速向上腾起依次跳过龙身的"跳龙动作"；龙体同时或依次做360°翻转，舞龙者利用各种滚翻等越过龙身的"翻滚动作"。

1. A级难度动作：龙翻身等。

2. B级难度动作：快速逆向跳龙行进（两次以上）、快速连续螺旋行进（两次以上）、大立圆螺旋行进（3次以上）等。

3. C级难度动作：快速连续斜盘跳龙（3次以上）、快速连续螺旋跳龙（4次以上）、快速连续螺旋跳龙磨盘（6次以上）、快速左右螺旋跳龙（左右各3次以上）、快速连续磨盘跳龙（3次以上）等。

（五）组图造型

组图造型指龙体在运动中组成活动图案和相对静止的龙体造型。活动图案的构图要清晰，静止龙体造型要形象逼真，换型要紧凑利索，以形传神，以形意意，龙体与龙珠配合要协调。

1. A级难度动作：龙门造型、塔盘造型、尾盘造型、曲线造型、龙出宫造型、蝴蝶盘花造型、组字造型、龙舟造型等。

2. B级难度动作：上肩高塔造型自转一周、龙尾高翘寻珠、追珠、首尾盘珠、龙翻身接滚翻成造型、单臂侧手翻接滚翻成造型等。

3. C级难度动作：大横8字花慢行进（成形4次以上）、坐肩后仰成平盘起伏旋转（一周以上）等。

二、基本方法

（一）舞龙珠

持龙珠者，即为龙队指挥者，在鼓乐伴奏下，引导舞龙者完成龙的游、穿、腾、跃、翻、滚、戏、缠、组图造型等动作和成套动作，整个过程要生动、顺畅、协调。舞龙珠的目的是引导龙队出场，认清出场方向；了解比赛场地的大小，熟悉表演动作的方位，避免表演时出现方位不正或场地利用不充分；舞龙珠者必须熟悉本队套路中的各种队形的变化以及必要的场上应变能力。舞龙时要求双眼随时注视龙珠，并环视整队及周边环境的情况变化，与龙头保持协调配合，并与龙头保持1米左右的距离；同时，龙珠还应保持不停旋转。

（二）舞龙头

持龙头者身材必须高大魁梧、有力。舞动时，龙头动作紧随着龙珠移动，龙嘴与龙珠相距1米左右，似吞吐之势，注意协调配合，应时时注意龙头不停摆动，展现出龙的生气与活力、威武环视之势。舞龙头的目的是在龙珠引导下，紧随其后移动，从而带动龙身的摆动；龙头左右摆动时，一定要以嘴领先，显示出追珠之势。要求龙头替换时，不能影响动作的发挥；因龙头体积较大，在左右摆动时不得碰擦龙身或舞龙者；与龙珠始终保持1米左右的距离。

（三）舞龙身

舞龙身者，必须随时与前后保持一定的距离，眼观四方紧跟前者，走定位，空中换手时尽量将龙身抬高，甚至可跳起；舞低时，尽量放低，但千万别将龙身触地，在高低左右舞动中，龙翻腾之势即展现其中；还必须随时保持龙身蠕动，造成生龙活虎之势。在跳与穿的动作中，应特别注意柄的握法，柄下端不可多出，以免刮伤别人。龙身在左右舞动时，龙身运动轨迹要圆滑、顺畅；龙身不可触地、脱节；龙体不可出现不合理的打结。

（四）舞龙尾

持龙尾者，身材需轻巧、速度快。龙尾也是主要部位，因为龙尾时常有翻身的动作，龙尾舞动时翻尾要轻巧生动、不拖泥带水，否则容易使龙尾触地，造成器材的损坏，而且会让人感到呆板。龙尾可时时成为带头者，因为有些动作必须龙尾引首，龙尾亦是整条龙舞动弧度大小的控制者，持龙尾者在穿和跳的动作里，要更加注意尾部，勿被碰撞或碰撞别人，最重要的是随时保持龙身的摆动。舞龙尾的目的是随着龙身的带动，龙尾时刻摆动着，体现出龙的轻巧生动。龙尾舞动时，要求不能触地；龙尾在舞动过程中始终保持左右晃动；并控制左右舞动弧度的大小。

任务三　了解舞狮运动基本概述

舞狮是我国优秀的民间艺术，每逢元宵佳节或集会庆典，民间都以狮舞前来助兴。这一习俗起源于三国时期，南北朝时开始流行，至今已有一千多年的历史。据传，它最早是从西域传入的，狮子是文殊菩萨的坐骑，随着佛教传入中国，舞狮子的活动也输入中国。狮子是汉武帝派张骞出使西域后，和孔雀等一同带回的贡品。而狮舞的技艺却是引自西凉的"假面戏"，也有人认为狮舞是五世纪时产生于军队，后来传入民间的。两种说法都各有依据，今天已很难判断其真伪。不过，唐代时狮舞已成为盛行于宫廷、军旅、民间的一项活动。唐段安节在《乐府杂寻》中说："戏有五方狮子，高丈余，各衣五色，每一狮子，有十二人，戴红抹额，衣画衣，执红拂子，谓之狮子郎，舞太平乐曲。"诗人白居易《西凉伎》诗中对此有生动的描绘："西凉伎，西凉伎，假面胡人假狮子。刻木为头丝作尾，金镀眼睛银帖齿。奋迅毛衣摆双耳，如从流沙来万里。"诗中描述的是当时舞狮的情景。

在一千多年的发展历程中，狮舞形成了南北两种表演风格。北派狮舞以表演"武狮"为主，即魏武帝钦定的北魏"瑞狮"。小狮一人舞，大狮由双人舞，一人站立舞狮头，一人弯腰舞狮身和狮尾。舞狮人全身披包狮被，下穿和狮身相同毛色的绿狮裤和金爪蹄靴，人们无法辨认舞狮人的形体，它的外形和真狮极为相似。引狮人以古代武士装扮，手握旋转绣球，配以京锣、鼓钹、逗引瑞狮。狮子在"狮子郎"的引导下，表演翻腾、扑跌、跳跃、登高、朝拜等技巧，并有走梅花桩、窜桌子、踩滚球等高难度动作。南派狮舞以表演"文狮"为主，表演时讲究表情，有搔痒、抖毛、舔毛等动作，惟妙惟肖，逗人喜爱，也有难度较大的吐球等技巧。

南狮虽也是双人舞，但舞狮人下穿灯笼裤，上面仅仅披着一块彩色的狮被。和北狮不同的是"狮子郎"头戴大头佛面具，身穿长袍，腰束彩带，手握葵扇而逗引狮子，以此舞出各种优美的招式，动作滑稽风趣。南狮流派众多，有清远、英德的"鸡公狮"，广州、佛山的"大头狮"，高鹤、中山的"鸭嘴狮"，东莞的"麒麟狮"等。南狮除外形不同外，尚有性格不同。白须狮舞法幅度不宽、花色品种不多，但沉着刚健，威严有力，民间称为"刘备狮"。黑须红面狮，人称"关公狮"，舞姿勇猛而雄伟，气概非凡。灰白胡须狮，动作粗犷好战，俗称"张飞狮"。狮子为百兽之尊，形象雄伟俊武，给人以威严、勇猛之感。古人将它当作勇敢和力量的象征，认为它能驱邪镇妖，保佑人畜平安。所以人们逐渐形成了在元宵节时及其他重大活动里舞狮子的习俗，以祈望生活吉祥如意、事事平安。

舞狮表演要求舞狮者具有灵活的步伐、矫健的身法和成熟的技巧，以及手法、身法、步法的协调性，这样才能完成翻滚、扑跌、跳跃、翻腾以及滚绣球、过跳板等各种难度动作。舞狮运动不仅能提高力量、速度、耐力和灵巧等身体素质，还能培养练习者勇敢顽强的精神和坚韧不拔的意志品质。

任务四　教会舞狮运动基本技术

一、狮头的握法

（一）单阴手

单手握狮头，手背朝上，大拇指托狮舌，其余四指握在狮舌上方。

（二）单阳手

动作与单阴手相反，手心朝上。

（三）双阴手

动作与单阴手相同，两手握于狮舌两侧头角处。

（四）双阳手

握法与双阴手相反，握的部位相同。另外，根据所需表演狮子神态的要求，还有开口式、闭口式等握法。

二、狮尾的握法

（一）单手握法

舞狮尾者一手用大拇指插入舞狮头者的腰带，与四指轻抓腰带，另一手可做摆尾等动作。

（二）双手握法

双手大拇指插入舞狮头者的腰带，做各种动作时应紧握。

三、基本步法

（一）上步和退步

两脚平行站立，左（或右）脚向前进步，另一脚跟上，即为上步，反之为退步。

（二）侧步

侧步包括左侧步和右侧步。两脚平行站立，左（或右）脚向左（或右）侧进一大步，另一脚跟上，即为左侧步，反之则为右侧步。

（三）交叉步

交叉步分为左、右交叉步。移动方向的异侧脚向运动方向一侧跨出一大步（经两腿交叉），另一脚随即向运动方向一侧跨出一步成平行站立。

（四）跳步

跳步有具体严格的要求，可随着舞狮的方向任意跳跃，可单脚跳，也可双脚跳。除上述方法外，还有单跳步、跨跳步、击步、碎步、并脚直立跳、双飞脚、打转身等。

四、基本动作

(一) 摇头摆尾

两人在原地,舞狮头者不断地将狮头东摆西摇,舞狮尾者随着狮头的摆动协调地进行摆尾。

(二) 叩首

两人一组,舞狮头者将狮头持于头上,用小碎步快速向前跑动,在跑动过程中将狮头举起,并不停地左右摇头和眨眼,舞狮尾者低头塌腰,双手搂住前者腰部,用小碎步或左右摆尾跟着前者行进运动,然后,用同样的碎步动作退回,两者配合做狮子叩拜动作。动作方向为先左后右,最后向中间叩拜,叩拜时下肢伴随做小跳步动作。

(三) 翻滚

两人一组,后面队员抓住前面队员腰的两侧,身体重心下降,屈腿半蹲,一脚蹬地,向一侧滚动,滚身时前者须将狮头举高。

(四) 叠罗汉

舞狮尾者站马步,舞狮头者两脚站于狮尾者的膝盖上,舞狮尾者扶住舞狮头者的腰,使其平衡、稳定,舞狮头者持狮头做各种动作。

(五) 引狮员基本动作

引狮员的动作分静态和动态两部分,静态动作是指引狮员静态亮相的动作,如弓步抱球、弓步戏球等。动态动作是指引狮员在运动过程中完成的动作,如行步、跳跃、翻腾等。

思政教育

醒狮源头"狮意"浓

高桩之上,身披金、银、红、黄等不同色彩的南狮辗转腾挪,时而腾空飞跃,时而俯身蠕行。伴随着铿锵有力的锣鼓声,舞狮者上下翻飞,摆出"沉睡惊醒""摇头摆尾""仰视低顾"等造型,将醒狮威武勇猛、醉态酣然等神态表现得淋漓尽致……

新春前夕,在广东佛山南海区西樵镇,第七届 CCTV 贺岁杯狮王争霸赛精彩上演。来自广东、福建、广西、香港、澳门等地的舞狮高手,齐聚南狮的起源地南海,以狮会友,喜迎新春。

都说"有华人的地方就有舞狮",来到醒狮的源头才知道,这头目光炯炯、姿态万千的狮子,缘何穿越时间、跨越地域,令无数中华儿女心驰神往。

——《人民日报(海外版)》,2019 年 1 月 29 日,有删改

定向越野运动

学习目标

了解定向运动的起源、发展、特点及分类;了解定向运动赛事;掌握定向越野运动的基本技术。

任务描述

定向运动起源于瑞典,是一项智慧型体育项目,是智力与体力并重的运动。了解定向运动的现状、趋势和锻炼价值;基本掌握识别地图、运用指北针的能力;掌握如何选择到达目标点的路线等定向基本知识与基本技能。

任务分析

通过学习,熟悉定向运动的基本技术,并运用到实践当中。

课程思政

1. 健全人格:通过本章的学习,体会定向运动的乐趣;熟练地掌握使用国际定向地图与指北针的各种方法。

2. 锤炼意志:通过学习,体会永不言败、坚持不懈的体育精神;强健体魄,培养独立思考能力,独立解决所遇到的困难,果断决定。

任务一 了解定向运动基本概述

国际定向运动联合会将定向运动定义为一项参赛者借助地图和指北针在尽可能短的时间内到达若干个被分别标记在地图上和实地中检查点的运动。也就是说,参赛者利用一张详细精确的地图和一个指北针,按顺序到定向运动地图上所指示的各个点标,并以最短时间到达所有点标者为胜利者。

通常可以这样理解,任何一张普通的地图都可以用来进行定向运动,但就定向运动的比赛而言,需要专用的定向运动地图。专用的定向运动地图标绘的路线称为定向比赛路线,它包括一个起点(等边三角形)、一个终点(两个同心圆)和若干个带有序号的检查点

（单圆圈），并从起点开始，用连线将检查点按序号连起来，直到终点。在实地，检查点位于检查点圆圈圆心处的地形特征上，并用一个橘黄色和白色相间的点标旗在这个特征上或特征旁标记出来，这个特征被称为检查点特征。每个检查点都有一个或多个带有唯一编码的打卡器，为参赛者提供到访记录。参赛者手持检查卡，由起点开始，按顺序到访比赛线路上的各个检查点，并在检查卡上留下打卡器的编码，直到终点完成比赛。

在比赛前，你还会得到一张检查点说明表。它的应用减少了路线选择的偶然性，使路线选择技能在比赛中变得更加重要。定向运动通常设在森林、郊外和城市公园里进行，也可在大学校园里进行。按照运动模式，国际定联将定向运动分为徒步定向和工具定向。其中徒步定向也被称为定向越野，工具定向分为滑雪定向、山地车定向、残疾人轮椅定向等。下面主要讨论徒步定向。

按照国际定联赛事规则，定向运动按照比赛时间分为日间赛和夜间赛，按照比赛性质分为个人赛、接力赛和团体赛，按照比赛成绩的计算方法分为单程赛、多程赛和资格赛，按照比赛距离分为长距离赛、中距离赛、短距离赛和其他距离赛，按照参赛者性别、年龄和运动等级又可以分为男女少年组、青年组、老年组或初级组、高级组、精英组等。

任务二　教会定向运动基本技术

一、识定向地图

地图一般分成普通地图和专题地图。其中普通地图是全面反映地球表面一定区域的自然和社会经济的一般概貌，包括地形图和国家基本地形图。专题地图是以普通地图为基础，根据专业需要，突出反映一种或几种主题要素的地图。

定向地图是专题地图的一种。定向地图是在基本地形地图的基础上，通过专门的制图软件制作，用于定向运动训练和比赛的专用地图。这种地图上的地貌和地物符号要求更准确精细地表示实际地形中的状况，且用各种颜色和符号表示不同的地貌和地物，以及实际地形的可通行状况。它是一种附加了地面妨碍通行信息和易跑性信息，用磁北方向线定向的详细的地形图。

为了能为高速奔跑中的参赛者导航提供帮助，定向地图强调在确保地图清晰易读的前提下，详细描述所有可能影响读图、路线选择及对导航有重要意义的特征，特别是强调描述奔跑时可以观察到的明显特征、妨碍奔跑或通行的特征和植被的易跑性和通视度。因此，定向地图要求将对读图和选择路线有影响的因素都表示出来。一张标准的定向运动地图，一般包括比例尺、等高距、地貌符号、地物符号、图例说明、检查点符号说明等内容。

（一）定向地图上的比例尺

定向地图中的比例尺是指地图上某一线段的长度与相应实地的水平距离之比，实际上就是指地表现象的缩小程度。其算术表达式为

地图比例尺＝图上距离/实地距离

国际定向联合会规定,定向地图比例尺一般为1∶15 000。而1∶10 000 的地图一般用于接力赛和短距离赛,同时也用于年龄较大(≥45 岁)的组别和年龄较小(≤16 岁)的组别,因为年龄较大会看不清地图上的细线条和小符号,年龄小的还不具有识别复杂地图的能力。大比例尺图使地图容纳更多的细节,而且线条尺寸也将扩大50%。可见,比例尺中的分母越小,地图比例尺就越大,地图上的描绘就越详尽;分母越大,地图比例尺就越小,地图上描绘的内容就越简略。

1. 在地图上表示的比例尺一般有数字式、文字式和图解式三种形式。

(1) 数字式:用阿拉伯数字表示,如1∶1 000 或者1/1 000。

(2) 文字式:用文字注解的方式表示,例如"万分之一"。

(3) 图解式:用图形加注记的形式表示,如图26－1 所示。

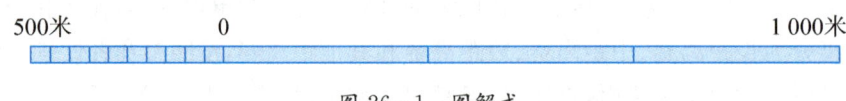

图26－1　图解式

2. 数字比例尺的换算。比例尺1∶1 000 说明地图上的1 厘米等于实际地形的1 000 厘米(10 米)。

当今,大多数森林定向图的比例尺为1∶10 000,大多数公园定向图为1∶4 000/5 000。通过比例尺可以了解到地图的精确程度。

(二) 定向地图的地貌符号

定向地图是利用等高线来表示山的形态及起伏状态的。等高线是地球表面上高度相等的各点连接而成的曲线,国家基本地形图和定向地图都采用等高线显示地貌。利用等高线,不仅可以了解地面上各处的高差和地势起伏的特征,还可以根据地图上等高线的密度和图像分析地貌特征。在地物稀少的地方及森林中,地貌就是主要的甚至是唯一的行进参照物。下面介绍有关用等高线显示地貌的原理和相关知识。

1. 等高线按其作用不同分为首曲线、计曲线、间曲线和助曲线四种。

(1) 首曲线也叫基本等高线,是按规定的等高距测绘的细实线,用以显示地貌的基本形态。

(2) 计曲线也叫加粗等高线,从规定的高程起算面起,每隔五个等高距将首曲线加粗成一条粗实线,以便在地图上判读和计算高程。

(3) 间曲线也叫半距等高线,主要用以显示首曲线不能显示的局部地区地形,按1/2 等高距绘制的细长虚线。

(4) 助曲线也叫辅助等高线,用以显示间曲线仍不能显示的局部地区地形,按1/4 等高距绘制的细短虚线。

2. 等高线显示地貌的特点,如下所列。

(1) 在同一条等高线上,各点的高度相等,并各自闭合。

(2) 在同一幅地图上比较,等高线条数较多,山就高;等高线条数少,山就低。

（3）在同一幅地图上比较，等高线间隔大，坡度平缓；等高线间隔小，坡度较陡。等高线的弯曲形状与相应的实地地貌形态相似。

3. 等高距是指相邻两条基本等高线间的实地垂直距离。等高距大小受地图比例尺限制，地图比例尺越大，等高距越小，反之亦然。因此，大比例尺地图表示地貌相对详细，小比例尺地图表示地貌相对简略。我国现有的1∶10 000比例尺地图等高距为5米，在平坦地形中可以用2.5米的等高距，但不允许在同一张地图中使用不同的等高距。

4. 图上基本地貌形态包括山顶、山背、山谷、鞍部、山脊等。

（1）山顶：在地图上以等高线形成的小环圈表示，有时在小环圈外侧绘制用示坡线表示的凸出的山顶，若在圈内绘制，则表示如火山口似的凹形山顶。

（2）山背：从山顶到山脚凸出的部位，也叫山梁。在地图上以成组的等高线向外凸出的曲线表示山背，这些成组的等高线凸出部位的顶点的连线是分水线。

（3）山谷：相邻两山背之间低凹狭窄的地方。在地图上用等高线表示山谷时，以等高线所围成的闭合曲线的凹入部分表示；成组等高线向内凹入部位等点的连线称为合水线。

（4）鞍部：相邻两山之间的地形如马鞍状的部分。在地图上用一对表示山背的等高线和一对表示山谷的等高线组合来表示鞍部。

（5）山脊：山头、山背、鞍部突出的高处连绵相连，如同兽脊凸起的部分。在地图上为山头、山背、鞍部突出的高处连绵相连的曲线为山脊线。

（6）洼地：地表面凹下的部分，又称凹地。

（7）台地：山坡上平的或接近平的部分，又称阶地。

（三）定向地图中的地物符号

1. 符号的分类有以下几种。

（1）依比例尺表示的符号。实地面积较大的地物，如城镇、湖泊等，其符号图形的外部轮廓是按比例尺缩绘的。

（2）半依比例尺表示的符号。实地线状的地物，如道路、沟渠、电线、围墙等。这类地物符号的长度是按比例尺缩绘的，但宽度不是。因此，在地图上只能量取其长度，而不能取其宽度。

（3）不依比例尺表示的符号。实地面积很小的对定向越野有影响和有方位意义的独立地物，如窑、独立坟、独立树等。大多数独立地物突出地面，明显易跑，有利于运动员概略定向和精确定向。

2. 符号的构成要素如下所述。

（1）符号的图形具有图案化和系统化的特点。所谓图案化，就是符号图形有些类似于事物本身的形状。这类图形既形象又简单、规则，因而便于根据符号图形联想实际事物的形态。符号图形系统化，是指各种符号图形具有内在的联系，通过图形的变化，可以把事物的量和质等特征表现出来。

（2）符号的大小主要反映事物的重要程度及数量差异。一般来说，表示重要的、数量多的符号大些；反之，则符号小些。

（3）符号的颜色主要表示事物的质量差异、数量差异和区分事物的重要程度。在定向地图上有七种颜色,其中棕色用于描绘地貌和人工铺砌的地表,如等高线表示地表起伏;黑色和灰色用于描述岩石和石头、人造地物、包括磁北线和套印标记在内的符号;白色用于描绘开阔易跑的林地;蓝色用于描绘水系。在黑色占较大面积,而蓝色所占面积较小的情况下,也常用蓝色表示磁北线;绿色用于描绘植被,以不同网点疏密的绿色、线条或复色表示植物的疏密和对奔跑的影响度,绿色块越深,线条越密,植物越密,对奔跑影响也越大;黄色用于描绘植被,黄色和绿色结合而成的黄绿色用于描绘禁止进入的居民地和植被区域,以不同网点疏密及花纹图案表示植物与地面开阔、空旷度,黄色越深,通视度和奔跑度越好;紫红色用于描绘比赛线路,多表示越野点标位置、线路方向、禁区等。

(四) 定向地图中的图注记

定向地图中的图例注记除了比例尺注记和等高距注记外,还有图例说明、检查点说明及图名和出版单位说明等。

1. 图例说明可以帮助定向运动参与者理解地图所表示的事物。它采用的是国际语言符号,所有符号全球通用。根据国际定向联合会的《国际定向图制图规范》,定向地图上的言语符号分为地貌、岩面与石块、水体与湿地、人工地物、植被、技术符号、线路符号七个类别。

2. 检查点说明。一般情况下,检查点说明采取符号化的形式说明,特殊情况可以同时提供符号和文字说明。检查点说明符号是为定向运动参与者提供一种无须语言翻译就能够准确理解检查点说明的可靠方法。其目的是为地图上描绘检查点特征,点标旗与该特征间的位置关系提供更精确的说明。找到一个设置良好的检查点主要依靠读图,而检查点说明只能起到辅助的作用,并且应该尽可能地简短。

(五) 磁北线

定向地图的方位是上北下南、左西右东。图上绘有的若干条相等距离的、平行的、北端带有箭头的红色细线条就是磁北方向线。磁北方向线所指的方向是地图的北方。可用这条线确定地图的方位、标定地图、量测磁方位角和估算距离等。

(六) 运动路线

一条完整的定向运动路线由一个起点、若干个检查点和一个终点组成。起点或地图发图点(假如不在起点):等边三角形,其一角要指向第一个检查点。检查点:用圆圈表示。其尺寸确定受检查点周围细部地形影响,为使某些重要细部更完整,圆圈也可以部分断开。终点:用双圆圈表示。三角形或圆圈的中心表示地物的精确位置,但并不肯定就有标志。检查点要依次编号并使字头朝北。遇到重要的细部,连线可以部分断开。必经路线在图上用虚线表示。

二、读定向地图

地图阅读指读图者通过对地图符号的识别与解释,认知地图所表达的对象的过程,因此也称读图。定向运动中的读图是在行进过程中对定向地图符号进行识别和解释,将在二维平面上表达的特征转换为三维空间中的特征,并与实地特征进行核对的过程。

(一)确定站立点

起点为参赛者提供了一个明确的站立点,因此定向运动中站立点的确定实际上是一个联系新的站立点与已知站立点的过程,这个过程建立在正确的持图方法——折叠地图和拇指辅行的基础上。

1. 折叠地图指将地图折叠成适当大小,以方便运用拇指辅行技术,并使读图时的注意力集中在即将寻找的一两个检查点上的定向技术。折叠地图时要注意以下几点:沿磁北线方向或者沿行进方向平行折叠地图;折叠后的地图大小要适当,既要方便运用拇指辅行技术,又要保证在图上有足够的可视区域。

2. 拇指辅行是运用折叠地图技术,将拇指或拇指指北针前端右侧顶角放在地图上自己能够完全确定的站立点位置后面,并且随着身体在山地中的移动,在地图上移动拇指将新的站立点与已知站立点联系起来,确保随时能够确定自己站立点的技术。为了能方便地运用这一技术,在持图时要掌握一个要点:用手掌托着地图,而不是用指尖拿着地图。

(二)标定地图

标定地图就是为了使定向地图的方位与现地的方向一致。这是使用定向地图的最重要的前提。利用指北针便于标定地图,但定向高手通常利用实地的特征来标定地图,只在特征较少或通视度不良的情况下才用指北针标定地图。利用实地标定地图有以下两种情况。

1. 转动地图标定地图。这种情况发生在参赛者沿着选定路线行进时,随着前进方向的改变,同时向身体转动方向相反的方向转动地图,使实地中在身体前方和身体左右侧的特征位在地图上也分别位于拇指指尖的前方和左右侧,地图即被标定。

2. 转动身体标定地图。这种情况发生在参赛者要确定行进方向时。水平持握地图于身体前面正中的位置,高与腰或胸齐,并使地图上的目标位置位于身体前方的正中线上,转动身体,使实地中在身体前方和身体左右侧的特征位在地图上也分别位于拇指指尖的前方和左右侧,地图即被标定。这时身体正前方面对的方向就是目标所在的方向。

三、使用指北针

指北针是定向运动中最重要的仪器,是定向运动可以使用的唯一合法帮助。常见的定向运动指北针有三种类型:刻度盘指北针、拇指指北针和拇指刻度指北针。其中每类又包括专业型和初学者使用的简易型。下面以拇指指北针为例进行介绍。

(一)拇指指北针的持握方法

读图时用拇指指北针前端右侧顶角压在自己在地图上所在位置的后面,水平持握地图于身体前面正中的位置,高与腰或胸齐,前进方向箭头与身体正中线平行,指向身体正前方。

(二)标定地图

沿着选定路线行进时,随着前进方向的改变,同时向与身体转动方向相反的方向转动地图,当地图磁北线的北端与指北针磁针的红端(北端)一致时,地图即被标定。

（三）确定方向

用拇指指北针确定方向可以分两步完成。

第一步：将拇指指北针的右侧顶角放在地图上自己目前的位置上，并使基板上的前进方向线与目前站立点和目标点位置的连线平行。

第二步：水平持握指北针于身体前面正中的位置，高与腰或胸齐。转动身体直到指北针磁针与磁北线平行，磁针的北端（红端）与磁北标定线的北端一致，箭头所指的方向即前进方向或目标所在方向。

四、实地判定方位

实地判断方位是指在实地辨明方向，了解实地的方位是使用地图的前提。除了在前面介绍过的利用指北针帮助判断方位的方法，还可以利用地物特征、太阳与手表及夜间星体来判定方位。

（一）利用地物特征判定方位

房屋门一般朝南开，在我国北方尤其如此。庙宇通常也南向设门，尤其是庙宇群中的主要殿堂。树木通常朝南的一侧枝叶茂盛、色泽鲜艳、树皮光滑，向北的一侧则相反。同时，朝北一侧的树干上可能生有青苔。凸出地物，例如墙、地埂、石块等，其向北一侧的基部较潮湿，并可能生长苔类植物。凹入地物，例如河流、水塘、坑等，其向北一侧边缘（岸、边）的情况与凸出地物相同。

（二）利用太阳与手表判定方位

9：00 至 16：00 之间可按下面的方法辨别出概略的方向："时数折半对太阳，'12'指的是北方"。如在上午 9：00，应以 4：30 的位置对向太阳；如在 14：00，则应以 7：00 的位置对向太阳，此时"12"指的方向即为北方。为提高判定的准确性，可在"时数折半"的位置上竖一细针或草棍，并使其阴影通过表盘中心。

需要注意的是：

1. "时数"是按一日 24 小时而言的。

2. 在判定方向时，时表应平置（表面向上）。

3. 此方法在南、北纬度 20°30′之间地区的中午前后不宜使用。

4. 要注意时差的问题。即要采用以标准时的经线为准，每向东 15°加 1 小时，每向西 15°减 1 小时的方法将标准时间换算为当地时间。

（三）夜间利用星体判定方位

1. 利用北极星。北极星位于正北天空，观察时，其距离地平面的高度相当于当地的纬度。寻找时，通常要根据北斗七星（即大熊星座）或 W 星（即仙后星座）确定。北斗七星是七颗比较亮的星，形状像一把勺子，将勺头甲、乙两星连一直线向勺口方向延长，约为甲、乙两星间隔的五倍处，有一颗略暗的星，即北极星。当地球自转看不到北斗七星时，则可利用 W 星寻找。W 星由五颗较亮的星组成，形状像个 W 字母，向 W 字缺口方向延伸约为缺口宽度的两倍处，就是北极星。

2. 利用南十字星。在北纬 23°30′以南的地区，夜间有时可以看到南十字星，它也可以用于辨别方向。南十字星由四颗较亮的星组成,形同十字。在南十字星的右下方,沿甲乙两星的连线向下延长约该两星的四倍半处(无可见的星),就是正南方。

五、标定地图

标定地图是使地图和实地保持一致,它是定向运动的基本技能之一。标定地图可以帮助我们迅速查看地图,了解实地地物的分布和地貌的起伏及它们之间的关系,还可以帮助我们根据地图上的路线选择具体的实地运动路线。常见的标定地图的方法有概略标定、利用指北针标定和利用地物标定。

(一)概略标定

如果已知实地方位和站立点的图上位置,只要将地图正置,使地图上方(即磁北方向)与实地北方向保持一致,地图就被标定了。越野图上的方位是:上北、下南、左西、右东。当我们在现地正确地辨别了方向之后,只要将越野图的上方对向现地的北方,地图即被标定。这种方法简便迅速,是定向越野比赛中最常用的方法。

(二)利用指北针标定

使指北针的北方向与地图北方向保持一致,地图即被标定。先使透明式指北针圆盒内的定向箭头朝向地图上方,并使箭头两侧的平行线与越野图上的磁北线重合(或平行),然后转动地图,使磁针北端对正磁北方向,地图即被标定。

(三)利用地物标定

1. 利用明显地貌、地物点的标定。利用地图、实地对应的明显地貌或地物作为参照点标定地图。作为地貌参照点的有山头、鞍部、山凸、山谷等,作为地物参照点的有塔、桥、独立房等。

利用地貌和地物参照点标定地图的前提是:必须知道实地站立点在地图上的位置,以及地图上和实地都有明显的同一地貌或地物。

2. 利用地貌、地物的线标定。利用线状的地貌或地物作为参照物标定地图。可作为线状地貌参照物的有山脊、分水线、长形陡崖、长堤等,作为线状地物参照物的有江河、沟渠、道路、围墙、电力线等。

3. 利用明显面状地物标定。如利用池塘标定地图,只要将图上池塘与实地池塘外形轮廓对应,即图上池塘与实地池塘概略重合,地图就被标定。

4. 利用直长地物标定。利用直长地物(如道路、土垣、沟渠、高压线等)标定地图,首先应在图上找到这段直长地物,对照两侧地形,使图与现地各地形点的关系位置概略相符,然后转动地图,使图上的直长地物与现地的直长地物方向一致,地图即被标定。

六、图地对照、确立站立点和目标点

图地对照就是将地图与相应实地的地物、地貌进行逐一对照。确定站立点,就是在实地确定自己站立点在地图上的相应位置。

(一)确定站立点

1. 直接确定。当自己所处位置是在明显地形点上时,只要从图上找出该地形点,站立点即可确定。这是一种在行进中,特别是奔跑中最常用的方法。但是,采用直接确定法的困难在于在紧张的进程中,怎样才能很快地发现可供利用的明显地形点,当同一种明显的地形点互相靠近的时候,怎样才能够正确地区别它们。因此,需要记住一些可以称得上明显地形点的地物和地貌,如现状地物的拐弯点、交叉点(呈十字形)、交汇点(呈丁字形)和端点;面状地物的中心或者有特征的边缘;山地、鞍部、洼地;特殊的地貌形态,如陡崖、冲沟等;谷地的拐弯、交叉和交汇点;山脊、山背线上的转折点和坡度变换点。

2. 利用位置关系确定。当站立点位于明显地形点附近时,可以采用位置关系法。利用位置关系法确定站立点主要依据两个要素,一是站立点至明显点的方向,二是站立点至明显点的距离。在地形起伏明显的地方,还可以结合高差情况进行判定。

3. 利用交会法确定。当站立点附近无明显地形点时,可以利用交会法确定站立点。按不同情况,它又可以具体分为90°法、截线法、后方交会法和磁方位角交会法。这些方法的优点是:不需要判断或测量距离也能确定出较为准确的站立点位置,这对于初学者学习和巩固使用定向地图的训练是很有意义的。但是,它们中的一些方法,要么只能在某些特定的条件下才能运用,要么就是步骤烦琐、费时费力,因此在定向越野比赛中一般较少使用。

(二) 确定目标点

确定目标点就是确定实地某一目标在地图上相应的位置。在进行地图与实地对照训练时,以及在运动途中要明确运动方向和运动的具体路线时,都需要确定目标点的图上位置。主要用分析法确定,即在已知的站立点标定地图,以站立点为准,向目标点瞄准,根据站立点到目标点的距离,依据比例尺确定目标点的图上位置。利用此法确定明显目标点的精度较高,但确定一般目标点时,由于站立点到目标点的距离不容易确定,容易失误。因此,重要的是在此基础上,根据目标点所在的实地的细部地形特征进行分析比较,确定其图上的位置。在快速奔跑时,可用目测瞄准,然后根据目标点所在实地位置的细部特征确定。

图地对照、确定站立点和目标点,三者互为条件,有密切联系。通过对照地形,可以确定站立点与目标点;知道站立点或某个目标点的图上位置,可以提高图地对照的速度和精度。同时,知道站立点的图上位置,可以确定目标点;知道了目标点的图上位置,可以确定站立点。在三者中,虽然重点是站立点的确定,但由于互为条件,因此图地对照、确定站立点和确定目标点没有固定的先后顺序,可根据具体情况而定。

七、路线选择

当了解了地图和指北针后,定向运动参与者必须在两个点标之间选择一条最佳行进路线。首先,要考虑所选择的路线的难度及安全性。什么才是最快的路线?什么才是最安全的路线?最安全的路线不一定是最快的路线,但是最快的路线一定是比较安全的路线。选择安全的路线是保证选出最快路线的一个基本前提。沿直线方向前进的不一定是最快、最好的路线选择。

路线选择需要考虑速度因素。在不同地貌上的运动速度是不同的。如果走在丘陵起伏、树木遍布的乡间,绕道的距离可能比走公路的2倍还多。当然,这一时间数是有变化的。在早春,穿越湿草地所花的时间当然会比在盛夏走干草地的时间要长。

> **知识链接**

路线选择遵循的原则

1. 尽可能节省时间

在定向运动中,遇到地形起伏不定、空阔的原野、草地、可通行的沼泽地、树林稀疏和树木下面空阔可跑等地域,坚持"选近不选远"的原则,可以选择直接越野的方法。

选择越野路线,首先应该在确定好运动方向的前提下,认真分析地图,仔细观察实地地形,充分利用地图和指北针,把握好运动方向和运动路线,查看分析定向竞赛彩色地图。一般白色或浅黄色区域为可跑地域,应选择直接越野;黄色区域为半空旷地域,要认真分析地图,仔细观察地形,确认直接越野的可行性和可靠性。越野的办法可根据实际情况,选择实地目标方向明显的地貌或地物作为参照物定向越野。实地目标点不可见,且目标点方向无明显参照物时,也可以利用指北针定向越野,同时估量出站立点到目标点间的实地距离。实际应用时,第一要把握好运动方向,第二要把握好实际奔跑的路程。

2. 尽可能节省体力

在定向运动中,坚持"有路不越野"的原则,利用道路奔跑,既省时又省力。在利用道路时,应该根据实际情况仔细查看地图,以便分析地形并充分合理地利用道路。查看分析定向运动竞赛彩色地图,如要穿越绿色不可通行的区域,如有道路应该充分利用道路。翻越高山峻岭或跨越深沟宽河,若有道路也应该首选道路。在运动中若有多条道路可选,应该仔细查看地图分析地形,弄清楚各道路的走向和下段路程的连接点,比较它们的路程距离等,选择快捷、省力的最佳运动道路。在定向运动中,还应该学会利用地图上未标注的山间小径,因为合理利用这些小径将会获益匪浅。

3. 仔细读图,综合考虑

在定向运动中,要求运动员充分利用地图和指北针,仔细分析地图,判定地形,确定正确的运动方向和运动路线。在前进的道路上遇到大的障碍时,坚持"统观全局,提前绕"的原则,最好不要采用穿越障碍途中发现难以通行再走回头路的做法。这样不但浪费时间消耗体力,有时还可能发生意外的事故。

八、基本运动方法

(一) 沿线运动法

沿线运动法也称导线法。当站立点距离检查点较远,途中地形又很复杂时,可以采用此法。"线"是指道路、沟渠、高压线等,运动员依靠线状地物控制运动方向。行进过程中,要多次利用各个明显地形点,确保前进方向与路线的正确性。但需注意,切勿将相似的地形点用错。

(二) 分段运动法

这是初学者平时训练和比赛时最理想的运动方法。它能使你正确把握运动方向,随时明确站立点在图上的位置,并能减少看图时间,提高运动速度。

(三) 连续运动法

"分段运动法"要求必须在检查点和各个辅助目标做短暂的停留以用来进行对照地形,选择辅助目标与具体运动路线。这对于有一定基础的参赛者来说,就显得作用不大,浪费时间。连续运动法是在分段运动法的基础上提高一步。采用此方法,可把在各辅助目标要做的工作提前,即从某一检查点到达第一个辅助目标之前在奔跑过程中边跑边进行图上分析,分析下一段通视地域内的地形,并在图上选择好下一个辅助目标及下一个目标点运动的具体路线。到第一个辅助目标后,如果观察到的地形与到达之前在地图上分析的地形一致,即可不在此停留而做连续的运动,如此类推到检查点。到达检查点前,同样可分析检查点之后的路线,到达检查点后,只需"做记"即可迅速向下一个检查点运动。这就需要参赛者必须做到"人在实地走,心在图前移"。

(四) 一次记忆运动法

此方法供技术全面、经验丰富的参赛者,在连续运动的基础上采用。这是在出发点把在地图上选择的从出发点到第一号检查点的最佳路线一次性记在脑子里,按记忆的路线运动的方法。通过记忆,自己会具备这样一种能力:实地的情景能够不断地与记忆的内容叠影、印证。

(五) 依点运动法

点是指明显的地物地貌点。具体方法同"分段运动法"和"连续运动法",即用"点"控制运动方向。

思政教育

体育改变生活,文化融入血液——中国体育十年间

现代奥林匹克之父顾拜旦曾说:"奥林匹克不是一场竞赛,而是一种源于内心的文化交流与融合。"

北京冬奥会、南京青奥会等国际大型体育赛事落地中国,以体育为桥梁,搭建出文化交流的舞台,这既是我国综合国力的体现,也为世界展现出可信、可爱、可敬的中国形象。

文化软实力助推主场外交。北京冬奥会期间,空灵而浪漫的开闭幕式,让世界看到了中国人的内心;被称作"工业迪士尼"的首钢大跳台,腾空的青春与沉默的冷凝塔,在时空交错间展示了我国百年奋进的征程;憨态可掬的吉祥物"冰墩墩",在全球刮起了一股"熊猫风";冬奥村大礼包中的儿童画作,让各国和地区运动员心生暖意……体育用更温和、更坦诚、更友好的方式打破刻板印象,让一切缥缈遐想化作一个个真实可爱、触手可及的中国故事。

两届奥运会,一座"双奥"城。从"开门迎客"到"天下一家",从"我"到"我们"。从2008年北京奥运会到2022年北京冬奥会,真诚热烈依旧,却平添一份游刃有余、自信从容。

北京冬奥组委开闭幕式工作部部长常宇说:"今天的中国已经走入世界舞台中央,世界希望了解中国正在发生什么,希望知道中国的理念和故事,这使我们讲述新时代中国的

世界观成为可能。我们要靠讲文化的差异点到讲文化的共同点的方式,展现中国与世界的共同理念,向世界传播中国认为的共同价值。"

通过体育文化展现更自信、更挺拔的姿态,这源自国家实力的提升,也源于社会观念的转变。

——新华网,2022年4月28日,有删改

拓 展 运 动

学习目标

了解拓展运动训练的起源和发展过程,熟悉拓展运动训练的特点与价值,熟悉破冰团建项目,掌握拓展运动各项训练。

任务描述

拓展运动训练是指利用自然地域和相应设施,让参与者在体验中感悟出活动所蕴含的理念的一种动态教育模式。通过学习,有助于拓展训练的参与者形成对这项活动的全面认知,培养学员良好的心理品质。

任务分析

通过学习,悉破冰团建项目,掌握拓展运动各项训练,并运用到实践当中。

课程思政

1. 健全人格:通过本章的学习,让学生主动去体会、去解决问题,在参与体验的参与过程中,让他们的心理受到挑战,思想得到启发,在特定的环境中去思考、发现、醒悟,对个人、团队重新认识,重新定位。

2. 锤炼意志:通过拓展运动训练,激发青少年学生的个人潜能;培养乐观的心态和坚强的意志;增强沟通交流的主动性和技巧性;树立相互配合、相互支持的团队精神,极大增强合作意识,从而提高学生心理素质。

任务一　了解拓展训练基本概述

拓展训练又称外展训练、心理拓展训练,是指借助精心设计的特殊情境,以户外活动的形式让参与者进行体验,从中感悟出活动中蕴含的理念,通过反思获得知识改变行为,实现可趋向性目标的一种活动模式。拓展训练对个体而言是一种体验式学习,对团体是一种有效的培训。

拓展训练源于第二次世界大战期间,这一理念是由德国人库尔特·哈恩提出的,后来逐渐延伸成为军队士兵生存能力的训练。"二战"结束以后,"拓展训练"也从最早的军事生存训练演变成为社会和经济领域服务的一种人本训练。

拓展训练被引入我国是在20世纪90年代中期,最初只是作为团队训练的一种手段而存在。2002年,在教育部的倡导下,拓展训练正式进入学校体育课程。拓展训练在我国已逐渐形成体系,主要表现为中国现有的按照"拓展训练"规范经营活动的体验式培训机构和部分高校开展的场地拓展训练课程模式。拓展训练在我国商业培训领域的发展规模与潜力让诸多国内外相关机构感到惊诧,激起越来越多的拓展训练工作者对其前景的美好向往。

拓展训练的所有项目都以体能活动为引导,引起认知活动、情感活动、意志活动和交往活动,有明确的操作过程,要求全身心投入。拓展训练强调集体合作。力图使每一个参与者竭尽全力为集体争取荣誉,同时从集体中吸取巨大的力量和信心,在集体中显示个性。而且,拓展训练的项目都具有一定的难度,表现在心理考验上,需要参与者挑战极限,跨越极限。在克服困难、顺利完成课程要求以后,参与者能够体会到发自内心的胜利感和自豪感,获得人生难得的高峰体验。

任务二 教会拓展训练经典项目

一、信任背摔(如图27-1)

信任背摔是一个个人挑战与团队配合相结合的项目。要求每一位学员轮流上到高1.4—1.6米不等的台子上,按照教练要求笔直后倒,其他队友将其接住。

场地器材:1.4—1.6米背摔台,有扶梯和半角围栏;背摔绳一根,要求结实、柔软、摩擦大;最好选择相对较软的地面;学员一般在12—16人,其中男生应不少于3人。

注意事项:摘除戴、装的所有硬物,雨天雨衣必须脱下;严格按照教练讲解示范的动作进行;教练安排学员在台下接人时要由背摔台向外按弱、较强、强、强、较强、弱来排列,3、4组安排男生,接人学员手臂一定要笔直、水平且掌心向上,头一定要后仰;后倒队友后倒时身体一定要挺直。教练要时刻做好保护工作。

图27-1 信任背摔

二、盲人方阵

盲人方阵又叫黑夜协作，这是一个以团队挑战为主的项目。学员均要戴上眼罩，在附近不超过 5 米的范围内用教练给的绳子，在 40 分钟内围成一个面积最大的正方形，围好后所有的人相对均匀地分布在这个正方形的四条边上。

场地器材：边长不小于 25 米的平整开阔的地面，长 3 米、5 米、15 米左右，粗 1—1.5 厘米的绳子各一根，预先打结并揉乱，眼罩 14 个或与学员人数相等。

注意事项：要求地面平整，周围没有障碍物，以保证学员安全；学员戴上眼罩后应该将双手放置胸前，不得背手行走，严禁学员蹲坐在地上；不要让绳子绊倒学员，不要猛烈甩动绳子以免打到学员面部；及时阻止学员向不安全地带移动；提醒学员摘下眼罩时背对阳光，先闭一会再慢慢睁开眼睛；尽量避免在暑季烈日下或其他恶劣天气下完成任务。

任务三　熟悉拓展训练安全防护

一、拓展训练风险防范

运动安全第一。在户外拓展过程中，无论是指导教师还是学员，随时都面临着可能的风险。这种风险是可以认识和控制的，只有采取正确的安全保障措施，才能保证拓展训练安全、健康、有序地进行。

拓展训练除了心理挑战之外，还需要学员有足够的体能，如果不具备这两个方面的条件，就会产生危险。同时，场地设备不完善、安全措施不齐全、学员的疏忽、教师的误导、自然环境的变化等，都会造成安全隐患。应对风险的安全实践，就是采用标准的操作方式，把风险降到最低。

风险的存在也是拓展训练的魅力之一，它吸引越来越多的人参与其中。当学生感到脆弱或者处在危险时，能战胜风险、重归安全的感觉是极其美妙的。户外拓展训练中的空中单杠、垂直速降、高空断桥、信任背摔等项目，确实让人觉得很危险，但活动本身侧重的是心理挑战，只要操作合理，在安全方面可以获得充分的保障。当然，从拓展训练的设备器械到安全带、头盔、绳索等专用装备，都要有严格的安全标准和规范操作。

二、拓展训练安全保护

拓展训练中，常有一些户外极限项目或专门场地上的高空索架等，对学员的体能要求比较高。为了避免学员受伤，项目进行前要进行充分的热身活动；专门的安全保护师，要认真检查设备器材的安全可靠性；项目进行中，要集中精力、全神贯注地进行规范安全的操作；训练项目结束后，要撤除保护装置并收放入库。拓展训练中的保护性器械、辅助器械、模拟器械、道具等，要注意合理使用、定期保养与维护，这些工作都是非常重要的。

思政教育

让更多人感受户外运动魅力

一次滑雪经历让夏雨森爱上了户外运动，他不断拓展新技能，学习新项目，并从上海搬到了浙江莫干山。在他的带动下，更多人在户外运动中释放压力、感受运动乐趣。很多游客和当地村民成为户外运动的爱好者，当地的运动氛围也越来越浓厚。

夏雨森是个户外运动爱好者。在浩渺的湖面挥桨，在陡峭的山崖上攀岩，在青翠的竹林间骑行，累了躺在岩石上小憩……这就是他日常的运动生活。

在浙江德清莫干山脚下见到夏雨森时，他刚跑完 10 千米山路。身穿运动服，头戴棒球帽，皮肤黝黑，身材高大健硕。"我喜欢在运动中享受自然山水，把锻炼融入生活，身体和精神都能得到放松。"夏雨森说。

为更好地推广户外运动，夏雨森每周二、四坚持举办"莫干山家庭运动日"。带着当地村民和游客徒步、骑行、划桨板，动起来、乐起来。所有补给、装备都是他自掏腰包，有时还要给同行员工补贴工资。

夏雨森说："一个人玩终究只是爱好，只有让更多人感受到户外运动的魅力，才能推动项目和产业的发展。几年下来，看着更多人变得更健康、更阳光，看到莫干山的运动氛围越来越好，所有付出都值了。"

从"看山看水"到"游山玩水"，游客来莫干山出行的目的悄然发生了变化。打造"漫运动"小镇，通过运动让游客走进来、留下来逐渐成为共识。近年来，当地政府加大支持力度，莫干山镇全部行政村实现步道全覆盖，将村落、竹海和户外运动场地串联起来。

浓厚的运动氛围催生了产业集聚效应，当地举办了国际障碍挑战赛、跑山赛等活动。"每场赛事，少则几千人，多则上万人，各种赛事活动来到莫干山，带动了住宿、餐饮等消费，也擦亮了我们的体育名片。"德清县文广旅体局副局长沈国松说。

——《人民日报》，2021 年 7 月 13 日，有删改

参考文献

[1] 陈雁杨,田桂菊,廖培.高职体育[M].北京:北京体育大学出版社,2018.

[2] 陆永宽.高职体育教程[M].南京:南京大学出版社,2016.

[3] 杨锡岩,邓正富.大学生体育与健康教程[M].厦门:厦门大学出版社,2016.

[4] 倪莉.高职体育与健康[M].南京:南京大学出版社,2020.

[5] 顾建春,朱海军,李会会.高职体育与健康[M].南京:南京大学出版社,2017.

[6] 张天峰,陈晓霞,李加奎.大学体育互动教程[M].南京:南京大学出版社,2018.

[7] 刘晓辉,孟繁威.体育与健康[M].北京:北京师范大学出版社,2018.

[8] 陈学海,尤艳清.现代体育与健康[M].北京:清华大学出版社,2018.

[9] 侯雯.二十四式太极拳[M].郑州:河南科学技术出版社,2019.

[10] 李乃琼.新编大学体育与健康教程[M].上海:上海交通大学出版社,2017.

[11] 黎鹰.运动损伤与预防[M].杭州:浙江大学出版社,2019.

[12] 王容,林祥芸.高职体育与健康[M].北京:科学出版社,2017.

[13] 杨明.体育与健康[M].北京:北京师范大学出版社,2018.

[14] 吴维叔.武术基础拳[M].北京:北京时代华文书局,2020.

[15] 张新萍,武东海,尚瑞花.大学体育新兴运动项目教程[M].广州:中山大学出版社,2018.

[16] 温常宏.体育与健康[M].成都:西南交通大学出版社,2017.

[17] 周小青,李印东.体育与健康[M].北京:电子工业出版社,2018.

[18] 李金梅.高职体育与健康[M].北京:高等教育出版社,2019.

[19] 侯宪斌.大学体育与健康[M].武汉:武汉大学出版社,2018.

[20] 孙开宏,王昊,唐莺.高职体育与健康[M].南京:南京大学出版社,2022.

[21] 梁培根.高职体育[M].北京:高等教育出版社,2024.

[22] 李丹捷,王峥,张立强.高职高专体育[M].北京:高等教育出版社,2024.

[23] 王嵛.运动损伤与康复训练[M].北京:中国社会科学出版社,2021.

[24] 周超彦,韩照岐,陈慧佳.游泳运动身体训练指南[M].北京:人民邮电出版社,2020.

[25] 彭叮,徐浩,陈荣.体育与健康新编教程[M].北京:高等教育出版社,2024.

[26] 李相如.休闲体育概论:第三版[M].北京:高等教育出版社,2024.

[27] 张道鑫,胡刚,支川.中国武术基础教程[M].南京:南京大学出版社,2023.

[28] 吕万刚,陈小平,袁守龙.体能训练理论与方法[M].北京:高等教育出版社,2020.